Daniel Thym

Migration steuern

EDITION MERCATOR
C·H·Beck

Daniel Thym

Migration steuern

Eine Anleitung
für das Hier und Jetzt

C.H.Beck

EDITION
MERCATOR
C·H·Beck

Gefördert durch das Bundesministerium für Bildung und Forschung (BMBF) im Rahmen des «Forschungsinstituts Gesellschaftlicher Zusammenhalt» (FGZ), Förderkennzeichen 01UG2450KY.

Wilhelmstraße 9, 80801 München, info@beck.de

www.chbeck.de
Umschlagkonzept: Hanna Kronberg, GROOTHUIS Gesellschaft der Ideen und Passionen mbH
Umschlagabbildungen: shutterstock/miniartkur
Satz: C.H.Beck.Media.Solutions, Nördlingen
Druck und Bindung: Druckerei C.H.Beck, Nördlingen
Printed in Germany
ISBN 978 3 406 83012 9

myclimate shape our future

MIX
Papier | Fördert gute Waldnutzung
FSC® C019821
FSC www.fsc.org

verantwortungsbewusst produziert
www.chbeck.de/nachhaltig
produktsicherheit.beck.de

Inhalt

1.
Deutschland braucht ein neues Selbstverständnis

Wenn ich ein Interview gebe, bin ich neugierig. Welches Bild wählt die Redaktion dieses Mal zur Illustration? Verbreitet sind zwei Optionen. Die positive Variante setzt auf eine Hochglanzfotografie dynamischer junger Menschen mit unterschiedlichen Hautfarben, darunter gerne eine modische Frau mit farbigem Kopftuch, das Selbstbestimmung ausstrahlt. Beim Gegenentwurf dominieren düstere Farben und schlecht rasierte junge Männer, die wie Gangster in einer Gruppe zusammenstehen und nicht direkt in die Kamera schauen. Es ist beinahe wie bei Pippi Langstrumpf: Jeder macht sich die Welt, wie sie ihm oder ihr gefällt.

Das Spannende an den Bildern ist, dass sie zeigen, wie polarisiert in Deutschland über Migration gedacht wird. Schöne neue Welt der Vielfalt hier, die Fremden als Gefahr dort. Beides ist zu einfach: Fluchtbewegungen haben eine andere Dynamik als die Fachkräfteanwerbung; kulturelle Vielfalt bereichert und ist konfliktbehaftet zugleich; neu Eingereiste begegnen anderen Herausforderungen als die (Ur-)Enkel der Gastarbeiter. Es ist falsch, alles über einen Kamm zu scheren, als ob Migration etwas Einheitliches wäre. Passend wäre also eine Collage vieler Bildausschnitte, was sich für die Medien jedoch nicht eignet.

Dieses Buch will die Kategorien aufbrechen. Unsere Gesellschaft hat dies bitter nötig, denn die Debatte ist viel zu oft geprägt von Schwarz-Weiß-Denken. Das Asylrecht soll entweder abgeschafft werden oder faktisch offene Grenzen bedeuten; einige beklagen Rassismus, wo andere vor Terrorismus warnen; eine feststehende Leitkultur wetteifert mit multikultureller Beliebigkeit. Befördert werden solch binäre Denkmuster durch populistische Akteure, die die Uhr zurückzudrehen und den geschlossenen Nationalstaat wiederherzustellen versprechen. Ein solcher Rückzug in das sprichwörtliche Schneckenhaus ist weder realistisch noch wünschenswert.

Es wäre freilich ein Fehler, auf die populistische Vereinfachung mit einem besänftigenden «Alles wird gut» zu reagieren. Stattdessen müssen Gesellschaft und Politik die Herausforderung annehmen, über Einwanderung angstfrei zu sprechen. Migration bedeutet für die deutsche Gesellschaft immer auch ein Rendezvous mit der Globalisierung, von der sie in den vergangenen Jahrzehnten erheblich profitierte. Sie konfrontiert die mit Frieden und Wohlstand gesegnete Bundesrepublik mit geopolitischen Konflikten, krassen Ungleichheiten und kulturellen Spannungen, die viele Deutsche bisher allenfalls aus dem Fernsehen kannten.

Es ist anstrengend, über solche Themen konstruktiv zu streiten und sodann die richtigen Entscheidungen zu treffen. Ebendies ist jedoch zwingend, damit die Bevölkerung die Zukunft Deutschlands als Einwanderungsland als Fortschritt empfindet. Dieses Buch will dabei helfen, die Handlungspotenziale zu identifizieren, wie man Migration sinnvoll steuert und ein Selbstbild entwickelt, das die vielfältige Gesellschaft zusammenhält. Es richtet sich an die gesamte Bevölkerung: Politik, Deutsche und Nichtdeutsche, Medien, Wissenschaft, Verbände und Ehrenamt. «Wir»[1] müssen miteinander in ein Gespräch treten, wie wir das Einwanderungsland zum Erfolg führen.

Eine öffentliche Debatte ohne Illusionen

Damit dies gelingt, müssen alle Seiten vermeintliche Gewissheiten hinterfragen. Bürgerliche und Konservative verschlossen jahrzehntelang die Augen vor der Einwanderungsrealität, sehen Wandel skeptisch und schätzen ein kollektives Selbstbild, das kulturelle Gemeinsamkeiten achtet; früher nannte man das die «Nation». Linke und Progressive fordert die Einwanderungspolitik ebenso heraus. In Zeiten eines Wirtschaftsbooms vergisst man leicht, dass Ressourcen endlich sind und ein großzügiger Sozialstaat nicht grenzenlos geöffnet werden kann. Wer die Gleichheit aller Menschen hochhält, tut sich schwer mit Abschiebungen und einer Auswahl nach der wirtschaftlichen Nützlichkeit.

Erschwert wird eine sachliche Debatte durch die verbreitete Moralisierung und Emotionalisierung der Migration. Die Toten im Mittelmeer und die Opfer rassistischer Anschläge konkurrieren um öffentliche Aufmerksamkeit mit den Kosten des Asylsystems und antisemitischen Demos von Menschen arabischer Herkunft. Das Problem ist längst nicht mehr, *ob,* sondern *wie* Deutschland über Einwanderung diskutiert. Wer meint, dass es Denk- oder Sprachverbote gebe, hat noch nie die Kommentarspalten in digitalen Medien gelesen. Schon vor einem Jahrzehnt dominierte Thilo Sarrazins *Deutschland schafft sich ab* fünf Monate lang die *Spiegel*-Bestsellerliste.

Nun ist nicht jeder ein kleiner Sarrazin, der Probleme anspricht. Umgekehrt plädieren nicht alle, die eine strenge Asylpolitik kritisieren, für offene Grenzen. Dennoch erschwert die Polarisierung es Staat und Gesellschaft, einen Mittelweg zu beschreiten, der in der Praxis auch funktioniert. Ich schreibe dieses Buch im Jahr 2024, als Umfragen die Migration wieder einmal als eines der wichtigsten Themen ausweisen und eine Mehrheit es den etablierten Parteien nicht zutraut, eine vernünftige Lösung für die Einreiseregeln und das gesellschaftliche Miteinander zu entwerfen.

Dabei geht es in keiner Weise darum, der AfD oder Sahra Wagenknecht hinterherzulaufen oder den Diskurs nach rechts zu verschieben. Beides passiert in Politik und Medien nicht nur im Wahlkampf zwar vereinzelt. Dies ändert jedoch nichts daran, dass radikale und populistische Kräfte von einer Unzufriedenheit mit dem Status quo profitieren, die letztlich nur ein Symptom für ein tieferliegendes Defizit darstellt.

Das Bekenntnis zum Einwanderungsland ist keine entpolitisierende Konsensformel, die vorgibt, wie Staat und Gesellschaft sich zu verhalten haben. In einem Einwanderungsland kann man legitimerweise unterschiedlicher Meinung darüber sein, wer einreisen darf und wie ein Selbstbild aussieht, das die vielfältige Gesellschaft eint. In dieser unausweichlichen Debatte muss die demokratische Mitte ein eigenes Angebot unterbreiten. Dieses Buch möchte hierzu eine Anleitung bieten.

Einwanderungsrepublik statt Migrationshintergrund

60 Jahre nach der Unterzeichnung des deutsch-türkischen Gastarbeiterabkommens wandte sich Bundespräsident Frank-Walter Steinmeier (SPD) an die Kinder und Enkel: «Sie sind eben nicht ‹Menschen mit Migrationshintergrund›, sondern Deutschland ist ein Land mit Migrationshintergrund geworden.»[2] Das war in doppelter Hinsicht schlau. Das Staatsoberhaupt reagierte auf den Vorwurf von Verbänden und Wissenschaft, der Begriff «Migrationshintergrund» grenze aus oder sei sogar latent rassistisch. Allerdings verabschiedete Steinmeier den Begriff nicht, sondern verwendete ihn für das Land als Ganzes. Das trifft es auf den

Punkt. Es wäre ein Missverständnis, wenn man annähme, dass Einwanderung eine Gesellschaft nicht verändert. Wir müssen konstruktiv darum ringen, was «deutsch» heutzutage heißt.

Es ist kein Zufall, dass der Bundespräsident seine Rede bei einem Festakt zum deutsch-türkischen Abkommen hielt. In der öffentlichen Wahrnehmung war die Gastarbeit aus der Türkei das prägende Ereignis der ersten Einwanderungsdekaden, obwohl «nur» 12 Prozent aller Menschen mit Migrationshintergrund in Deutschland aus der Türkei kommen oder türkische Vorfahren haben.[3] Diese überraschend niedrige Ziffer zeigt exemplarisch, dass der öffentliche Diskurs einzelne Facetten überbetont.

Das gilt für die Herkunftsländer ebenso wie für die Einreisegründe. Häufig herrscht der Eindruck vor, als ob Einwanderung vor allem über den Asylkanal stattfinde, obwohl in den 2010er Jahren insgesamt 2,3 Millionen Menschen aus anderen EU-Ländern sich in Deutschland niederließen – viele zum Arbeiten.[4] Wer verstehen will, wie Deutschland sich für die Zukunft fit macht, muss all diese Facetten in den Blick nehmen, auch wenn für manche Fragen leichter eine Antwort zu finden ist als für andere.

Tatsächlich dürfte eigentlich niemand noch daran zweifeln, dass die Gestaltung der Einwanderung ein zentrales Zukunftsthema ist. Für die alternde Gesellschaft ist die Fachkräftezuwanderung eine wirtschaftliche Überlebensfrage. Gleichzeitig ist Europa von Ländern umgeben, die politisch instabil und deutlich ärmer sind. Von dort werden sich auch künftig Menschen aufmachen. Es wäre eine Illusion, die Zugbrücke hochziehen und sich vom Rest der Welt abschotten zu wollen oder umgekehrt zu denken, dass die Einwanderung eine Art Naturereignis sei, an dem man wenig ändern könne. Deutschland braucht eine konstruktive Debatte, wie Einreise und Integration zu gestalten sind.

Einwanderung ist längst kein Nischenthema mehr, das nur die Zugewanderten und Migrationsexperten betrifft. Das Thema gehört ins Zentrum, weil die Einwanderung die gesamte Gesellschaft verändert. Die Wirtschaft, der Sozialstaat, die Demokratie, das Bildungswesen, die Medien, die Pop- und Hochkultur: Sie alle müssen Migration mitdenken. Die Aufgabe besteht darin, die Veränderung nicht als Schicksal zu begreifen, sondern mit Neugierde die in die Zukunft gerichteten Handlungspotenziale von Staat und Gesellschaft zu erkunden.

Im abschließenden Kapitel schlage ich für diesen Erkundungsprozess den Begriff der «Einwanderungsrepublik Deutschland» vor. Einwanderung bedeutet so viel mehr als Sprachkurse für Asylberechtigte, die Pizza beim Italiener nebenan oder eine diverse Fußball-Nationalmannschaft. Die zentrale Message des Buches lautet, dass Einwanderung das Land zwangsläufig verändert, Politik und Gesellschaft jedoch mitbestimmen, wohin die Reise geht. Einwanderung kann und muss gestaltet werden.

Es hat einen doppelten Vorteil, dass die Formel von der Einwanderungsrepublik bisher nicht geläufig ist. Zum einen hilft der neue Begriff allen Seiten dabei, Gewissheiten zu hinterfragen. Hierbei signalisiert die Kombination der Einwanderung mit dem offiziellen Staatsnamen, dass Migration viele Bereiche maßgeblich prägt. Für den richtigen Umgang damit sind im ersten Schritt die verschiedenen Zugangswege in ihrer Wechselwirkung zu betrachten. Dies hilft zu erkennen, wie man die Einreiseregeln sinnvoll gestaltet und wie sich die Asyl- und die Fachkräftezuwanderung zueinander verhalten. Um diesbezügliche Handlungsoptionen geht es in den Kapiteln drei bis fünf.

Zum anderen besagt der Begriff der Einwanderungsrepublik, dass die Migration in einen bestehenden Staat im Herzen Europas stattfindet, der sich aufgrund des Zuzugs verändert, aber dennoch das Land der Deutschen bleibt, in dem alle Eingewanderten eine gleichberechtigte Mitgliedschaft besitzen. Es geht darum, anstelle eines Gegeneinanders von feststehender Leitkultur und multikultureller Beliebigkeit einen Weg aufzuzeigen, der die Integration sichert und den Zusammenhalt stärkt. Hiervon handeln die Kapitel sechs und sieben.

Nun ist das Einwanderungsgeschehen dynamisch und verändert sich dauernd. Wer hätte gedacht, dass Russland die Ukraine überfällt und die europäischen Nachbarländer binnen kurzer Zeit mehrere Millionen Vertriebene aufnehmen. Die Mordanschläge in Solingen und Aschaffenburg bewirkten eine hitzige Debatte über Abschiebungen, überraschend stürzte das syrische Assad-Regime und die Verwaltung bemühte sich redlich, die bürokratischen Hürden für die Fachkräfteeinwanderung abzubauen. Auch in Zukunft werden regelmäßig neue Themen aufkommen.

Eben hierauf muss sich Deutschland einstellen. Die Gestaltung der Einwanderung ist eine Daueraufgabe. Es wäre eine Illusion, wenn die Politik glaubte, mittels einer «Lösung» das Thema ein für allemal abräumen und danach zur sonstigen Tagesordnung übergehen zu können. Anstatt einer feststehenden Marschroute zu folgen, müssen Staat und Gesellschaft bei der Migrationssteuerung immer wieder flexibel auf neue Chancen und Herausforderungen reagieren. Das bringt es mit sich, dass nicht nur ich als Experte bisweilen den Eindruck habe, das Karussell drehe sich so schnell, dass man den Überblick verliert.

Damit dies nicht passiert, ist es notwendig, einen Schritt zurückzutreten, um auf einer mittleren Abstraktionsebene mögliche Lösungswege zu identifizieren. Wer ein klares Verständnis davon hat, was Deutschland als Einwanderungsland auszeichnet, wird auf neue Ereignisse leichter eine passende Antwort finden. Genau dies leistet dieses Buch. Seine sieben Kapitel verwenden zahlreiche Beispiele, ohne sich im Klein-Klein des Asylrechts oder der Bildungspolitik zu verlieren.

Die Zielsetzung lautet dabei keineswegs, mit der Autorität des Wissenschaftlers den richtigen Weg vorzugeben, wer einreisen darf und wie das Selbstbild auszusehen hat. Über viele Themen darf und muss man unterschiedlicher Meinung sein. Als Einwanderungsrepublik muss Deutschland konstruktiv darüber streiten lernen, wie seine Vision für Migration und Integration aussieht. Radikale Kräfte gewinnen, wenn der öffentliche Diskurs es nicht schafft, unterschiedliche Sichtweisen gegenüberzustellen und eine Entscheidung zu treffen, die praktisch funktioniert.

Die Mitte ist nicht langweilig

Ich schreibe dieses Buch während eines Forschungssemesters an der Universität von Kalifornien an einem Zentrum für vergleichende Migrationsstudien in San Diego. Diese örtliche Distanz war ungemein lehrreich. Die USA sind ein abschreckendes Beispiel dafür, dass Einwanderung als Spaltpilz die Demokratie gefährdet, wenn die gesellschaftliche Mitte keine überzeugende Vision zur Zukunft der Migration entwickelt. Wenn Deutschland diesem Schicksal entkommen möchte, muss die Politik überzeugende Antworten präsentieren.

Dass dies derzeit nur begrenzt gelingt, liegt nicht nur an der Aufmerksamkeitsökonomie der Medien, die pointierte Zuspitzungen präferieren. Vielmehr fehlt ein überzeugendes Deutungsangebot, obwohl eine solche ausgleichende Politik die alte Bonner und frühe Berliner Republik lange Zeit auszeichnete.[5] Auch heutzutage ist es alles andere als langweilig, die Chancen von Einwanderung ebenso anzuerkennen wie die Risiken und Nebenwirkungen. Immer wieder zeigen Umfragen, dass die meisten Menschen in Deutschland so denken.

Dieses Buch basiert auf den Erfahrungen, dem Wissen und den Gesprächen, die ich in 20 Jahren in Wissenschaft, Politikberatung und Medien sammeln durfte. Ich selbst bin Juraprofessor, doch dies ist kein juristisches Buch. Migration und Integration verlangen eine Kombination unterschiedlicher Sichtweisen, die ich als stellvertretender Vorsitzender des Sachverständigenrats für Integration und Migration, als Sprecher des Standorts Konstanz im bundesweiten Forschungsinstitut Gesellschaftlicher Zusammenhalt und als Mitglied des Exzellenzclusters «Kulturelle Grundlagen von Integration» an der Universität Konstanz kennenlernen durfte. Bei über zwanzig Sachverständigenanhörungen im Innenausschuss des Deutschen Bundestages lernte ich das politische Geschäft kennen und wirkte an der Fachkommission der Bundesregierung zu den Rahmenbedingungen der Integrationsfähigkeit mit. Regelmäßig trete ich in den Medien auf.

Bei all diesen Anlässen darf man wissenschaftliche Sachlichkeit nicht mit politischer oder moralischer Objektivität verwechseln. Die eine richtige Antwort gibt es auf die meisten Fragen nicht. In Wissenschaft, Politik und Gesellschaft konkurrieren verschiedene Sichtweisen je nach theoretischem Standpunkt, politischer Präferenz und persönlichen Erfahrungen. Im Idealfall ergänzen sich diese und treten in einen konstruktiven Wettstreit, wie Deutschland sich als Einwanderungsland aufstellt.

Genau dies meine ich, wenn ich von der «Mitte» spreche: mit Augenmaß eine Bandbreite an Lösungen zu identifizieren, innerhalb derer sich politische und gesellschaftliche Mehrheiten finden lassen. Das gelingt nur, wenn die Parteien die Kompromisssuche ernsthaft betreiben. Nachhaltig wird diese nur sein, wenn die Ergebnisse in der Praxis auch funktionieren. Das verlangt bisweilen einen Neuanfang, der radikal wirkt, in der Sache jedoch langfristig besser funktioniert als ein Durchwursteln.

Auch ich bin als Autor nicht neutral. Gewiss unterscheidet sich die Wissenschaft mit ihren nachvollziehbaren Methoden, den empirischen Untersuchungen und der sorgfältigen Lektüre vom bloßen Bauchgefühl. Dennoch spielen Erfahrungen und Erlebnisse eine Rolle. Ich habe es dabei immer als Vorteil empfunden, dass ich als schwuler Mann mich nicht mit *Gender Studies,* sondern mit der Einwanderung beschäftige, obwohl ich diese, abgesehen von längeren Auslandsaufenthalten, nicht aus eigener Erfahrung kenne. Genau darum geht es, wenn der Bundespräsident von Deutschland als «Land mit Migrationshintergrund» spricht. Einwanderung verändert die gesamte Gesellschaft, nicht nur diejenigen, die selbst einreisten oder (Groß-)Eltern haben, die nach Deutschland kamen.

Ohnehin wäre es ein Fehler, die öffentlichen Debatten über Einwanderung entlang simpler Gegensatzpaare wie eingewandert und alteingesessen zu führen, als ob es sich um zwei monolithische Gruppen handelte. Die «alten weißen Männer» in Dresden, die nach der Wende ihren Job verloren, haben eine andere Lebensgeschichte als eine französische Ärztin, die sich während des Auslandsstudiums in Düsseldorf verliebte und bis heute dort lebt. Die (Ur-)Enkel der Gastarbeiter sind in einer anderen Situation als Flüchtlinge aus Somalia, die erst mühsam Deutsch lernen müssen. Aus Afghanistan kommen Frauenrechtlerinnen ebenso wie strenggläubige Muslime, die die Gleichberechtigung ablehnen. In Deutschland engagieren sich einige für Pro Asyl, andere für die AfD und Sahra Wagenknecht.

Natürlich sind diese Beispiele bewusst plakativ – ebenso wie die Bilder, die die Medien zur Illustration meiner Interviews auswählen. Sie bekräftigen jedoch gerade deshalb, warum wir endlich das Schwarz-Weiß-Denken überwinden müssen. Nur mit einer offenen Diskussion über Chancen und Defizite, Konflikte und Erfolge wird die Mitte die Deutungshoheit darüber zurückerlangen, wie Deutschland sich als Einwanderungsrepublik selbstbewusst für die Zukunft aufstellt.

2.
«Einwanderungsland» ist kein Schönwetterbegriff

Jahrzehntelang hat der Streit, ob Deutschland ein Einwanderungsland sei oder nicht, eine notwendige Debatte darüber verhindert, wie Migration und Integration sinnvoll gestaltet werden. Das muss sich ändern. Rein faktisch besteht kein Zweifel mehr, dass Deutschland längst ein Einwanderungsland ist: 18 Prozent der Bevölkerung wurden im Ausland geboren; noch mehr haben eine familiäre Einwanderungsgeschichte. Damit ist der Anteil derjenigen, die im Ausland geboren wurden, höher als im klassischen Einwanderungsland schlechthin: den USA mit 15 Prozent.[1] In Europa gehört Deutschland ohnehin zur Spitzengruppe.

Dass die Formel vom Einwanderungsland noch immer nicht allgemein akzeptiert ist, liegt auch daran, dass es sich um einen politischen Kampfbegriff handelt. Bis zum heutigen Tag wird dieser häufig mit einem normativen Überschuss verwendet – ganz so, als sei die Anerkennung des Faktischen eine sich selbst erfüllende Prophezeiung, die vorgibt, wer künftig einreisen darf und wie das Miteinander gelingt. Das stimmt nicht. Das Bekenntnis zum Einwanderungsland ist keine entpolitisierende Konsensformel. Es geht nicht darum, ob die Grenzen generell offenstehen oder geschlossen sind. Die Frage ist, wer kommen soll und wie ein kollektives Selbstbild entsteht, das den Zusammenhalt stärkt.

Langzeitfolgen einer Einwanderung wider Willen

Der Schriftsteller Max Frisch prägte den berühmten Satz: «Man hat Arbeitskräfte gerufen, und es kommen Menschen.»[2] Das Zitat verweist auf die Gastarbeit, die stellvertretend für eine dauerhafte Einwanderung steht, die Staat und Gesellschaft in Deutschland so nicht beabsichtigt hatten, die aber dennoch stattfand – ganz ähnlich wie später die Fluchtmigration. Bereits der Begriff der Gastarbeit veranschaulicht, dass die Arbeitskräfte eigentlich zurückkehren sollten. Tatsächlich machte dies eine Mehrheit auch und baute in der Heimat mit dem Geld und den Erfahrungen, die sie in Deutschland verdient und gesammelt hatten, ein neues Leben auf.[3] In der kollektiven Erinnerung dominieren gleichwohl diejenigen, die dauerhaft blieben.

Es gab mehrere Gründe, warum sich viele «Gäste» zum Bleiben entschieden. Eine zeitliche Befristung des Aufenthalts war zwar angedacht, wurde aber nie konsequent umgesetzt, unter anderem weil die deutschen Unternehmen die angelernten Arbeitskräfte behalten wollten. Als das Wirtschaftswunder in meinem Geburtsjahr 1973 mit der Ölkrise abrupt endete, verhängte die sozialliberale Koalition unter Helmut Schmidt (SPD) einen «Anwerbestopp», verzichtete jedoch – ebenso wie alle späteren Bundesregierungen – darauf, die Gastarbeiter abzuschieben, solange diese nicht schwer straffällig wurden. Der Anwerbestopp verbaute gleichzeitig die Möglichkeit, probeweise mit der Option in die Heimat zurückzukehren, doch wieder nach Deutschland zurückzukommen. Stattdessen holten viele die Familien nach, was dazu führte, dass der «Ausländeranteil», wie man damals formulierte, nicht zurückging, sondern umgekehrt zunahm.

Das hatten sich Politik und Gesellschaft anders vorgestellt. Parteiübergreifend wünschten sich die Elite und eine Mehrheit der

Bevölkerung jahrelang keine Einwanderung im größeren Umfang.[4] Auch viele Gastarbeiter hatten die Rückkehr fest eingeplant, spätestens in der Rente, schoben diese jedoch immer weiter auf: wegen wirtschaftlicher Stagnation im Heimatland, während der Ausbildung der Kinder oder einfach, weil sie irgendwie doch heimisch in *Almanya* geworden waren. Deutschland schlafwandelte im Umgang mit der Gastarbeit zum Einwanderungsland, ohne dass ein Plan dahinter stand.

Politik und Verwaltung improvisierten bei dem, was wir heute Integration nennen. Integrationskurse gab es keine und nur langsam entstanden erste Programme, um die Teilhabe am Arbeitsmarkt, in Bildung und Wohnungswesen zu fördern. Das Gefühl einer Ohnmacht verstärkte sich noch, als die Bundesregierung unter Helmut Kohl (CDU) eine «Rückkehrförderung» auslobte. Alle Erwachsenen sollten 10 500 DM erhalten, wenn sie freiwillig in die Heimat zurückkehrten, was unter Berücksichtigung der Inflation heute 12 300 EUR entspricht. Das funktionierte kaum, stärkte jedoch den Eindruck, dass die Regierung der faktischen Einwanderung hilflos gegenüberstand – ähnliches könnte sich bei der Rückkehr nach Syrien wiederholen. Die Politik erscheint als Getriebene von Umständen, die nun einmal so sind, wie sie sind, auch wenn man es gerne anders hätte. Die Erfahrung als Einwanderungsland wider Willen nährte die spezifisch deutsche Fehlvorstellung, dass die Politik eine Migration verwaltet, die tatsächlich stattfindet, anstatt mitzubestimmen, wer einreist und wer nicht.

Nach der Gastarbeit stiegen die Einreisezahlen über das Asylsystem. Für sich genommen war und ist dies kein Steuerungsversagen, weil das Asylrecht allen Schutzbedürftigen ein Bleiberecht zusichert. Dennoch war die Kritik am «Missbrauch des Asylrechts»[5], mit dem CDU/CSU, SPD und FDP im Dezember 1992 einen damaligen «Asylkompromiss» begründeten, der das Asylrecht mittels einer Verfassungsänderung drastisch einschränkte, nicht bloß eine Fantasie von Hardlinern. Über das Asylsystem reisen bis heute Personen ein, deren Asylantrag abgelehnt wird, die am Ende aber dennoch dauerhaft bleiben. Sie missachten die gesetzliche Ausreisepflicht und auch Abschiebungen funktionierten schon immer schlecht.

Ausweislich der Statistiken leben in Deutschland über 900 000 Personen, deren Asylantrag abgelehnt wurde.[6] Entsprechende Bleiberechte erweiterte die Politik wiederholt. Viele bekommen früher oder später eine Aufenthaltserlaubnis, obwohl sie eigentlich hätten ausreisen müssen. Außerdem sind für viele Asylverfahren offiziell andere EU-Staaten zuständig, die Überstellung dorthin scheitert jedoch. Wir werden noch sehen, dass die Politik die Fluchtmigration jenseits der deutschen Grenzen seit vielen Jahren mit harten Methoden steuert. Das ändert aber nichts daran, dass inländische Vollzugsdefizite den Eindruck eines schwachen Staates bekräftigen.

Für (Spät-)Aussiedler und EU-Bürger verzichtete die Politik bewusst darauf, die Einreise aktiv zu steuern. Eine der größten Zuwanderungsgruppen sind vier Millionen (Spät-)Aussiedler deutscher Volkszugehörigkeit, die in den späten 1980er und frühen 1990er Jahren vor allem aus Polen, Rumänien und der ehemaligen Sowjetunion kamen. Damals existierten großzügige Einreiseregeln für die Angehörigen der deutschen Minderheit, die nach dem Zweiten Weltkrieg in den Heimatländern unter Diskriminierung und Verfolgung gelitten hatten. Weithin bekannt sind die Schlagersängerin Helene Fischer, die im sibirischen Krasnojarsk geboren wurde, und die gebürtigen Polen und Fußballweltmeister Lukas Podolski und Miroslav Klose, die zusammen stolze 120 Tore für die deutsche Mannschaft schossen.

In der kollektiven Erinnerung spielen die (Spät-)Aussiedler nur ein Schattendasein, obwohl sehr viele Deutsche zu dieser Gruppe gehören. So dürften viele gar nicht wissen, dass Fischer, Podolski und Klose einen Migrationshintergrund haben – ganz anders als bei Mesut Özil und İlkay Gündoğan, deren türkische Wurzeln ständig thematisiert werden, obwohl beide in Gelsenkirchen geboren wurden. Die fehlende Sichtbarkeit der (Spät-)Aussiedler liegt auch daran, dass kaum noch welche kommen. Nach dem Mauerfall zog der Bundestag einen Schlussstrich, der diesen Zuwanderungskanal beinahe vollständig versiegen ließ.

Ganz anders verhält es sich mit der Freizügigkeit innerhalb der Europäischen Union. Wie bereits erwähnt, ließen sich zwischen 2010 und 2019 netto 2,3 Millionen Menschen aus anderen EU-Staaten hierzulande nieder – vor allem aus Polen, Rumänien und Bulgarien. Rechtlich und tatsächlich unterscheidet sich die EU-Freizügigkeit fundamental von der Fluchtmigration, was ein Grund dafür sein dürfte, warum sie öffentlich kaum diskutiert wird. Im EU-Binnenmarkt gestaltet sich die Einwanderung unkompliziert. Alle EU-Bürger haben das Recht, mit der Familie ungehindert nach Deutschland einzureisen, um hier zu arbeiten oder zu studieren. Niemand muss Geld für Schlepper ausgeben oder ein Asylverfahren durchlaufen.

Umgekehrt verlangt die EU-Freizügigkeit, alles privat zu organisieren und zu bezahlen: den Job und die Wohnung. Wer das schafft, dem garantiert das europäische Recht in nahezu allen Sachbereichen eine Gleichbehandlung. Die Minderheit sozial schwacher Personen aus Rumänien und Bulgarien ist auch deshalb im Straßenbild sichtbar, weil sie nach der Einreise zuerst einmal keine Sozialleistungen bekommen und häufig betteln. Es ist dies die Ausnahme von der Regel, dass die deutsche Wirtschaft jahrelang ihren Arbeitskräftebedarf aus anderen EU-Ländern befriedigte, ohne dass der Staat sich groß darum kümmern musste. Dieser politisch gewollte Steuerungsverzicht verstärkte den Eindruck, dass die Politik vor allem einen Zuzug verwaltet, der irgendwie stattfindet, ohne dass man viel ändern könnte.

Steuerungsverzicht als deutscher Sonderweg

Die jahrzehntelange Debatte, ob Deutschland ein Einwanderungsland sei oder nicht, nährte bei vielen die Vorstellung, dass sich alles zum Guten wenden würde, wenn Politik und Gesellschaft die Frage nur endlich mit einem beherzten «Ja» beantworteten. Verstärkt wurde dieser Eindruck dadurch, dass die Politik ihre Ziele immer wieder verfehlte. So entstand die spezifisch deutsche Vorstellung, dass die Aufgabe vorrangig darin bestehe, die tatsächlich stattfindende Migration zu verwalten, anstatt deren Ausmaß und Zusammensetzung zu beeinflussen.

Ganz anders verhalten sich die klassischen Einwanderungsländer. Die USA, Kanada und Australien treffen beim Gebietszugang eine aktive Auswahl und ringen um das kollektive Selbstbild. Der Vergleich mit diesen Ländern ist nicht nur deshalb instruktiv, weil dorthin früher viele aus Europa auswanderten. Alle drei Länder besitzen eine vergleichbare Wirtschafts- und Gesellschaftsstruktur. Die Anschlussfähigkeit ist größer als bei den Golfstaaten, die auf ein hartes Gastarbeitsmodell setzen, oder bei Südafrika und Malaysia, wo ebenfalls viele Migranten leben.

Dabei dürfen wir uns von den Bildern in unseren Köpfen nicht in die Irre führen lassen. In der kollektiven Erinnerung Europas war die Auswanderung in die «Neue Welt» ein ungesteuerter Prozess. Die grenzenlose Weite der Prärie in Westernfilmen steht symbolisch für die scheinbar unbegrenzten Möglichkeiten, die sich den europäischen Siedlertrecks in Nordamerika eröffneten. Es ist dies freilich eine unzutreffende Erinnerung. Sklaven wurden gegen ihren Willen nach Amerika verschifft und Chinesen kurzerhand ausgewiesen, nachdem sie das Eisenbahnnetz mitaufgebaut hatten. Die USA, Kanada und Australien wählten schon immer aktiv aus, wer kommen soll und bleiben darf.

Selbst Europäer durften nicht ungehindert einwandern. Die USA verlangten von den Dampfschiffgesellschaften, alle Neuankömmlinge kostenlos zurückzubefördern, die krank, des Lesens unkundig oder auch moralisch zweifelhaft waren, weil sie unter Prostitutionsverdacht standen. Heutzutage würde man die Insel «Ellis Island» am Fuße der Freiheitsstatue in New York, die viele Touristen besuchen, eine Transitzone nennen, wo US-Beamte willkürlich Zurückweisungen aussprachen. Im Jahr 1924 führten die USA für jedes Land eine Obergrenze ein, die unverhohlen Nordeuropa gegenüber Südeuropa und Europa den anderen Weltregionen vorzog.[7] Großbritannien, Skandinavien und Irland profitierten von deutlich höheren Quoten als Italien, Griechenland oder die Türkei, obwohl aus diesen Ländern damals viel mehr Menschen einwandern wollten.

Heute wird in Deutschland häufig Kanada als Vorbild genannt. Das Land gilt vielen als Inbegriff eines «modernen» Einwanderungslandes, das offen um Neuzugänge wirbt und die Vielfalt der Bevölkerung wertschätzt. Von 2025 bis 2027 sollen 1,14 Millionen dauerhafte Einwanderungsvisa ausgestellt werden, obwohl Kanada nur halb so viele Einwohner hat wie Deutschland. Davon sollen 60 Prozent als Arbeitskräfte einreisen, 23 Prozent über den Familiennachzug und weitere 63 000 pro Jahr als Flüchtlinge (17 Prozent).[8] Nach Deutschland kommen sehr viel weniger über den Arbeitsmarkt, dafür deutlich mehr über das Asylsystem. Hinzu kommt, dass die Geflüchteten von den kanadischen Behörden und privaten Sponsoren ausgewählt werden. Eine irreguläre Zuwanderung gibt es kaum, denn Kanada unterbindet diese rabiat. Wer an einem Grenzübergang zu den USA einen Asylantrag stellt, wird kurzerhand zurückgeschickt, weil Kanada die USA als sicheren Drittstaat einstuft, wo keine Verfolgung droht.

Dem Image tut dies keinen Abbruch. Kanada feiert sich für eine großzügige Politik, die alle Dilemmata umgeht, indem Arbeitskräfte und Geflüchtete im großen Stil legal mit dem Flugzeug einreisen dürfen. Kein Wunder, dass nicht nur in Deutschland viele davon träumen, dem einwanderungspolitischen Schlaraffenland nachzueifern. Auch Donald Trump beneidet den nördlichen Nachbarn um sein Punktesystem, das Arbeitskräfte gezielt auswählt.[9] Direkt kopieren können die Europäische Union und die Vereinigten Staaten das kanadische Modell allerdings nicht, weil die geografische Lage eine andere ist. An der Südgrenze zu Mexiko experimentieren die US-Regierungen seit dreißig Jahren mit bisher halbherzigem Erfolg und immer neuen Maßnahmen, um die irreguläre Migration in geordnete Bahnen zu lenken – ähnlich wie die Europäer im Mittelmeer.

Nun sind die Politikansätze klassischer Einwanderungsländer für sich genommen kein Argument, dass Deutschland es ebenso machen sollte. Das gilt umso mehr, als der dunkle Schatten einer offen rassistischen Auswahlpolitik bis heute über den früheren Siedlungskolonien schwebt. So verboten die USA vor 150 Jahren kurzerhand die Einwanderung aus China, während Australien bis 1958 ganz offen eine «White Australia Policy» verfolgte. Eine solche Politik wäre heute eklatant menschenrechtswidrig und scheidet für Deutschland schon deshalb aus.

Trotz dieser Unterschiede zeigt der Vergleich, dass Deutschland einen Sonderweg beschreitet, wenn es darauf verzichtet, die Einwanderung aktiv zu steuern. Aus dem Bekenntnis zum Einwanderungsland folgt nicht, wer einwandern darf und wer nicht. In Kanada, den USA und Australien wendete sich das Blatt inzwischen. An die Stelle einer rassistisch motivierten Selektion trat eine wirtschaftliche Bestenauslese. Davon profitieren nicht nur Europäer. Indien, die Philippinen, Nigeria, Pakistan und Malaysia gehören zu den Top-Herkunftsländern.

Gestalten statt Verwalten ist anstrengend

Für die Politik ist es erst einmal abträglich, als passiv zu erscheinen. Es hat aber auch Vorteile, wenn sich in der Bevölkerung der Eindruck verfestigt, dass der Staat die Einwanderung kaum beeinflussen kann. Ein Steuerungsverzicht entlastet die Politik nämlich davon, selber Kriterien zu definieren, wer kommen soll und bleiben darf, diese sodann im öffentlichen Diskurs zu begründen, auf Kritik zu antworten, die getroffenen Entscheidungen umzusetzen und für eventuelle Defizite geradezustehen. Eine pragmatische Politik kann dann nur die Ärmel hochkrempeln und mit ehrlichem Engagement das Beste aus der faktisch eingetretenen Situation machen.

Das heißt natürlich nicht, dass es in Deutschland keine Kriterien gäbe. Das Aufenthaltsgesetz, das Asylgesetz, das Freizügigkeitsgesetz/EU und das Staatsangehörigkeitsgesetz umfassen zusammen über 200 Paragrafen. Die öffentliche Debatte beachtet diese jedoch kaum. Während die einen pauschal von «Geflüchteten» sprechen, auch wenn die Behörden und Gerichte feststellten, dass der Asylantrag abzulehnen war und die Betroffenen ausreisen müssen, spricht die Gegenseite undifferenziert von «illegaler Migration», wenn Menschen mit Schutzbedarf nach einem Aufenthalt in Ländern wie der Türkei oder Italien in Deutschland um Asyl nachsuchen. Einen deutschen Pass besitzen die Kinder und Enkel der Gastarbeitergeneration meistens von Geburt an. Dennoch werden sie häufig als Ausländer bezeichnet oder ihre Bürgerschaft auf andere Weise untergraben. Es wird munter in einen Topf geworfen, was man besser trennen sollte.

Solche Pauschalisierungen prägen viele Kontroversen, die häufig scheinbar bewährten Ritualen folgen. Die eine Seite beklagt vereinfacht jede Restriktion als Abkehr von der reinen Lehre, wonach Einwanderungsländer die Einreise frei nach dem Motto «kein Mensch ist illegal» eigentlich nicht begrenzen dürfen. In letzter Konsequenz läuft das auf offene Grenzen hinaus. Umgekehrt stellte die andere Seite offen oder unterschwellig die gleiche Zugehörigkeit der Eingewanderten infrage, exemplarisch anlässlich des langjährigen und unergiebigen Streits darüber, ob der Islam nun zu Deutschland gehört oder nicht.

Jenseits der aufgeheizten öffentlichen Debatten beschreitet die praktische Politik regelmäßig einen Mittelweg, häufig durch eine parteiübergreifende Zusammenarbeit von SPD und CDU/CSU. Das zeigen der Asylkompromiss der früheren 1990er Jahre, die Einbürgerungsreform zur Jahrtausendwende, das Zuwanderungsgesetz von 2004 sowie die Asylpolitik und das Fachkräfteeinwanderungsgesetz der Großen Koalition von 2013 bis 2021. All diese parteiübergreifenden Reformschritte brachten die Gesetzgebung voran. Eine positive Vision, wie Deutschland sich als Einwanderungsland aufstellt, beinhalteten sie jedoch nur teilweise.

Wenn die gesellschaftliche Mitte die Deutungshoheit im Migrationsdiskurs zurückerobern will, muss sie zwei Fragen unterscheiden: Wer soll auf welchen Wegen einwandern und wie gestalten wir den gesellschaftlichen Zusammenhalt? Wichtig ist, beides auseinanderzuhalten. Debatten über die Gestaltung und Begrenzung der künftigen Zuwanderung dürfen nicht die gleiche Zugehörigkeit derjenigen untergraben, die dauerhaft und rechtmäßig in der Bundesrepublik leben. Um dorthin zu kommen, müssen sich alle Seiten von Illusionen verabschieden.

Für diese Lernprozesse gilt als Faustregel: Während Bürgerliche und Konservative bei der gleichen Zugehörigkeit einen größeren Nachholbedarf haben, tun sich Linke und Progressive schwer damit, beim Gebietszugang steuernd einzugreifen. Alle Seiten dürfen nicht länger darauf vertrauen, dass schon alles gutgehen werde, oder sich auf altbewährte Schwarz-Weiß-Muster zurückziehen, wonach es beim Gebietszugang darum gehe, Einwanderung generell gut oder schlecht zu finden, während bei der Mitgliedschaft eine feststehende Leitkultur und multikulturelle Beliebigkeit gegeneinander ausgespielt werden. Damit muss Schluss sein.

Fehlvorstellung I: Steuerung funktioniert nicht

Ein beliebtes Argument verteidigt den Verzicht auf eine aktive Gestaltung als «alternativlos». Diese Rhetorik der Alternativlosigkeit besitzt eine zweifache Ausprägung. Die moralisch-juristische Variante suggeriert, dass jede Steuerung des Gebietszugangs illegitim sei, weil die Genfer Flüchtlingskonvention und die Menschenrechte allen Verfolgten eine Schutzgarantie geben. Das stimmt, heißt aber nicht, dass immer Deutschland diesen Schutz gewähren muss. Das vierte Kapitel erklärt, dass alle Bundesregierungen seit Jahrzehnten die Asylzuwanderung mittelbar begrenzen, etwa durch Visumvorschriften oder sichere Drittstaatsklauseln. Offen kommuniziert wird das freilich selten.

Stellvertretend hierfür steht Angela Merkel (CDU). Im Dezember 2015 verteidigte sie die großherzige Aufnahme von Hunderttausenden als Ausdruck eines «humanitären Imperativs.»[10] Dies signalisierte eine moralische Alternativlosigkeit, obgleich Merkel damals bereits mit der Türkei verhandelte, damit diese die Zugangszahlen begrenzt. Man kann trefflich darüber streiten, welches die rechtlichen und ethischen Grenzen für eine solche Zugangskontrolle sind. Diese legitime Diskussion ist jedoch etwas anderes als die Behauptung, die Menschenrechte verböten den Staaten, die Asylmigration zu begrenzen.

Anders als beim Asylrecht wird bei der Wirtschaftsmigration meistens akzeptiert, dass die Staaten frei entscheiden. Anstatt sich darüber zu ereifern, *ob* der Staat auswählen darf, konzentriert sich die Debatte darauf, *wie* die Kriterien aussehen sollen. Auch die Asylpolitik muss fragen, *wie* Kontrolle und Schutzgewährung zusammenpassen.

Das sehen nicht alle so. Aus Nordamerika schwappt seit einiger Zeit das Argument nach Europa, dass die Grenzkontrollen der westlichen Industriestaaten *People of Colour* aus den ehemaligen Kolonien daran hinderten, in den reichen Norden zu kommen, wo vor allem Weiße wohnen. Wirtschaftliche Auswahlkriterien für Fachkräfte werden als rassistisch gebrandmarkt, weil sie bestimmte Herkunftsländer bevorzugen. Sogar die Freizügigkeit im EU-Binnenmarkt kritisieren einige als «Passport-Apartheid», weil von den offenen Grenzen vorrangig Europäer profitieren.[11] Im Rahmen der Debatte, ob die pauschale Schutzgewährung für Ukrainerinnen eine rassistische Bevorzugung gegenüber Syrern sei, die ein Asylverfahren durchlaufen müssen, erreichten diese Thesen die Öffentlichkeit.

Doch selbst wenn Linke und Progressive solch radikale Ansichten ablehnen, fällt es ihnen schwer, offen darüber zu diskutieren, wie der Gebietszugang ausgestaltet sein soll. Sie betonen unabhängig von Einwanderung die Gleichheit aller Menschen. Dieser gedankliche Fokus auf die Gleichheit steht in einem unauflösbaren Spannungsverhältnis zu einer Einwanderungspolitik, die zwangsläufig Lebenschancen verteilt. In einer Welt voller wirtschaftlicher Ungleichheiten werden selbst großzügige Einreiseregeln für Flüchtlinge und Arbeitskräfte immer Menschen ausschließen, die prinzipiell gerne in Deutschland leben würden.

Erschwert wird eine offene Diskussion über diese Fragen dadurch, dass der öffentliche Diskurs in Deutschland generell stärker moralisiert ist als in anderen westlichen Demokratien.[12] Als Einwanderungsland muss Deutschland lernen, sich solchen Fragen zu stellen. Nicht weil eine Auswahl moralisch immer leicht oder eine Steuerung tatsächlich einfach wäre. Die Einwanderung zwingt die deutsche Öffentlichkeit, sich in einer globalisierten Welt von der Illusion zu verabschieden, sie könne sich im friedlichen und wohlhabenden Europa dauerhaft von den Konflikten und der Armut andernorts abschirmen. Migration verlangt, den harten Realitäten ins Auge zu sehen.

Solche politischen, rechtlichen und moralischen Debatten darüber, wie die demokratische Mitte den Gebietszugang sinnvoll gestaltet, erklären manche mit der Behauptung für überflüssig, dass eine jede Migrationssteuerung faktisch scheitern müsse, weil einreisewillige Personen staatliche Restriktionen im Zweifel umgingen. Es ist dies die zweite Ausprägung der These, dass ein Verzicht auf eine aktive Gestaltung alternativlos sei. Erleichtert wird diese Behauptung dadurch, dass die Push- oder Pull-Faktoren, die darüber bestimmen, ob Menschen ihre Heimat verlassen und welches Zielland sie aussuchen, so komplex sind, dass man einzelne Maßnahmen leicht als ineffektiv kritisieren kann.

Aus dieser Komplexität folgt im Umkehrschluss zugleich, dass die behauptete Steuerungsunfähigkeit in erster Linie eine Delegitimierungsstrategie darstellt. Durch ein intelligentes Zusammenspiel nationaler, europäischer und internationaler Maßnahmen können die Staaten die Zugangszahlen reduzieren, indem sie die finanziellen, persönlichen und logistischen Hürden erhöhen. Ein Beispiel: Bliebe die Zahl der Asylanträge unverändert, wenn eine syrische Familie mit einem günstigen Flugticket aus Istanbul oder Beirut direkt nach Deutschland fliegen könnte, ohne viel Geld an Schlepper für eine lebensgefährliche Überfahrt zu zahlen, weil die EU die Visumpflicht abschafft?

Einfach widerlegen lässt sich die Behauptung, dass ein Rückgang der Einreiseversuche auf der einen Migrationsroute zwangsläufig die Ankunftszahlen woanders steigen lässt. Die Migrationsrouten nach Griechenland, Italien und Spanien sind keine kommunizierenden Röhren. Wenn die Einreise über eine Route erschwert wird, weichen nur wenige auf andere Routen aus. Das passiert vor allem, wenn die Alternativen leicht erreichbar sind: zum Beispiel eine Überfahrt nach Italien aus Tunesien anstelle des benachbarten Libyen. Es ist dies jedoch die Ausnahme von der Regel, dass in den verschiedenen Ecken des Mittelmeers unterschiedliche Personen ankommen. Europa ist mit mehreren Migrationsbewegungen gleichzeitig konfrontiert. 2024 kamen nach Italien vor allem Menschen aus Bangladesch, Syrien und Tunesien; nach Spanien aus Algerien und Marokko; nach Griechenland aus Syrien und Afghanistan.[13] Seit Jahren ist das so.

Ähnlich verhält es sich für das Zusammenspiel von Asyl- und Erwerbsmigration, wie das nächste Kapitel ausführlich zeigen wird. Es reicht nicht, legale Einreisemöglichkeiten für Arbeitskräfte bereitzustellen, damit automatisch weniger Asylbewerber ohne Schutzbedarf kommen. Eine «Umlenkung» der irregulären Asylmigration hin zur legalen Fachkräfteeinwanderung funktioniert nicht, wenn viele Asylbewerber geringqualifiziert sind. Wenig sinnvoll sind auch abstrakte Debatten über die Gesamtzahl an Ausländern, die jedes Jahr einreisen sollen. Stattdessen müssen Politik und Gesellschaft fragen, wie viele Personen über welche Zugangswege kommen sollen. Die Annahme stimmt nicht, dass immer dieselben Menschen kommen: entweder über das Asylsystem oder alternativ als Fachkraft. Für beides braucht es eine wohlüberlegte Gestaltung.

Ich behaupte nicht, dass eine solche Steuerung immer gelingt. Migration ist kein Wasserhahn, den man einfach auf- und zudrehen kann. Das gilt für Fachkräfte ebenso wie für das Asylsystem, bei dem die Vorstellung einer vollständigen Kontrolle eine Illusion bleibt. Statt auf die eine einfache Lösung zu setzen, muss die Politik in der Asylpolitik immer an vielen kleinen und einigen größeren Rädchen drehen.

Herausforderungen bestehen auch bei der Wirtschaftsmigration – allerdings unter umgekehrten Vorzeichen als beim Asylsystem. Die erhofften Fachkräfte in Indien oder Ägypten warten keineswegs begierig darauf, in ein Land wie die Bundesrepublik mit einer schweren Sprache, mittelmäßigem Wetter und hohen Steuersätzen auf das gute Einkommen auszuwandern. Beim «Wettbewerb um die besten Köpfe» ist das Silicon Valley für viele attraktiver als die Schwäbische Alb. Deutschland muss erst noch lernen, welche Fachkräfte die richtige Zielgruppe sind, wie effiziente Verfahren gelingen und welches Gesamtpaket die erhofften Leistungsträger überzeugt.

Fehlvorstellung II: Deutschland verändert sich nicht

Vor vierzig Jahren formulierte die erste Bundesregierung unter Helmut Kohl (CDU) im Koalitionsvertrag prominent: «Deutschland ist kein Einwanderungsland.»[14] Gemeint war damit das doppelte Ziel, den weiteren Zuzug zu verhindern und die Rückkehr zu fördern. Ausdrücklich sollte außerdem die «kulturelle Eigenständigkeit» der Ausländer respektiert werden, indem die Kinder zusätzlich zum deutschen Schulunterricht auch die Muttersprache erlernten. In den 1980er Jahren zeigte das öffentlich-rechtliche Fernsehen ein «Ausländerprogramm», das praktische Lebenstipps mit Nachrichten aus den Herkunftsländern verband, die in einer Zeit ohne Internet und Satellitenfernsehen anders kaum erhältlich waren.[15] Das war gut gemeint, beinhaltete jedoch die unterschwellige Message, dass die «Ausländer» gedanklich nicht zu «uns» gehörten. Es ist eine Ironie der Geschichte, dass CDU, CSU und FDP damit ein multikulturelles Nebeneinander vorbereiteten, das sie später vehement kritisierten.

Die Betonung der Unterschiede schloss nicht aus, dass Staat und Verwaltung die Integration mit pragmatischen Maßnahmen schon damals förderten. Die Politik verbesserte die Wohnsituation und verlieh unbefristete Aufenthaltstitel. Das machte die Regierung Kohl nicht anders als die Bundesländer. Der Sozialstaat kümmerte sich ohnehin um alle gleichermaßen. Der öffentliche Diskurs sprach darüber jedoch kaum, sondern konzentrierte sich auf Abgrenzungssignale wie die Rückkehrprämien. Selbst wohlmeinende Kreise sprachen mit paternalistischem Unterton von «ausländischen Mitbürgern» und drückten damit aus, dass die Eingewanderten doch irgendwie anders seien.[16] In Medien, Politik und Sport gab es kaum Personen, welche die migrantische Perspektive sichtbar vertraten.

Stattdessen übernahmen «Ausländerbeauftragte» diese Funktion. Die zweite Amtsinhaberin, Liselotte Funcke (FDP), wurde von den Medien als gutherziger «Engel der Türken» betitelt.[17] Ihr Vorgänger, der ehemalige NRW-Ministerpräsident Heinz Kühn (SPD), hatte 1979 einen Bericht vorgelegt, der die Themen für eine progressive Agenda setzte: Die «faktische Einwanderung» müsse – freilich beim Ausschluss weiterer Zuwanderung – anerkannt, ein kommunales Ausländerwahlrecht geschaffen und die Einbürgerung ermöglicht werden.[18] Tatsächlich erstarkte die Staatsangehörigkeit alsbald zum Symbolthema, anhand dessen die Parteien darüber stritten, wie Deutschland sich als Einwanderungsland aufstellen könne.

Das belegt die stürmische Kontroverse über den Doppelpass zur Jahrtausendwende. Die rot-grüne Bundesregierung unter Gerhard Schröder (SPD) wollte 1999 die Einbürgerung erleichtern und dabei doppelte Staatsangehörigkeiten generell akzeptieren. Daraufhin startete die CDU im hessischen Landtagswahlkampf eine Unterschriftenkampagne «Ja zur Integration, nein zum Doppelpass», die auf eine fulminante Zustimmung stieß und beim überraschenden Wahlsieg half. In einer Demokratie ist eine solche Kampagne an sich kein Problem. Bürgerliche und Konservative können den Doppelpass legitimerweise ablehnen. Allein so wurde die Unterschriftenkampagne nicht wahrgenommen. Medien kolportierten, dass die Bevölkerung frage, wo man «gegen die Ausländer unterschreiben» könne.[19] Ressentiments und Abgrenzung überlagerten die legitime Positionierung.

Die Episode veranschaulicht, dass eine anfängliche Deutungshoheit besitzt, wer ein Thema als Erstes besetzt. Bei der Einwanderung sind dies Progressive. Die Herausforderung für Bürgerliche und Konservative besteht darin, die Veränderung anzuerkennen, anstatt dem Reflex zu erliegen, dass Deutschland kein Einwanderungsland sei. Das gilt für den Doppelpass ebenso wie für die späteren Debatten über eine Leitkultur oder die Rolle des Islam. Bürgerliche und Konservative erscheinen als Verhinderer und Ewiggestrige. Das mag zu einfach sein, genauso wie Linke und Progressive nicht pauschal für offene Grenzen plädieren, aber die Wahrnehmung setzt sich dennoch fest.

Eine bürgerliche und konservative Politik überzeugt, wenn sie sich praktisch und konzeptuell für Einwanderung öffnet, den Wandel jedoch abfedert und nach ihren Vorstellungen gestaltet. Diese Öffnung ist der zentrale Unterschied zu einer rechten Politik, die eine natürliche und feststehende Ordnung behauptet, die Überlappungen und die Entstehung eines neuen Gemeinsinns ausschließt. Rechte verlangen, dass Einwanderer sich entweder assimilieren, indem sie eine scheinbar zeitlose deutsche Kultur übernehmen, oder im Wege der «Remigration» das Land wieder verlassen.[20] Diese generelle Ablehnung ist der Grund, warum dieses Buch von «Linken» und «Progressiven» sowie «Konservativen» und «Bürgerlichen» spricht, die – anders als eine «rechte» Politik – allesamt zur Mitte gehören, soweit sie sich der Mäßigung und des Ausgleichs verpflichtet fühlen.

Bürgerliche und Konservative müssen also glaubhaft machen, dass Einwanderer gleichberechtigte Deutsche werden. Klassische Einwanderungsländer gestehen sich das leichter ein, weil viele «Bestandsbürger» sich mit Stolz daran erinnern, dass ihre (Ur-) Großeltern einen Neuanfang wagten. Dennoch wird leidenschaftlich über das Nationalbewusstsein gestritten. Das zeigt die frühere Politik eines «weißen Australien», das die nichteuropäische Zuwanderung verbot, ebenso wie Donald Trump, der nur der jüngste Vertreter eines «Nativismus» ist, der in der US-Geschichte immer wieder die Interessen der Alteingesessenen gegen Neuankömmlinge verteidigte.

An sich kann man Gebietszugang und Zusammenhalt leicht auseinanderhalten. Nach der Einreise bestehen spezifische Bedarfe, die der Integrationsbegriff ungeachtet aller Kritik angemessen beschreibt. Hier braucht es Sonderprogramme wie Sprachkurse, die den Neuankömmlingen viel abverlangen. Im Lauf der Zeit wird der migrationsspezifische Blickwinkel sodann jedoch immer unwichtiger. Die zweite und dritte Generation ist zu Recht genervt, wenn dem Gesprächspartner die Antwort nicht ausreicht, dass jemand aus Landshut oder Köln kommt, obwohl eine Person perfekt Deutsch spricht und es keinen Anlass gibt, sich über die Familiengeschichte zu unterhalten. Auch deshalb ist es so wertvoll, dass heutzutage die irakstämmige Dunja Hayali das *ZDF-Morgenmagazin* und manchmal auch das *heute journal* moderiert und İlkay Gündoğan bei der Fußball-EM 2024 im eigenen Land der Kapitän der deutschen Mannschaft war. Solche sichtbaren Vorbilder in Politik, Kultur, Medien und Sport helfen dabei, das Deutschlandbild zu verändern.

Es braucht einen neuen Grundkonsens

Es war überfällig, dass die Ampelregierung die Bundesrepublik im Jahr 2021 in ihrem Koalitionsvertrag als «modernes Einwanderungsland»[21] bezeichnete. Die frühere Regierung präsentierte außerdem alle ihre Vorhaben als natürliche Konsequenz daraus, was Regierungen immer so machen. Für das Bekenntnis zum Einwanderungsland gilt Ähnliches wie für den Sozialstaat. Alle politischen Akteure sind sich einig, die soziale Gerechtigkeit anzustreben und in einem Sozialstaat leben zu wollen, verstehen jedoch ganz unterschiedliche Dinge darunter, wenn es um die praktische Ausgestaltung geht.

Im Idealfall entwickelt sich zukünftig ein vergleichbarer Grundkonsens, dass Deutschland ein Einwanderungsland ist. Völlig neutral wäre das nicht. Ein solcher Grundkonsens beinhaltet Mindestanforderungen, jenseits derer Staat und Gesellschaft sodann jedoch legitimerweise darüber diskutieren können, wie der Rahmen auszufüllen ist. Die Wissenschaft spricht von «wesensmäßig umstrittenen Begriffen» (*essentially contested concepts*), über deren konkrete Konsequenzen unterschiedliche Meinungen existieren, weil sich die Wertvorstellungen und Interessenlagen unterscheiden.[22] Deren Ausgleich mündet in keine dauerhafte und feststehende Lösung. Überzeugungen verändern sich ebenso wie Mehrheiten und die Rahmenbedingungen.

Was also sind die Mindestanforderungen und wo besteht Raum für eine leidenschaftliche Diskussion? Zum einen gehört zum Selbstverständnis als Einwanderungsland beim Gebietszugang ein grundsätzlicher Konsens, dass auch künftig Menschen einwandern sollen. Zum anderen erlangt eine gleichberechtigte Bürgerschaft, wer dauerhaft und legal hier lebt. Über alles Weitere darf und muss man diskutieren. Die Maxime vom Einwanderungsland ist keine Zauberformel, die vorgibt, wie Gebietszugang und Integration im Einzelnen auszugestalten sind. Gerade weil Deutschland ein vergleichsweise neues Einwanderungsland ist, braucht es breite Debatten.

Wir haben gesehen, dass eine zentrale Herausforderung darin besteht, zwischen dem Gebietszugang und der Bürgerschaft zu unterscheiden. Einwanderungsländer entscheiden im Rahmen der Menschenrechte prinzipiell frei darüber, wer kommen soll und wer bleiben darf. Wer sodann jedoch dauerhaft und legal im Land lebt, besitzt eine gleichberechtigte Zugehörigkeit erster Klasse. Innerhalb dieses Rahmens kann man unterschiedlicher Meinung sein, wie die Einreiseregeln aussehen sollen und wie der Zusammenhalt gelingt.

Solche Debatten gibt es durchaus, freilich mit begrenztem Erfolg. Denken wir an das Buch von Thilo Sarrazin, den Streit um den Doppelpass, die Reaktion auf islamistische Terroranschläge und rassistische Morde, Diskussionen über das Kopftuch, die wiederkehrenden Kontroversen über die Asylpolitik etc. Ich behaupte nicht, dass Deutschland bei null anfangen muss, wohl jedoch, dass es sich alle Seiten häufig zu einfach machen.

Damit sich das ändert, braucht es zweierlei. Erstens muss die gesellschaftliche Mitte eine pragmatische Politik machen, die die Extreme beim konkreten Handeln ausgleicht. Alle Regierungen der letzten Jahre machten dies, ungeachtet aller Defizite, die noch beschrieben werden. Die Vorschläge dieses Buches können also auf eine Grundlage aufsatteln und sind dennoch kein «Weiter so». Vor allem bei der Asylmigration bestehen strukturelle Schwierigkeiten, die einen Neuanfang verlangen.

Zweitens braucht Deutschland als Einwanderungsland ein Leitbild, wie es den Gebietszugang sinnvoll regelt und den Zusammenhalt stärkt. Ein solches Leitbild benötigt gerade eine elastische Politik der Mitte, die sich der Mäßigung und des Ausgleichs verpflichtet fühlt, die in Zeiten eines polarisierten öffentlichen Diskurses leicht als Wankelmut erscheinen. Das Fehlen eines solchen Leitbildes führt dazu, dass sich in Teilen der Bevölkerung der Eindruck festsetzt, Politik und Gesellschaft hätten beim pragmatischen Durchwursteln die Orientierung verloren, wie die Migration gesteuert werden soll. Dieses Buch will diese Lücke füllen, indem es einen gedanklichen Kompass und einen Instrumentenkasten mit praxistauglichen Maßnahmen bereitstellt.

3.
Wirtschaft: Rettung vor der «demografischen Klippe»

Hollywoodfilme lieben nervenaufreibende Autofahrten, bei denen die Matadoren auf eine steile Klippe zurasen, um je nach Drehbuch entweder in letzter Sekunde zum Stehen zu kommen oder dramatisch in den Abgrund zu stürzen. Ein Menschenleben dauert zum Glück länger als eine Filmszene. In Zeitlupe steuern die westlichen Industriegesellschaften dennoch auf die «demografische Klippe»[1] zu. Wenn die geburtenstarken Jahrgänge der «Babyboomer» am Ende des aktuellen Jahrzehnts in Rente gehen, wird die Zahl der Arbeitskräfte auch in Deutschland um mehrere Millionen sinken, während gleichzeitig die Zahl der alten Menschen drastisch ansteigt.

Einwanderung ist das zentrale Instrument, um den Sturz von der Klippe abzuwenden. Deutschland braucht eine «Willkommenskultur» für Fachkräfte. Doch es ist wie oft im Leben: Leichter gesagt als getan. Fachkräfte stehen nicht Schlange, um in ein Land mit schwerer Sprache, hohen Steuern und mittelprächtigem Wetter auszuwandern. Staat und Gesellschaft müssen von der früheren Begrenzung auf eine wohlüberlegte Einladung umstellen – ein Mentalitätswandel, den die hitzige Asyldebatte erschwert. Dabei würde die Bevölkerung die Zukunft als Einwanderungsland entspannter betrachten, wenn mehr über die Migration im Eigeninteresse gesprochen würde. Wirtschaft und Sozialstaat sind darauf angewiesen, weil die häufig geringqualifizierte Asylzuwanderung die Fachkräftelücke nicht füllt.

Wettbewerb um die besten Köpfe

Ganz allgemein kann man den demografischen Wandel auf verschiedenen Wegen abmildern: familienfreundliche Politik, eine Ausbildungsoffensive, weniger Teilzeitarbeit, längere Lebensarbeitszeit, mehr Technisierung. All diese Instrumente muss die Politik konsequent angehen, um die «inländischen Potenziale» zu heben, zu denen auch viele Flüchtlinge gehören, die bisher keine oder geringqualifizierte Jobs ausüben. Die inländischen Potenziale alleine werden die Fachkräftelücke jedoch nicht schließen. Deutschland muss deshalb dringend Fachkräfte aus dem Ausland anwerben. Das zeigen die Bevölkerungsvorausberechnungen des Statistischen Bundesamts.

Aktuell leben in Deutschland ungefähr 51 Millionen erwerbsfähige Personen zwischen 20 und 66 Jahren. Nach der jüngsten Prognose bleibt diese Zahl bis zum Jahr 2070 nur dann stabil, wenn jedes Jahr ungefähr 400 000 Menschen mehr ein- als ausreisen.[2] Soweit nur die Hälfte netto einwandert, also 200 000 Menschen pro Jahr, wird es 2070 nur noch 40 Millionen Erwerbsfähige geben. Die Folgen einer Nullzuwanderung berechnet die Prognose nicht einmal mehr. Ohne Zuwanderung wäre der Sturz von der Klippe unvermeidbar. Die volkswirtschaftlichen Folgen hängen dabei maßgeblich davon ab, ob jemand über den Arbeitsmarkt oder das Asylsystem einwandert.

Die deutsche Gesellschaft muss sich also darauf einstellen, dass die Erfahrung der letzten Jahre ein Dauerzustand wird. Zwischen 2010 bis 2023 kamen unter dem Strich sieben Millionen Menschen mehr nach Deutschland als ausreisten; durchschnittlich 500 000 pro Jahr. Hierfür war die Asylmigration ein wichtiger, aber keineswegs der einzige Grund. Sehr viele Arbeitskräfte kamen aus Polen, Rumänien, Bulgarien und anderen Nachbarländern in der EU. Doch auch diese Länder steuern auf die demografische Klippe zu. Außerdem wuchsen die dortige Wirtschaft und das Lohnniveau nach dem EU-Beitritt, weshalb immer weniger Menschen ihre Heimat verlassen. Sofia zum Beispiel ist längst ein Hub für die IT-Technologie, der junge Leute anzieht. Die Bundesrepublik muss sich also mittelfristig nach Herkunftsländern außerhalb Europas umschauen.

Nachgedacht wird darüber schon länger. Hauptzweck des Zuwanderungsgesetzes von 2004 war es, Deutschland für den globalen «Wettbewerb um die besten Köpfe» fit zu machen. Asylsuchende standen nicht im Zentrum, als das Zuwanderungsgesetz der rot-grünen Bundesregierung die Integrationskurse einführte. Zwischen 2004 und 2011 gab es durchweg weniger als 50 000 Asylanträge pro Jahr. Der Bericht der Süssmuth-Kommission, die das Zuwanderungsgesetz vorbereitete, widmete der Erwerbsmigration doppelt so viele Seiten wie dem Asylrecht.[3] Die Zukunft schien der Fachkräfteanwerbung zu gehören. Auch die Idee einer Willkommenskultur bezog sich ursprünglich auf diese, nachdem die Behörden und Unternehmen verstanden hatten, dass talentierte Inderinnen, Russen, Nigerianerinnen, Chinesen und Marokkanerinnen im Zweifel die USA, Kanada, Singapur oder Australien dem düsteren Mitteleuropa vorziehen.

Der heftige parteipolitische Streit um das Zuwanderungsgesetz lag nicht nur daran, dass einige Bürgerliche und Konservative damals noch ablehnten, Deutschland als Einwanderungsland zu verstehen. Die Forderung «Kinder statt Inder» in einem NRW-Landtagswahlkampf zeigte, dass diese Vorstellung durchaus noch existierte.[4] Das war allerdings nur ein Grund für die hitzige Auseinandersetzung. Angesichts des langanhaltenden Wirtschaftsbooms der 2010er Jahre vergisst man leicht, dass Deutschland zuvor als der «kranke Mann Europas»[5] gegolten hatte. Zwischen 1996 und 2007 gab es durchweg um die vier Millionen Arbeitslose.

Da überraschte es nicht, dass der damalige Innenminister Otto Schily (SPD) das ursprünglich anvisierte Punktesystem nach kanadischem Vorbild, das Fachkräfte für eine Einreise auswählen sollte, zur Totgeburt erklärte. Die jährliche Zuwanderungsquote, die der Gesetzentwurf vorgesehen hatte, müsse vorerst auf null festgelegt werden.[6] Später wurde das Punktesystem nach kanadischem Vorbild ganz aufgegeben, als sich Regierung und Opposition auf einen Kompromiss verständigten, damit der Bundesrat dem Zuwanderungsgesetz zustimmte. Es war noch zu früh für einen Abschied vom Anwerbestopp von 1973, der damals noch fortbestand. Die demografische Klippe konnte man statistisch berechnen, in einer Zeit mit mehreren Millionen Arbeitslosen jedoch noch nicht mit den Händen greifen.

Erst in den Folgejahren öffnete der Gesetzgeber den Arbeitsmarkt für Hochqualifizierte mit Uniabschluss in Trippelschritten, ohne dass die breitere Öffentlichkeit darüber breit diskutierte. Schon 2013 lobte die Organisation für wirtschaftliche Zusammenarbeit und Entwicklung (OECD) die Bundesrepublik als einen der westlichen Industriestaaten «mit den geringsten Beschränkungen» speziell für Hochqualifizierte.[7] Der zentrale Zugangsweg heißt seither «Blaue Karte», was ganz bewusst der amerikanischen «Green Card» nachempfunden ist; die Farbe Blau meint dabei die Europafahne, weil die Blaue Karte auf einen EU-Rechtsakt zurückgeht. Derzeit erhält diese, wer einen Uniabschluss hat, der deutschen Standards entspricht, und ein Jobangebot mit einem Jahresgehalt von mindestens 48 300 EUR im Jahr 2025 vorlegt; für Berufseinsteiger und Mangelberufe reicht ein geringeres Einkommen. Daneben gibt es noch andere Zugangswege für Arbeitskräfte, die weniger verdienen.

Seit der Einführung der Blauen Karte dreht sich die Debatte darum, wie man berufliche Fachkräfte auswählt, die keine Universität besuchten, jedoch einen Beruf erlernten. Außerdem war zu entscheiden, ob auch Fachkräfte einreisen dürfen, deren Uniabschluss oder Berufsausbildung nicht deutschen Standards entspricht. In den Jahren 2019 und 2023 liberalisierten die Große Koalition und die Ampelkoalition die Zulassungsregeln. Seither hat Deutschland auch ein Punktesystem, das aber nur ein Randsegment abdeckt: die Jobsuche. Die meisten Fachkräfte kommen mit einem Arbeitsvertrag über die Blaue Karte oder andere Einreisevisa nach Deutschland. Dieser Fokus auf den Arbeitsvertrag ist auch sinnvoll. Wenn jemand von Anfang an weiß, wo er arbeiten und leben wird, erleichtert dies den wirtschaftlichen Erfolg und die gesellschaftliche Integration.

Die Ergebnisse sind bisher freilich mager. So kamen 2023 nur 71000 Arbeitskräfte aus Nicht-EU-Staaten neu nach Deutschland, was immerhin einen Anstieg gegenüber den Vorjahren darstellte. Für das Jahr 2024 werden erneut höhere Zahlen erwartet, die aber weiterhin deutlich hinter den Zugangszahlen über das Asylsystem zurückbleiben.[8] Das liegt nicht nur am Wetter und an der Sprache. Ein großes Hemmnis sind die Visumverfahren. In manchen Herkunftsländern ziehen sich diese hin, weil man ewig auf einen Termin in der deutschen Auslandsvertretung wartet und die Botschaften die Unterlagen sodann per Briefpost an die zuständigen inländischen Stellen schicken. Nach der Einreise geht das Chaos weiter. Viele Ausländerbehörden sind notorisch überlastet; es türmen sich Zehntausende unbeantwortete Anfragen. Willkommenskultur sieht anders aus.

Nachholbedarf haben auch viele Unternehmen, denn sie müssen erst lernen, Personal aus der ganzen Welt anzuheuern. Krankenhäuser und Pflegeeinrichtungen sind insoweit Vorreiter. Bereits 2020 waren 40 Prozent der Gesundheitsfachkräfte im Ausland geboren; ohne sie wäre das Gesundheitssystem während der COVID-19-Pandemie kollabiert.[9] Seither stiegen die Zahlen der ausländischen Beschäftigten weiter. Das ist gut, schafft aber auch neue Herausforderungen, wenn zum Beispiel in der Alten- und Krankenpflege viele Menschen aus Vietnam oder Äthiopien arbeiten, die nicht sofort perfekt Deutsch sprechen. Vielfalt ist im Betrieb bereichernd und konfliktbehaftet zugleich.

Dabei ist es im ureigensten Interesse des Wirtschaftsstandorts, dass das Miteinander gelingt. In der IT-Branche, den Medien und der Wissenschaft kann Diversität kreative Potenziale freisetzen. Das zeigt sich am Erfolg des Silicon Valley ebenso wie anhand der Stagnation in Japan, dessen alternde Gesellschaft sich abschottet und ihre innovative Dynamik verliert. Doch es gibt noch einen anderen Grund, warum es so wichtig ist, dass die Integration von ausländischen Fachkräften erfolgreich verläuft. Statistiken zeigen, dass viele in die Heimat zurückkehren oder in andere Länder weiterziehen. Das gilt gerade auch für den ländlichen Raum, wo der Umzug in die Ballungszentren lockt. Wer im Betrieb und Privatleben ankommt, bleibt eher vor Ort.

Besonders viel Fluktuation gibt es innerhalb der EU. Im Jahr 2023 kamen insgesamt 467 000 Angehörige anderer EU-Staaten nach Deutschland, während gleichzeitig 350 000 in ihr Heimatland zurückkehrten.[10] Dazu gehören IT-Fachkräfte, die drei Jahre bei einem Startup in Berlin wertvolle Erfahrungen gesammelt hatten, um sich danach in Sofia selbständig zu machen, ebenso wie Saisonkräfte für die Spargelernte oder polnische Frauen für die 24-Stunden-Pflege in Privathaushalten. «Gastarbeit» nannte man das früher. Die Forschung spricht heute vornehmer von «Pendelmigration», wenn kürzere Arbeitsaufenthalte in Deutschland sich wiederholen.

Bei Drittstaaten außerhalb der EU erschwert schon die geografische Distanz die Pendelmigration. Eine Saisonkraft kann schwerlich aus Bangladesch mit dem Flugzeug zur Spargelernte einfliegen, weil das Flugticket das Gehalt vieler Wochen kostet. Umso wichtiger ist es, dass gerade Fachkräfte von außerhalb Europas auch privat ankommen, sich im Betrieb und vor Ort wohlfühlen und zum Bleiben entschließen. Die Thüringer Agentur für Fachkräftegewinnung (ThAFF) achtet deshalb auf eine nachhaltige Anwerbung. Sie unterstützt zum Beispiel Pflegeheime in Suhl, neues Personal aus Serbien anzuwerben, und berät vietnamesische Fachkräfte, wie gut das Leben in Meiningen sein kann. Volkswirtschaftlich gesehen braucht es weniger Zuwanderung, wenn mehr Menschen dauerhaft bleiben. Weniger Fluktuation erleichtert auch den Zusammenhalt.

Diskussionen über die Fachkräftegewinnung übersehen häufig, dass eine der vielversprechendsten Zugangsformen eine Stufe früher ansetzt. «Idealzuwanderer»[11] sind junge Menschen, die einreisen, um an deutschen Unis einen Abschluss zu machen oder hierzulande eine Berufsausbildung zu absolvieren. Ältere Leserinnen und Leser können bestätigen, dass man als junger Mensch einfacher eine Fremdsprache lernt, an der Uni oder im Betrieb soziale Kontakte knüpft, die hiesigen Gepflogenheiten kennenlernt und vielleicht auch die Liebe fürs Leben findet. Das erhöht die Bleibewahrscheinlichkeit und erleichtert die Integration.

Ein potenzieller Schatz sind also die knapp 47 000 Studierenden und 14 000 Azubis, die zuletzt pro Jahr von außerhalb der EU nach Deutschland kamen. Wichtige Herkunftsländer sind Indien, China, Vietnam, die Türkei und Marokko.[12] Sicher verlassen viele Deutschland nach Studium und Ausbildung wieder, denn Hochqualifizierte sind mobil. Wenn möglichst viele bleiben, ist das jedoch ein Gewinn, den die Gesetze aktiv fördern. Nach erfolgreichem Studium oder Ausbildung darf man hierzulande 18 Monate lang einen Job suchen. Das ist großzügiger als in den USA, Kanada oder Australien, wo über das Punktesystem nur die Besten eine Daueraufenthaltserlaubnis erhalten. Im internationalen Vergleich hat Deutschland einen weiteren Vorteil. Das kostenlose Studium gibt engagierten jungen Menschen mit weniger Geld eine Chance, ohne dass eine «Einwanderung in die Sozialsysteme» droht. Ein Einreisevisum für ein Studium setzt voraus, dass man ausreichende Finanzmittel nachweist.

Arbeitskräfte aus der ganzen Welt

Vor zwei Jahren flog ich direkt nach einer Bundestagsanhörung über den Umgang mit abgelehnten Asylbewerbern für einen Urlaub nach Uganda. In den ersten Tagen erkundeten wir die Hauptstadt alleine, was dazu führte, dass wir viele Gespräche führten. Bei jeder Besichtigung wurde uns ein individueller Guide zugeordnet, was bei einer extrem jungen Bevölkerung viele Begegnungen mit Menschen Anfang 20 bedeutet. Anfangs empfand ich diese aufgedrängten Guides als anstrengend, doch das war ein Fehler. Es erwies sich als hochspannend.

Die meisten erzählten ganz offen von Studium oder Beruf, wenn ich sagte, dass ich an einer Uni arbeite. Uganda ist insoweit polarisiert: Armut und desolate Schulen gibt es ebenso wie aufstrebende junge Menschen. Unsere Führerin im Königspalast lernte auf YouTube autodidaktisch Deutsch, um deutsche Touristengruppen führen zu können. Auf dem Minarett der großen Moschee, die ein ehemaliger libyscher Diktator der muslimischen Minderheit spendiert hatte, zeigte mir ein junger Mann stolz die staatliche Universität, wo er Informatik studierte.

Der Student sprach ein grammatikalisch ausgefeiltes Englisch, was für Ugander eine Fremdsprache ist, und träumte aus irgendeinem Grund davon, einmal nach Köln zu gehen. Auf meine Nachfrage, ob seine Uni ein Austauschprogramm mit Köln habe, antwortete er schmallippig mit Nein. Ich hatte den Eindruck, dass er genau wusste, dass uns beiden in dem Augenblick die Aussichtslosigkeit seines Traums klar war. Für Deutschland ist das schade.

Ich wünschte mir, ich selbst hätte als junger Student so gutes Englisch gesprochen.

Zwischenzeitlich eröffneten sich neue Möglichkeiten für leistungsbereite Menschen wie den jungen Informatik-Studenten, mit dem ich auf dem Minarett der großen Moschee von Kampala sprach. Im Juni 2024 begann für den deutschen Arbeitsmarkt ein neues Zeitalter, als ein Vorhaben mit dem sperrigen Titel «Gesetz zur Weiterentwicklung der Fachkräfteeinwanderung» in Kraft trat, das die Regierung von Bundeskanzler Olaf Scholz (SPD) angestoßen hatte. Für eine Einwanderung reichen seither ein ausländischer Universitätsabschluss oder eine zweijährige Berufsausbildung unabhängig davon, ob diese deutschen Standards entsprechen oder nicht. Dieser Verzicht auf die Gleichwertigkeit ist eine zentrale Stellschraube, um die Zugangszahlen mittelfristig deutlich zu erhöhen. Bisher scheitern nämlich viele an der Gleichwertigkeitshürde. Eine Berufsausbildung nach dem deutschen Modell der «dualen Ausbildung» in der Berufsschule und Betrieben existiert in vielen Ländern schlicht nicht.

Doch man muss nur einmal im Internet nach «professional training two years» und den Namen eines Landes suchen, um etwas über die globale Angebotsvielfalt zu lernen. Uganda etwa besitzt ordentliche Hotel- und Tourismusschulen, Kambodscha ist im Bausektor und der Mechanik gut aufgestellt. In größeren Ländern wie Brasilien, Ägypten, Iran oder Marokko gibt es universitäre und berufliche Ausbildungen für beinahe alle Bereiche. Uganda steht stellvertretend für viele Länder des Globalen Südens, wo einige in perspektivloser Armut leben, während andere gut ausgebildet sind. Häufig ist außerdem das Bevölkerungswachstum so groß, dass der Arbeitsmarkt die hohe Zahl an jungen Absolventen nicht aufnehmen kann.

Damit könnte wahr werden, was die internationale Politikberatung vor zwanzig Jahren als «Triple-win» bewarb. Der «dreifache

Gewinn» besteht darin, dass Deutschland, die Herkunftsländer und die Arbeitskräfte von der Migration profitieren. Während einige dauerhaft im Zielland bleiben, kehren andere mit dem Geld und den gesammelten Erfahrungen zurück, um in der Heimat etwas aufzubauen – ganz ähnlich wie viele Gastarbeiter vor fünfzig Jahren. «Zirkuläre Migration» nennt das die Politikberatung. Vielleicht fungieren eine Ägypterin oder ein Ugander, die zum Arbeiten nach Deutschland kommen, sogar als Brücke, damit eine deutsche Firma, für die sie arbeiten, mehr in die Herkunftsländer exportiert oder dort eine Dependance aufbaut.[13]

Natürlich zeichne ich ein positives Bild, doch solche Visionen braucht es. Bei der Umsetzung ergeben sich die Mühen der Ebene automatisch. Das gilt auch für das neue Gesetz von 2024. Es muss sich erst noch beweisen, dass keine negativen Auswirkungen für Arbeitsmarkt und Produktqualität eintreten, wenn eine Arbeitskraft mit einer Qualifikation einreist, die hinter deutschen Standards zurückbleibt. Außerdem braucht es Ausnahmen für bestimmte Sektoren, um einen «Braindrain» zu vermeiden, also die Abwanderung von Personal, das ein Land dringend braucht. Das betrifft vor allem das Gesundheitswesen, für das Leitlinien der Weltgesundheitsorganisation existieren. Diese beurteilen jedes Herkunftsland gesondert. Thailand, Vietnam und die Philippinen zum Beispiel haben sich darauf spezialisiert, junge Leute für den internationalen Arbeitsmarkt im Gesundheitswesen auszubilden. «Triple-win» ist hier staatliche Politik, weshalb Deutschland bereits über Abkommen verhandelt.

Meine eigenen Vorurteile sind ein Grund, warum mich die Gespräche während meines Urlaubs in Uganda so beeindruckten. Ich hätte nie gedacht, in einem armen Land im geografischen Herzen Afrikas, das man in meiner Schulzeit noch als «Schwarzafrika» bezeichnete, junge Menschen zu treffen, für die das neue deutsche Gesetz wie geschaffen kommt. Dabei hätte ich es besser wissen müssen. Vier Jahre zuvor war ich mit der Konrad-Adenauer-Stiftung im westafrikanischen Senegal gewesen, wo ich ebenfalls unfassbare Armut neben engagierten und ordentlich ausgebildeten Jugendlichen erlebt hatte. Die Leiterin des Goethe-Instituts berichtete von frustrierten Kursabbrüchen, wenn Sprachschüler realisierten, dass auch gute Deutschkenntnisse damals keine reale Auswanderungschance boten.

Ich bin überzeugt: Wenn Deutschland einen Kriterienkatalog aufstellt und diesen erfolgreich bewirbt, dann werden ausreichend junge Menschen im Globalen Süden riesige Anstrengungen unternehmen, um diesen zu erfüllen. Die Leistungsbereitschaft und der Wunsch nach einem besseren Leben sind immens – anders als im gesättigten Europa. Bisher gab es hierfür vor allem die «Blaue Karte», die freilich all diejenigen nicht erfasst, die keine Ausbildung nach deutschen Standards absolvierten. Diese Lücke füllt das neue Fachkräfteeinwanderungsgesetz. Künftig braucht man für ein Visum zusätzlich zu Uniabschluss oder Berufsausbildung zwei Jahre Berufserfahrung und ein deutsches Jobangebot mit einem Gehalt von mindestens 43 470 EUR. Eine Sicherheitsprüfung findet auch noch statt.

Nun werden nur wenige ausländische Arbeitskräfte direkt ein Jobangebot für monatlich 3 622 EUR ergattern. In der Praxis ist deshalb die Ausnahme wichtig, wonach ein geringeres Gehalt ausreicht, wenn das Unternehmen einen Tarifvertrag unterzeichnet hat. Aufgrund dieser Ausnahme kann als kambodschanische Hotelfachfrau in Dresden oder als peruanischer Gärtner in Wuppertal anfangen, wer den jeweiligen Tariflohn von etwas mehr als 2.500 EUR erhält. Branchenabhängig reicht im Friseur- oder Fleischereihandwerk sogar ein geringerer Tariflohn für ein Einreisevisum[14] – immer vorausgesetzt, die Arbeitskraft besitzt eine Ausbildung sowie eine zweijährige, staatlich anerkannte Berufserfahrung im Heimatland.

Was in der Theorie einfach klingt, kann in der Praxis schwierig sein. Erste Erfahrungen im zweiten Halbjahr 2024 offenbarten, dass die deutschen Botschaften für die Berufserfahrung strenge Nachweise verlangten und deshalb viele Anträge ablehnten. Außerdem braucht es «Matching»-Programme, die deutsche Unternehmen mit ausländischen Arbeitskräften zusammenbringen. Die Bundesagentur für Arbeit, Industrie- und Handelskammern und Verbände können bei der Kontaktaufnahme helfen. Im Zweifel sind die Behörden jedoch zu schwerfällig, um die Vermittlung im großen Stil durchzuführen. Private Dienstleister schließen diese Lücke. Sie sprießen derzeit in einer wahrhaften Goldgräberstimmung wie Pilze aus dem Boden. Eine Regulierung nach kanadischem Vorbild kann helfen, gegen schwarze Schafe vorzugehen, die den Visastellen gefälschte Dokumente vorlegen oder die Arbeitskräfte ausbeuten. Auf diesem Weg lässt sich der gesetzliche Rahmen mit Inhalt füllen.

Auf Deutschkenntnisse verzichtet der Gesetzgeber überraschenderweise, weil die Arbeitgeber entscheiden sollen, ob solche vorausgesetzt werden oder nicht. Ich finde das schade, weil Menschen und nicht nur Arbeitskräfte kommen und auch die Bereitschaft bestehen dürfte, vor der Einreise zumindest rudimentäres Deutsch zu lernen. Die Sprache ist freilich nur der erste Schritt. In Ländern wie Iran und Uganda steht es schlecht um die Gleichberechtigung von Mann und Frau und noch schlechter um die Rechte von Lesben und Schwulen, denen Uganda kurz nach unserer Abreise drakonische Strafen androhte.

Das heißt natürlich nicht, dass alle Menschen aus diesen Ländern intolerant wären. Häufig wandern gerade Personen aus, die in Freiheit leben möchten. Doch Prägung und Erziehung reisen in den Köpfen mit. Als Einwanderungsland sollte Deutschland daher mit offenen Karten spielen. Wie wäre es zum Beispiel mit einem Vorbereitungskurs, digital oder in Präsenz, mit Infos über den

Holocaust, die Gleichberechtigung, Begrüßungsrituale, Biergärten und die Mülltrennung? Also alles, was das Leben in Deutschland auszeichnet. Nur bei zwei Punkten besteht kein Aufklärungsbedarf. Deutsche Automarken und Fußballclubs sind nach meiner Erfahrung weltweit bekannt.

Niemand kann garantieren, dass es nach der Einreise vereinzelt nicht doch Probleme gibt. Doch die Risiken sind geringer, wenn davor aufgeklärt wird, vielleicht sogar ein Test stattfindet oder ein «Einwanderungsvertrag» unterschrieben wird, in dem man bezeugt, was man alles über Deutschland weiß. Das gibt es bisher nicht und dennoch eröffnet das Gesetz seit dem Sommer 2024 neue Möglichkeiten. Die künftige Bundesregierung sollte daran festhalten und allenfalls punktuell nachjustieren: zum Beispiel bei den Sprachkenntnissen oder der strategischen Nutzung der Fachkräfteeinwanderung, damit Herkunfts- und Transitländer bei der Asylmigration kooperieren. Im Idealfall hilft die Wirtschaftsmigration gerade den skeptischen Teilen der Öffentlichkeit, ein positiveres Bild von Deutschland als Einwanderungsland zu entwickeln, wenn mehr Menschen legal mit dem Flugzeug einreisen, schon Deutsch sprechen und sofort Geld verdienen.

Asylmigration folgt einer anderen Dynamik

«Nützlichkeit» ist irrelevant dafür, ob ein Asylantrag erfolgreich ist oder nicht, denn das Flüchtlingsrecht schützt vor Verfolgung und Lebensgefahren. Das ist der zentrale Unterschied zur Wirtschaftsmigration, die sich «an den Erfordernissen des Wirtschafts- und Wissenschaftsstandortes Deutschland» orientiert, wie es im Aufenthaltsgesetz heißt.[15] Natürlich können Flüchtlinge trotzdem ein volkswirtschaftlicher Gewinn sein. Ganz in diesem Sinn hört man häufig das Argument, die hohen Zugangszahlen über das

Asylsystem kämen zur richtigen Zeit. Schließlich braucht Deutschland händeringend Arbeitskräfte.

Daimler-Chef Dieter Zetsche war im September 2015 geradezu euphorisch. Gewiss sei die Integration von Hunderttausenden Asylbewerbern eine Herkulesaufgabe, könne im besten Fall jedoch die «Grundlage für das nächste deutsche Wirtschaftswunder werden.»[16] Internationale Medien spekulierten darüber, die Angst vor der demografischen Klippe sei der eigentliche Grund für die deutsche Großzügigkeit. Dagegen mahnte die damalige Arbeitsministerin Andrea Nahles (SPD): «Wir brauchen Zuversicht, aber auch Realismus. Der syrische Arzt ist nicht die Regel.»[17]

Die Arbeitsministerin wusste es besser als der Daimler-Chef. Begleitforschung zu denjenigen, die zwischen 2013 und 2019 über das Asylsystem einreisten, offenbart deren Qualifikationsniveau. Nach der Eigenauskunft besuchten 44 Prozent der Erwachsenen ein Gymnasium, bevor sie nach Deutschland kamen, zugleich hatte jedoch ein Viertel der Erwachsenen überhaupt keine Schule oder nur die Grundschule besucht. Ebenso viele hatten vor der Einreise nach Deutschland eine Berufsausbildung gemacht oder eine Uni besucht, davon knapp 16 Prozent mit Abschluss.[18] Einzig diese Minderheit von 16 Prozent hätte theoretisch die Möglichkeit gehabt, statt über das Asylsystem nach den neuen Regeln für die Fachkräfteeinwanderung einzureisen. Untersuchungen des Bundesamts für Migration und Flüchtlinge zeigen, dass dies in den Folgejahren ähnlich war.[19]

Nun kann man eine fehlende Ausbildung in Deutschland nachholen, zumal wenn ein Bürgerkrieg oder sonstige Schwierigkeiten in der Heimat das bisher verhinderten. Dennoch veranschaulicht die Statistik eindrücklich, dass die Hoffnung sich nicht erfüllt, dass die Asylmigration kurzerhand die Fachkräftelücke schließt. Die meisten Flüchtlinge sind schlicht keine Fachkräfte. Selbst die Minderheit von unter 20 Prozent mit ausländischem Uniabschluss und Berufsausbildung hätte ein deutsches Stellenangebot mit ausreichendem Gehalt vor der Einreise vorlegen müssen, um statt über das Asylsystem legal mit einem Arbeitsvisum einzureisen. Eine simple «Umleitung» der Asylmigration in den Arbeitsmarkt bleibt eine Illusion, die nicht dadurch richtig wird, dass sie regelmäßig wiederholt wird.

Im Einzelfall kann die Umleitung natürlich gelingen. So arbeiten hierzulande 6121 syrische Ärztinnen und Ärzte, von denen gut ein Drittel bereits Ende 2015 eine Zulassung hatte und damit schon vor der «Flüchtlingskrise» eingereist war.[20] Die Zahlen waren nach dem Beginn des syrischen Bürgerkriegs sprunghaft gestiegen, was erklären hilft, warum Politik und Wirtschaft anfänglich euphorisch waren. Man hatte gute Erfahrungen mit syrischen Fachkräften gemacht, die legal zum Arbeiten eingereist waren und nicht irregulär über das Asylsystem.

Das Beispiel verweist auf ein Phänomen, das auch Fachkreise erst seit Kurzem diskutieren. Unzufriedenheit mit dem politischen Regime und die Sorge vor Sicherheitsgefahren im Heimatland können ein Faktor unter mehreren sein, warum Arbeitskräfte sich fürs Auswandern entscheiden.[21] Ausweislich der Statistiken erteilt Deutschland besonders viele Fachkräftevisa an Menschen aus China, Russland, Iran, der Türkei und Ägypten – alles autoritär regierte Länder. «Rùn xué» (润学) lautet ein chinesisches Wortspiel, das «die Kunst des Wegrennens» heißt und das Ziel einer Auswanderung metaphorisch umschreibt. Natürlich kommen nicht nur Oppositionelle. Chinesische Kommunistinnen und türkische AKP-Wähler verlassen aus wirtschaftlichen Gründen ebenfalls ihre Heimat.

Die Überlegungen verdeutlichen, warum es viel zu einfach ist, pauschal von «der» Migration zu sprechen. Aus Ländern wie der Türkei, Nigeria oder Ägypten finden mehrere Migrationsbewegungen gleichzeitig statt: Spezialisten kommen legal mit einem

Arbeitsvisum, während gleichzeitig über das Asylsystem sowohl Flüchtlinge mit Schutzbedarf als auch Personen einreisen, deren Asylantrag scheitert, weil keine Verfolgung droht.

Die Politik will diese Gemengelage von Fachkräfteauswanderung, Fluchtbewegungen und Armutsmigration aus denselben Herkunftsländern nutzen, um sogenannte «Migrationsabkommen» abzuschließen. Der Gedanke ist einfach und überzeugend. Ein Land soll bei der Migrationssteuerung kooperieren, indem es zum Beispiel Personen unbürokratisch zurücknimmt, die ausreisen müssen, weil ihr Asylantrag scheiterte, im Gegenzug profitiert das Land von legalen Arbeitsvisa für andere Personen. Solche Migrationsabkommen reduzieren die irregulären Einreisen nicht, indem aussichtslose Asylanträge in die Wirtschaftsmigration umgelenkt werden. Stattdessen werden weniger Menschen, deren Asylantrag voraussichtlich abgelehnt wird, viel Geld für Schlepper ausgeben, um irregulär einzureisen, wenn sie damit rechnen müssen, schnell abgeschoben zu werden. Statt einer «Umlenkung» findet also ein «Tausch» statt. Für die abgeschobenen Personen kommen andere Menschen legal zum Arbeiten.

Schon 2006 hatte Wolfgang Schäuble (CDU) diesen Gedanken als «Mobilitätspartnerschaften» mit seinem französischen Kollegen auf EU-Ebene lanciert. Nach Konzeptpapieren und halbherzigen Versuchen versandete die Idee damals jedoch.[22] Die Ampelkoalition wollte das ändern und ernannte mit Joachim Stamp (FDP) eigens einen Sonderbevollmächtigten für Migrationsabkommen. Die Regierung investierte viel Energie, um Abkommen mit Ländern wie Georgien, Kenia, Usbekistan und Indien abzuschließen. Parallel arbeitet die EU an «Talentpartnerschaften», die derselben Logik folgen und die Angebote mehrerer EU-Staaten kombinieren. Daran sollte sich die Bundesregierung beteiligen, anstatt ihr eigenes Süppchen zu kochen. Gebündelte Angebote können eine höhere Durchschlagskraft erreichen. Selbst die postfaschistische italienische Ministerpräsidentin Giorgia Meloni lässt tunesische Saisonarbeitskräfte einreisen, damit Tunesien im Gegenzug bei der Migrationssteuerung kooperiert.

Solche Tauschgeschäfte überzeugen in der Theorie, entscheidend ist jedoch der Praxistest. Tatsächlich sind die ersten Erfahrungen mit den deutschen Migrationsabkommen ernüchternd. Das liegt auch an einem hausgemachten Problem. Die neuen Regeln für die Fachkräfteeinwanderung, die im Sommer 2024 in Kraft traten, gelten für alle Drittstaaten gleichermaßen. Eine Inderin oder ein Kenianer können ein Arbeitsvisum unabhängig davon beantragen, ob ihr Heimatland bei der Rückführung kooperiert oder nicht. Der Bundestag sollte daher die Regeln anpassen, damit Staatsangehörige aus kooperationsbereiten Ländern gewisse Privilegien haben: etwa ein Jahresmindestgehalt von 35 000 anstelle von 45 000 Euro für die Zulassung als berufliche Fachkraft, einen Bonus beim Punktesystem oder Anwerbestopps für Länder, die bei der Abschiebung nicht kooperieren.[23] Die nächste Bundesregierung sollte die Fachkräfteanwerbung mit strategischer Weitsicht einsetzen, anstatt wie die bisherige Regierung darauf zu vertrauen, dass die neuen Arbeitsvisa automatisch die irreguläre Migration reduzieren.

Auch andere Arrangements sind denkbar. Eine erfolgreiche «Migrationsdiplomatie» verlangt, mit jedem Partnerland ein maßgeschneidertes Paket zu schnüren. Diese Gesamtpakete können legale Einreisevisa für Arbeitskräfte, Kontingente für geringqualifizierte Arbeitskräfte ohne Uni- oder Berufsabschluss oder Gelder für die Grenzpolizei ebenso umfassen wie offene oder subtile Drohungen.[24] «Zuckerbrot und Peitsche» nennt das der Volksmund. Ein Drohmittel sind zum Beispiel verlangsamte Visaverfahren für den Schengen-Raum, die der Elite das Shopping in Paris oder den Sommerurlaub auf den griechischen Inseln erschweren. Diesen «Visahebel» nutzt die EU seit ein paar Jahren. Alles Weitere ist sorgsam abzuwiegen und erfordert diplomatisches Geschick. Ein Erfolg setzt voraus, die Außenpolitik und Entwicklungszusammenarbeit strategisch zum Zweck der Migrationssteuerung einzusetzen.

Das Beispiel der Länder des westlichen Balkans zeigt, wie eine erfolgreiche Kooperation aussehen kann. Ein simples Tauschgeschäft gewährleistet, dass diese bei Abschiebungen und der sonstigen Migrationssteuerung kooperieren. Die EU verlangte wirkungsvolle Rücknahmeabkommen als Gegenleistung für die visumfreie Einreise in den Schengen-Raum. Sie droht ganz offen damit, die Visumpflicht für Serbien, Bosnien-Herzegowina, Kosovo, Albanien, Montenegro und Nordmazedonien wieder einzuführen, wenn die Rückführung nicht klappt. Das funktioniert, weil die Visumfreiheit der Bevölkerung extrem wichtig ist. Dass Deutschland dennoch nicht alle Ausreisepflichtigen in diese Länder abschiebt, liegt daran, dass die deutschen Asyl- und Gerichtsverfahren ewig dauern und Länder und Kommunen die Rückführungen lange Zeit nur halbherzig verfolgten.

Einen zusätzlichen Kooperationsanreiz bietet die «Westbalkanregelung». Über diese dürfen jährlich bis zu 50 000 Arbeitskräfte legal einreisen. Das funktioniert. Begleitstudien zeigen, dass praktisch niemand Sozialleistungen beantragt und nahezu alle freiwillig wieder ausreisen.[25] Ein direkter Konnex zur Kooperation bei Abschiebungen besteht nicht. Deutschland führte die Regelung aus innenpolitischen Gründen ein. Manchmal werden darüber Personen einreisen, die ansonsten erfolglos Asyl beantragt hätten. Häufig werden jedoch andere kommen. Auch für den westlichen Balkan gilt: Statt einer «Umleitung» der Asylmigration in den Arbeitsmarkt findet typischerweise ein «Tausch» einer Einwanderungsgruppe gegen eine andere statt.

Arbeitsmarktintegration von Geflüchteten

Uğur Şahin wurde weltbekannt, als seine Firma BioNTech im Jahr 2020 einen erfolgreichen Impfstoff gegen COVID-19 entwickelte. Sein Leben ist eine klassische familiäre Aufstiegsgeschichte. Sein Vater war in den späten 1960er Jahren als Gastarbeiter aus der Türkei gekommen, um bei den Ford-Werken in Köln zu arbeiten. Bei seiner Frau und Forschungspartnerin Özlem Türeci ist der familiäre Hintergrund ein anderer. Ihr Vater war als Chirurg nach Deutschland eingereist, was die Chancen deutlich erhöht, dass auch die Kinder eine gute Ausbildung machen. Die statistischen Integrationserfolge unterschieden sich je nach Zuwanderungskanal erheblich. Pointiert formuliert, ist die Anwerbung qualifizierter Fachkräfte die beste Garantie dafür, dass auch deren Kinder wirtschaftlich erfolgreich sind.

Gastarbeit und Fluchtmigration unterscheiden sich. Dennoch zeigt das Beispiel von Uğur Şahin, dass die Bildungsdefizite und der anfängliche Sozialhilfebezug von Menschen, die über das Asylsystem einreisen, im Laufe der Zeit reduziert werden können. Das gilt für die erste Generation und erst recht für deren Kinder und Enkel, die von Anfang an deutsche Schulen besuchen. Man kann nur hoffen, dass spätestens die Kinder von Eltern, die in den letzten Jahren über das Asylsystem und aus der Ukraine nach Deutschland kamen, künftig viele Erfolgsgeschichten schreiben werden. Garantiert ist dies freilich nicht, weil sich Bildungsferne und geringqualifizierte Beschäftigungen im deutschen Bildungssystem besonders häufig über Generationen hinweg fortsetzen. Statistisch gesehen erreichen Akademikerkinder in der Schule höhere Abschlüsse als Arbeiterkinder.

Wie groß die Herausforderung ist, zeigte der MINT-Frühjahrsreport 2024 des Instituts der deutschen Wirtschaft. In den vergangenen zehn Jahren sind die Kompetenzen der Schülerinnen und Schüler in Mathematik, Informatik, Naturwissenschaft und Technik (MINT) spürbar gesunken. Das lag vor allem an den schlechten Ergebnissen von Schülerinnen und Schülern mit Migrationshintergrund: Die erste Generation mit zwei ausländischen Eltern schnitt deutlich schlechter ab als die zweite Generation oder Kinder mit nur einem ausländischen Elternteil sowie diejenigen ohne Migrationshintergrund.[26] Ein Grund waren die Schulschließungen während der Corona-Pandemie, die Kinder aus bildungsfernen Elternhäusern und solche, die zu Hause kein Deutsch sprechen, besonders hart traf.

Es liegt im Eigeninteresse von Staat und Gesellschaft, auf diese Defizite zu reagieren. Das lehrt nicht zuletzt die Erfahrung mit der verschleppten Integration der Gastarbeitergeneration und ihrer Kinder – ungeachtet von Erfolgsgeschichten wie derjenigen von Uğur Şahin. Damit solche Erfolge bei der Asylmigration schneller eintreten, investieren Bund, Länder, Städte und Gemeinden, Ehrenamt und Unternehmen richtigerweise viel Zeit, Energie und Geld. Es soll etwas vom neuen Wirtschaftswunder übrig bleiben, auf das der Daimler-Chef 2015 gehofft hatte. Tatsächlich zeigen sich neun Jahre später einige Erfolge, auch wenn die Statistiken verdeutlichen, warum Wirtschaft, Staat und Gesellschaft vor einer Herkulesaufgabe stehen.

Zwei Jahre nach der Ankunft sind nur 20 Prozent aller Erwachsenen, die über das Asylsystem einreisen, erwerbstätig. Das liegt nicht nur an fehlendem Willen oder unzureichenden Erfolgsaussichten. Es ist sinnvoll, erst Integrationskurse und andere Fördermaßnahmen durchzuführen, damit die Betroffenen später ordentliche Jobs ausüben. Das funktioniert in einigen Fällen auch. 2023 hatten von denjenigen, die zwischen 2013 und 2019 über das Asylsystem eingereist waren, immerhin 5 Prozent eine Uni besucht und 18 Prozent eine berufliche Ausbildung absolviert.[27] Das ist positiv, zeigt jedoch im Umkehrschluss, dass viele die fehlende Qualifikation nicht nachholen.

Rechtliche Hürden, die die Medien oft erwähnen, bestehen nur am Anfang – durchaus mit gutem Grund. Eine aktive Integrationsförderung ist richtig, wenn feststeht oder zumindest wahrscheinlich ist, dass jemand in Deutschland bleiben wird. Doch auch gegenüber Personen mit einer geringen statistischen Wahrscheinlichkeit, dass der Asylantrag erfolgreich sein wird, ist die Politik großzügig. Alle dürfen nach spätestens drei Monaten arbeiten, wenn die Behörden zustimmen, was in einigen Bundesländern gängige Praxis ist. Sobald ein positiver Asylbescheid vorliegt, erfolgt ohnehin eine Gleichstellung mit Deutschen. Nur bei einem abgelehnten Asylantrag müssen weiterhin die Behörden zustimmen, wenn jemand arbeiten möchte. Ein dauerhaftes Arbeitsverbot gibt es vor allem für sichere Herkunftsländer, um keine Wanderungsanreize zu schaffen. Es ist dies jedoch die Ausnahme von der Regel, dass nahezu alle früher oder später arbeiten dürfen, die einen Asylantrag stellten.

Es liegt also nicht am Recht, wenn drei Jahre nach der Einreise nur etwa ein Drittel aller Erwachsenen arbeitet. Die Herausforderungen sind schlicht immens. Von denjenigen, die über das Asylsystem einreisen, arbeiten sieben Jahre nach der Einreise etwas mehr als 60 Prozent (Frauen deutlich seltener als Männer). Bei Inländern und EU-Staatsangehörigen liegt diese Quote bei über 90 Prozent aller Erwachsenen. Doch nicht nur die Gesamtquote ist unter Geflüchteten niedriger. Etwas mehr als 40 Prozent arbeiten auf Helferniveau und viele bekommen als Aufstocker ergänzende Sozialleistungen. Wenn man die Arbeitslosen hinzuzählt, waren sieben Jahre nach der Einreise noch 40 Prozent im partiellen oder umfassenden Sozialleistungsbezug.[28] Das ist ein Grund, warum inzwischen knapp die Hälfte der Bürgergeldempfänger keine deutsche Staatsangehörigkeit hat.[29]

Es bleibt noch zu sehen, wie sich die Erwerbstätigkeit der Vertriebenen aus der Ukraine entwickeln wird. Diese sind zwar gut ausgebildet und das Ausbildungsprofil passt besser zum deutschen Arbeitsmarkt als bei entfernteren Herkunftsländern. Dennoch blieb die Erwerbsquote anfangs überschaubar, was auch daran lag, dass zuerst Deutschkurse stattfanden, damit die Ukrainer passende Jobs finden.[30] Die letzte Bundesregierung trieb die Sorge um, dass sich die Situation mittelfristig nicht nachhaltig verändern könnte. Deshalb zündete sie im Herbst 2023 einen «Job-Turbo», um die Erwerbstätigkeit zu fördern und zu fordern.[31] Man kann nur hoffen, dass dies mittelfristig besser gelingt, als die ersten Statistiken nahelegen.

Spurwechsel statt Abschiebung?

«Geduldete» heißen im Verwaltungsdeutsch alle Personen, die gesetzlich zur Ausreise verpflichtet sind, dies aber nicht freiwillig machen und auch nicht abgeschoben werden. Ein verbreitetes Missverständnis verwechselt die Duldung mit einem Abschiebungsverbot. Juristisch ist das falsch. Bei Verfolgung oder Lebensgefahren im Heimatland gibt es nur in seltenen Sonderkonstellationen eine Duldung. Stattdessen erhalten Flüchtlinge eine reguläre Aufenthaltserlaubnis mit voller Gleichbehandlung, sobald der Asylantrag positiv entschieden wurde. Eine Duldung bekommen diejenigen, deren Asylantrag abgelehnt wird.[32]

Es ist daher irreführend, «Geduldete» als «Geflüchtete» zu bezeichnen und damit sprachlich einen Schutzbedarf zu suggerieren. Nur bei einer Minderheit der Geduldeten bestehen rechtliche Hindernisse wie eine Familie in Deutschland oder eine schwere Krankheit. Im Regelfall trifft eine Duldung die simple Aussage, dass eine Person ausreisen muss, diese Verpflichtung jedoch nicht freiwillig beachtet und auch die Abschiebung misslingt. Meistens scheitert die Abschiebung, weil die Identität ungeklärt ist, Reisepapiere fehlen oder die Heimatländer nicht kooperieren. Hinzu kommen dann noch bürokratische Gründe, weil die Ausländerbehörden überlastet und die Verfahren viel zu kompliziert sind.[33]

Der Umgang mit Ausreisepflichtigen ist umstritten. Während manche Abschiebungen forcieren möchten, setzen andere auf großzügige Bleiberechte. In Talkshows und Medien steht hierfür das Stichwort des «Spurwechsels». Dieser ist letztlich eine Variation der These, dass das Asylsystem und der Arbeitsmarkt kommunizierende Röhren darstellen, weil die Asylmigration nur stattfindet, weil die reichen Länder zu wenig Arbeitsmöglichkeiten bereitstellen. Wir sahen bereits, dass dies nicht stimmt. Vielen Asylbewerbern fehlt schlicht die Qualifikation, um alternativ mit einem Arbeitsvisum einzureisen. Allerdings kann sich dies ändern, wenn jemand Deutsch lernt, eine Ausbildung macht und einen Job findet. Wenn dies gelingt, lockt Geduldeten eine Aufenthaltserlaubnis. Sie dürfen offiziell bleiben, obwohl sie eigentlich hätten ausreisen müssen.

Von einem Spurwechsel spreche ich, wenn die Voraussetzungen für einen Aufenthaltstitel dieselben sind wie für die legale Einreise mit einem Fachkräftevisum, es also keinen Kriterienrabatt gibt. Ein solcher Spurwechsel ist die sogenannte Ausbildungsduldung. Danach darf offiziell bleiben, wer eine Berufsausbildung macht und danach einen Job findet. Im öffentlichen Diskurs wird der Begriff des Spurwechsels häufig großzügiger auch für Situationen gebraucht, wenn das Aufenthaltsrecht niedrigeren Anforderungen unterliegt, als sie Fachkräfte erfüllen müssen. Ich spreche in diesen Fällen von einem «Bleiberecht» oder einer «Legalisierung», um zu verdeutlichen, dass die Standards großzügiger sind als bei Fachkräften.

Ein Beispiel ist die Legalisierung bei «nachhaltiger Integration».[34] Hiernach dürfen Ausreisepflichtige offiziell bleiben, wenn sie nach sechs Jahren irgendeinen Job ausüben und einfaches Deutsch verstehen (Niveau A2). Eine Berufsausbildung wird nicht verlangt und auch ein ergänzender Sozialleistungsbezug schadet nicht, wenn das eigene Einkommen höher ist. Bei Personen unter 27 Jahren reicht ein dreijähriger Aufenthalt, soweit entweder eine Schule besucht oder eine Berufsausbildung abgeschlossen wird. Ein Bleiberecht erhalten junge Erwachsene auch dann, wenn sie nicht arbeiten und Sozialleistungen bekommen.

Daneben gibt es je nach Zählweise sechs bis acht weitere Legalisierungspfade für Ausreisepflichtige, die nach 2015/16 immer weiter ausgeweitet wurden. In der Praxis hat das greifbare Auswirkungen. Ausweislich der Statistik erhielten in den letzten Jahren jeweils rund 20 000 Personen ein Bleiberecht, die eigentlich hätten ausreisen müssen.[35] Das entsprach ungefähr den Abschiebungszahlen, auch wenn diese stärker fluktuieren.[36]

Debatten über Geduldete sind häufig emotionsgeladen. In meiner akademischen Heimat Konstanz reagierten Medien und Öffentlichkeit mit Unverständnis, als ein Koch abgeschoben werden sollte, der in einem bekannten Restaurant arbeitete und aus einem Grund, der nicht öffentlich bekannt wurde, kein Bleiberecht erhielt. Auch andernorts berichten die Medien regelmäßig Ähnliches. Solche Geschichten sind ein Grund, warum sich hartnäckig die Vorstellung hält, das Recht und die Behördenpraxis seien restriktiv. Das stimmt nicht. Der abgelehnte Asylantrag ist für ungefähr 20 000 Personen pro Jahr nur ein Zwischenschritt zur Einwanderung über ein Bleiberecht. Im internationalen Vergleich ist Deutschland großzügig.

Es liegt im wohlverstandenen Eigeninteresse der Gesellschaft, dass ausreisepflichtige Personen sich erfolgreich integrieren, wenn absehbar ist, dass sie nicht freiwillig ausreisen und auch nicht abgeschoben werden. Dauerhaft prekäre Unterschichten will niemand. Gesellschaft und Politik befinden sich in einem Zielkonflikt, wenn Bleiberechte einerseits aus integrationspolitischen Gründen sinnvoll sind und andererseits einen Anreiz darstellen können, die gesetzliche Ausreisepflicht zu missachten. Warum sollte jemand, der unbedingt in Deutschland bleiben will, freiwillig ausreisen, wenn ein Bleiberecht lockt?

Unter Umständen wirken Legalisierungen und Arbeitsmöglichkeiten sogar als Pull-Faktor, dass künftig mehr Menschen ohne Schutzbedarf irregulär einreisen. Migrationsentscheidungen sind notorisch kompliziert. Die Aussicht auf Arbeit ist jedoch unbestritten ein wichtiger Faktor. Außerdem gehen Asylsuchende besonders häufig dorthin, wo bereits Landsleute leben.[37] Wenn sich nun in Deutschland größere Communitys bilden, kann es zu einer «Kettenmigration» kommen.[38] Konkret heißt das: Derzeit gibt es in Deutschland viele Geduldete aus Nigeria und dem Irak, deren Asylantrag abgelehnt wurde. Wenn diese arbeiten dürfen und ein Bleiberecht erhalten, steigt die Wahrscheinlichkeit, dass künftig andere Asylbewerber aus diesen Ländern innerhalb der EU sich Deutschland als Ziel aussuchen.

Es liegt im Wesen von Zielkonflikten, dass jede Lösung immer auch Nachteile mit sich bringt. Dies gilt auch für die Spannungslage zwischen Integrationsförderung und Ausreisepflicht. Gerade deshalb wäre es für den Diskurs bereits ein Gewinn, wenn das Dilemma allseits anerkannt würde. Stattdessen stellen linke Kreise häufig jeden Hinweis auf die Ausreisepflicht der «Geflüchteten» als tendenziell inhuman dar, während umgekehrt konservative Akteure die Asylmigration als Sozialtourismus oder latente Sicherheitsgefahr abtun.

Abschiebungen werden nie «perfekt» funktionieren. Dennoch sind sie unerlässlich, um die Akzeptanz des Asylsystems aufrechtzuerhalten, das nur Verfolgten eine Aufenthaltserlaubnis verspricht. Außerdem sprechen sich Abschiebungen herum, sodass mehr Ausreisepflichtige sich für eine freiwillige Heimkehr entscheiden, die der Staat finanziell fördert. Im begrenzten Umfang können Abschiebungen sogar abschrecken, damit weniger Menschen ohne Schutzbedarf irregulär über das Asylsystem nach Deutschland einzuwandern versuchen.

Bei der Fachkräfteanwerbung ist die Situation genau umgekehrt. Bei Fachkräften muss Deutschland proaktiv darum werben, damit diese einreisen und bleiben. Diesen Unterschied müssen Staat und Gesellschaft verinnerlichen, um nicht die Erfahrungen mit der Asylmigration vorschnell auf die Erwerbsmigration zu übertragen. Das gilt auch für die überforderten Behörden. Lange Verwaltungsverfahren schrecken Fachkräfte ab, können umgekehrt jedoch ein Grund sein, warum Geduldete nicht freiwillig ausreisen und auch nicht abgeschoben werden. Die Verfahren ziehen sich so lange hin, bis es ein Bleiberecht gibt. Bund, Länder und Gemeinden müssen endlich die Behörden und Gerichte vernünftig aufstellen. Ansonsten behindert die Bürokratie die legale Einreise und Abschiebung gleichermaßen. Kanada macht vor, dass es andersherum sein sollte.

Sozialstaat: Glücksfall und Belastung

Vor eineinhalb Jahren stritten Bund und Länder öffentlichkeitswirksam, wer welche Kosten für die Asylmigration und die Vertreibung aus der Ukraine trägt. Während der Bund 2023 knapp 18 Milliarden Euro ausgab, wenn man die Fluchtursachenbekämpfung im Ausland nicht mitzählt, bezifferten Länder und Kommunen ihre Ausgaben auf 19 Milliarden Euro.[39] Unterbringung, Ausländerbehörden, Gerichtsverfahren, Sozialleistungen, Bildung, Integrationskurse etc.: Das gibt es alles nicht zum Nulltarif. Viele Gelder landen wohlgemerkt nicht im Geldbeutel der

Asylbewerber, sondern gehen an Hotels und andere Unterkünfte sowie die Gehälter von Lehrkräften und Verwaltungspersonal.

Der Streit um die Gelder war nicht nur deshalb heftig, weil die Gesamtzahlen ein Rekordniveau erreichten. Nach zehn üppigen Jahren musste wieder gespart werden. Dies erinnerte daran, dass die Haushaltsmittel, die für eine Aufgabe ausgegeben werden, an anderer Stelle fehlen. Haushaltsberatungen sind immer auch Verteilungskonflikte. Dies verweist auf einen heiklen Aspekt der Migrationsdebatte: volkswirtschaftliche Kosten-Nutzen-Rechnungen. Diese fallen keineswegs so eindeutig aus, wie die obigen Zahlen nahelegen. Zum einen finden viele Asylantragsteller früher oder später einen Job und erst recht kann die zweite und dritte Generation mehr verdienen. Zum anderen kann man trefflich darüber streiten, wie man die Auswirkungen auf den Sozialstaat sinnvoll berechnet.[40] Fest steht jedoch, dass Asyl- und Erwerbsmigration sich unterschiedlich auswirken.

Für den Sozialstaat ist die Fachkräftezuwanderung ein Glücksfall. Ohne die Leistungsbereitschaft rumänischer und syrischer Ärztinnen sowie vietnamesischer und polnischer Pflegekräfte würde das Gesundheitssystem praktisch über Nacht kollabieren. Doch es geht nicht nur um die sichtbare Mitwirkung durch Fachpersonal, das zum Arbeiten nach Deutschland einreist. Rückgrat des deutschen Sozialstaats sind die umlagefinanzierten Kranken-, Renten- und Pflegeversicherungen. Umlagefinanzierung bedeutet, dass die Versicherungen die Gelder, die sie jedes Jahr durch Beitragszahlungen einnehmen, gleich wieder ausgeben. Rücklagen gibt es nur im geringen Umfang.

Konkret folgt daraus, dass jüngere und besserverdienende Arbeitskräfte von heute durch ihre Beiträge die Renten und Gesundheitskosten der älteren Generation finanzieren, die ihrerseits in der Vergangenheit die Leistungen der eigenen Eltern und Großeltern finanzierten. Dieser Generationenvertrag funktioniert so lange problemlos, wie die Gesamtzahl der «Alten» und «Jungen» halbwegs stabil bleibt. Der demografische Wandel ist für den Sozialstaat so gefährlich, weil die Gleichung nicht mehr aufgeht. Ohne genügend junge Arbeitskräfte müssen entweder die Versicherungsleistungen radikal gekürzt oder umgekehrt die Beiträge drastisch erhöht werden. Einwanderung kann helfen, eine solche Schieflage zu verhindern.

In gewisser Weise fungiert die Sozialversicherung damit als eine Art «Einwanderungssteuer». Die jüngere Generation, die häufiger einen Migrationshintergrund besitzt, sichert durch ihre Beiträge die Renten, Gesundheitsversorgung und Pflege der Älteren, die häufiger deutschstämmig sind. Zugespitzt formuliert, behandeln rumänische Ärztinnen deutsche Rentnerinnen, während ihre eigenen Eltern in Rumänien leben. Indische IT-Fachkräfte zahlen die Renten der älteren Menschen in der neuen Heimat, nicht jedoch diejenigen der eigenen Großeltern. Beitragszahlungen sind wahrlich ein «migrantisches Gold.»[41]

Nun richtet sich die Höhe der Sozialversicherungsbeiträge nach dem Einkommen. Je mehr jemand verdient, desto eher profitieren andere im Wege der Umverteilung. Auch das gehört zur sozialen Gerechtigkeit: Wer nicht arbeitet oder wenig verdient, wird von der Solidargemeinschaft unterstützt. Das gilt völlig unabhängig von der Migration. Gleichwohl ist evident, dass Fachkräfte- und Asylzuwanderung sich fundamental unterscheiden. Ein finanzieller Gewinn ist die Fachkräfteeinwanderung eigentlich immer. Dagegen belastet die Asylmigration den Sozialstaat kurz- und mittelfristig, während die langfristigen Folgen davon abhängen, wie erfolgreich die Arbeitsmarktintegration und der Aufstieg der ersten und zweiten Generation gelingen.

Solche Debatten fallen vor allem Linken und Progressiven schwer. Aussagen wie «jeder Mensch hat Potenzial» sind richtig und verweisen darauf, dass der Staat alles unternehmen muss, um diese Potenziale zu heben. Sie dürfen jedoch nicht verstellen, dass ein großzügiger Wohlfahrtsstaat und offene Grenzen auf Dauer einfach nicht zusammenpassen.[42] Angesichts des krassen Wohlstandsgefälles zwischen dem Globalen Süden und dem industrialisierten Norden verlangen die europäischen Sozialstaaten nach Grenzziehungen. Zu einer ehrlichen Debatte gehört auch: Deutschland ist reicher als viele andere Länder und will diesen Reichtum nicht mit allen teilen.

Im öffentlichen Diskurs wird das bisweilen unter dem Stichwort des «Sozialtourismus» verhandelt oder vor einer «Einwanderung in die Sozialsysteme» gewarnt. Das suggeriert, dass Nichtdeutsche mit der Absicht einreisen, hierzulande Sozialleistungen einzukassieren. Das stimmt so nicht. Nur wenige verlassen ihr Heimatland, um deutsches Bürgergeld zu bekommen. Sozialleistungen sind auch nur ein Faktor unter mehreren, warum Asylbewerber und Ukrainer innerhalb Europas gerade nach Deutschland kommen. Wichtiger sind wirtschaftliche Erfolgsaussichten und wo Verwandte oder Landsleute wohnen. Hinzu kommen dann noch die Aufnahmebedingungen. Dazu gehören die Sozialleistungen, aber auch das Gesundheitswesen, Wohnung und Bildung. Sozialleistungen spielen eine Rolle, sind jedoch nicht der entscheidende Pull-Faktor.

Dass die Politik dennoch häufig über Sozialleistungen spricht, liegt auch daran, dass sie andere Faktoren wie den Arbeitsmarkt und die Größe ethnischer Communitys allenfalls mittelbar beeinflussen kann. Debatten über Sozialleistungen sind auch ein Signal an die Bevölkerung und Zuwanderungswillige, dass nicht alle kommen sollen. Solche Symbole können durchaus wirken. Die Forschung betont, dass viele Asylbewerber das deutsche Asyl- und Sozialrecht nicht genau kennen. Wahrnehmungen und Erzählungen, auch in den sozialen Medien, sind ebenso wichtig wie harte Fakten.[43] Das ist ein Grund, warum es sinnvoll ist, die Bargeldauszahlungen nach dem Asylbewerberleistungsgesetz weitgehend durch Sachleistungen und eine Bezahlkarte zu ersetzen. Asylbewerber und Ausreisepflichtige sollen nicht über die sozialen Medien verbreiten, jeder bekomme in Deutschland erst einmal jeden Monat einiges Bargeld ausgehändigt.

Hinzu kommt ein zweiter Punkt. Die Debatten über Sozialleistungen als Pull-Faktor dürften vielfach ein Platzhalter für volkswirtschaftliche Kosten-Nutzen-Rechnungen sein. Solche Debatten scheut die Politik zu Recht, weil es sich in einem demokratischen Rechtsstaat ganz unabhängig von Einwanderung nicht gehört, den «Wert» der menschlichen Lebensleistung in Euro und Cent zu berechnen. Unterschwellig dürfte es genau darum jedoch gehen. Während die Fachkräfteeinwanderung für den Sozialstaat überlebensnotwendig ist, kostet die Asylmigration kurz- und mittelfristig Geld. Das spürt die Bevölkerung. Kürzlich sagten 64 Prozent der Wahlberechtigten im ARD-Deutschlandtrend, dass «die Zuwanderung» eher Nachteile bringe, ohne dass die Umfrage näher ausführte, worin die Nachteile liegen sollen.[44]

Arbeit und Asyl getrennt wertschätzen

Meine Überlegungen sind kein Plädoyer dafür, die Migrationspolitik einseitig an Kosten-Nutzen-Rechnungen auszurichten. Das wäre unvereinbar mit dem Menschenbild des Grundgesetzes. Vielmehr nannte ich ganz bewusst nur grobe Statistiken, um die Herausforderung in allgemeinen Worten zu umschreiben. Sie bereiten den Boden für die eigentliche Botschaft. Es stimmt nicht, dass Migration immer und automatisch hilft, den deutschen Sozialstaat dauerhaft zu finanzieren. Es macht einen Unterschied, wie man die Zuwanderung organisiert. Diese Unterscheidung muss das Einwanderungsland verinnerlichen.

Außerdem helfen die erwähnten Statistiken dabei, den eigentlichen Zweck des Asylrechts in Erinnerung zu rufen. Dieses schützt vor Verfolgung und Lebensgefahren und will nicht ökonomisch «nützlich» sein. Alles Weitere hängt immer auch vom Einzelfall ab. Es geht darum, die notwendige Debatte über Vor- und Nachteile so zu führen, dass einzelne Gruppen nicht pauschal abgewertet werden. Genau das machte Thilo Sarrazin in *Deutschland schafft sich ab*, indem er Muslime als weniger intelligent und als Gefahr für den Wohlstand darstellte. Das ist falsch. Für den Wirtschaftsstandort und den Sozialstaat kommt es nicht auf das Herkunftsland an, sondern darauf, über welchen Kanal jemand einreist und wie erfolgreich die Integration in Arbeitsmarkt, Bildung und Betrieb verläuft.

Aus diesem Grund liegt es im ureigensten Interesse von Staat und Gesellschaft, dass die künftige Bundesregierung am weiterentwickelten Fachkräfteeinwanderungsgesetz festhält, das im Juni 2024 in Kraft trat. Hiernach werden künftig häufiger ägyptische Ingenieurinnen, kenianische Grafikdesigner und vietnamesische Pflegekräfte zum Arbeiten einreisen. Für den Sozialstaat ist das ein Glücksfall. Wenn die Bevölkerungsmehrheit gleichwohl vor allem Nachteile durch «die» Zuwanderung sieht, liegt das auch daran, dass die Wirtschaftsmigration von innerhalb und außerhalb der EU öffentlich kaum beachtet wird. Das gilt gerade für die asylskeptischen Teile der Bevölkerung, die humanitäre Appelle alleine nicht für Einwanderung begeistern.

Eine solche Skepsis kann viele Gründe haben, die latenten Rassismus ebenso umfassen wie unterschiedliche Präferenzen und Interessen. Für die Vereinigten Staaten zeigt die ökonomische Forschung seit Jahrzehnten, dass Einwanderung insgesamt volkswirtschaftliche Vorteile bringt, diese jedoch unterschiedlich verteilt sind. Inländer mit guter Ausbildung und hohem Einkommen profitieren stärker als Menschen mit schlechteren Jobs und gerin-

«Humanität und Ordnung» als Mittelweg

Viele Leserinnen und Leser dürften bei der Lektüre der letzten beiden Seiten geschluckt haben. Das wäre jedenfalls zutiefst menschlich. Niemand wird gerne damit konfrontiert, dass die Politik des eigenen Landes dazu beiträgt, dass jedes Jahr mehr als 2000 Personen beim Versuch sterben, über das Mittelmeer nach Europa zu gelangen, weil sie nicht legal mit dem Flugzeug einreisen können, obwohl das billiger wäre.[6] Die Deutschen sind Reiseweltmeister; in gewisser Weise gehört die Pauschalreise zur deutschen Leitkultur. Allerdings sind die Freiheiten, die der deutsche Pass eröffnet, das Spiegelbild der Restriktionen, denen Flüchtlinge und Migranten begegnen, wenn sie das wohlhabende Europa zu erreichen versuchen.

Für den öffentlichen Diskurs entfaltet das Beispiel der Visumpflichten im Idealfall eine heilsame Wirkung, denn es zeigt, dass die Asylpolitik keine moralisch eindeutigen Antworten kennt. Die Visumpflicht steht stellvertretend für Instrumente, mit denen alle Regierungen seit fünf Jahrzehnten die Asylmigration mittelbar begrenzen. Moralisch aufreibende Diskussionen über Seenotrettung, Abschiebehaft oder Kriminalität ändern nichts daran, dass kaum jemand ernsthaft fordert, die Grenzen generell zu öffnen. Für die gesellschaftliche Mitte folgt daraus die Aufgabe, sich darüber zu verständigen, wie man «Humanität und Ordnung» miteinander verbindet.

Ich behaupte nicht, dass dies einfach wäre. Gerade die Asylmigration ist kein Wasserhahn, den man mühelos auf- und zudrehen kann. Das liegt auch daran, dass pauschale Begriffe wie «Flucht» und «Asyl» verdecken, dass Deutschland und Europa mit verschiedenen Migrationsbewegungen gleichzeitig konfrontiert sind. Die Zahlen werden nicht dauerhaft sinken, wenn die Politik einer von mehreren Ursachen begegnet oder eine Reiseroute unterbricht. Punktuell kann dies gelingen: 1980 mit einer Visumpflicht vor dem türkischen Militärputsch oder 2015/16, als Kanzlerin Angela Merkel (CDU) mit der Türkei kooperierte und die Staaten auf dem westlichen Balkan ihre Grenzen schlossen. Ein Ende des russischen Angriffskriegs auf die Ukraine ist nicht in Sicht, entlastete jedoch die Städte und Kommunen.

Es wäre jedoch eine Illusion, wenn man glaubte, dass die Politik die Asylzuwanderung durch eine Zauberformel dauerhaft begrenzen könnte. Dafür ist die Zahl der Herkunftsländer und Reiserouten zu groß. Ein Blick auf die Weltkarte macht klar, dass Europa von instabilen und armen Regionen umgeben ist. Im Nahen Osten, der ehemaligen Sowjetunion, Nord- und Westafrika gibt es zuhauf militärische Konflikte, autoritäre Regime, Bevölkerungswachstum und wirtschaftliche Perspektivlosigkeit. Der Klimawandel verschärft die Lage noch. Außerdem erleichtert die Globalisierung jedenfalls manchen das Reisen über größere Distanzen. So landeten 2024 in Italien über 16 000 Menschen aus Bangladesch und Pakistan,[7] obwohl beide Länder mehr als 5 000 Kilometer von Rom entfernt liegen.

Politik und Öffentlichkeit müssen sich angesichts der Vielfalt der Migrationsbewegungen darauf einstellen: Die eine magische Lösung gibt es nicht. Asylpolitik bleibt eine Daueraufgabe, die immer wieder neu justiert werden muss, selbst wenn es gelingt, die irregulären Einreisen über eine Migrationsroute in geordnete Bahnen zu lenken. Auf welchen Instrumentenkasten die Politik dabei zurückgreifen kann, wird nachfolgend vorgestellt. Wie man Moral und Eigeninteresse in der Migrationspolitik zusammenbringt, wird das nachfolgende Kapitel zeigen.

Hier genügt der Hinweis, dass das Asylrecht und die Menschenrechte es den Staaten sehr wohl erlauben, Fluchtbewegungen mittelbar zu steuern. Deutsche und europäische Gerichte bestätigten wiederholt, dass Visumpflichten mit dem Asylgrundrecht und den Menschenrechten vereinbar sind.[8] Diese entfalten ihre juristische Schutzwirkung regelmäßig erst dann, wenn jemand das Staatsgebiet erreicht. Zurückweisungen an der Grenze sind häufig rechtswidrig, nicht jedoch die Einreiseverhinderung.

Im Jahr 2020 lehnte der Europäische Gerichtshof für Menschenrechte (EGMR) die Beschwerde einer syrischen Familie mit zwei Kindern ab, die 2015 bei der belgischen Botschaft im libanesischen Beirut über einen Onkel erfolglos ein humanitäres Einreisevisum beantragt hatte, um dem Bombenhagel des syrischen Bürgerkriegs in Aleppo zu entfliehen. Der Straßburger Menschenrechtsgerichtshof war im Urteil überraschend ehrlich. Die Visumverweigerung sei nicht menschenrechtswidrig, weil ansonsten eine «unbegrenzte Aufnahmepflicht für Schutzbedürftige geschaffen würde», was dem «wohletablierten Völkerrechtsgrundsatz widerspricht, wonach die Staaten die Einreise und den Aufenthalt kontrollieren dürfen».[9]

Es droht keine neue Völkerwanderung

Horrorbotschaften einer bevorstehenden Masseneinwanderung finden leicht Gehör. Politische Instabilität, Armut, Bevölkerungswachstum und Klimawandel nähren apokalyptische Prophezeiungen. Im westafrikanischen Nigeria lebten knapp 80 Millionen Menschen, als ich dort 1983 für ein paar Monate eine deutsche Grundschule besuchte, weil der Lebensgefährte meiner Mutter dort als Lehrer arbeitete. Das waren zufällig beinahe genauso viele Menschen wie seinerzeit in der Bundesrepublik und DDR zusammen lebten. 40 Jahre später beträgt die aktuelle Einwohnerzahl Nigerias ungefähr 220 Millionen; nach UN-Prognosen wird sie bis 2060 auf 440 Millionen ansteigen.[10] Zufällig wären das ungefähr so viele Menschen, wie derzeit in der gesamten Europäischen Union leben – eine Verfünffachung binnen 80 Jahren.

Wenn dann noch Umfragen ergeben, dass mindestens die Hälfte aller westafrikanischen Jugendlichen sich eine Auswanderung prinzipiell vorstellen kann,[11] haben Alarmisten leichtes Spiel, wenn sie eine neue Völkerwanderung prophezeien.[12] Rechtsradikale verbinden solche Vorhersagen mit Verschwörungstheorien zum Wahnbild eines «großen Austausches» (*Grand Remplacement*), mittels dessen eine unbestimmte «Elite» die weiße Bevölkerungsmehrheit austauschen wolle.[13] Allerdings geben die Zahlen solche halbseidenen Prognosen nicht her.

In den letzten Jahren stellten durchschnittlich «nur» ungefähr 20 000 Nigerianer einen Asylantrag in der EU.[14] Für Afrika gilt dasselbe wie für Europa. Migration findet vor allem regional statt.[15] So verlassen viele Menschen die Dürregebiete im Norden Nigerias, wo noch dazu eine Terrorgruppe wütet, um in der Wirtschaftsmetropole Lagos im Süden des Landes ihr Glück zu suchen. «Nollywood» produziert dort Filme und Serien, die auf dem ganzen Kontinent beliebt sind. Auch aus ärmeren Nachbarländern wie dem Tschad kommen Menschen. Doch selbst wenn man die afrikanische Binnenmigration mitzählt, werden nur einige der abstrakten Migrationswünsche Realität. Wir dürfen bei allen Debatten über Migration nicht vergessen, dass diese nur eine Minderheit betrifft: Weltweit leben 96 Prozent der Menschen in dem Land, in dem sie geboren wurden.[16]

Damit will ich nichts beschwichtigen, zumal sich 20 000 Asylanträge pro Jahr summieren und Nigeria nur ein Herkunftsland unter vielen ist. Die beiden westafrikanischen Staaten Guinea und die Elfenbeinküste zum Beispiel sind deutlich kleiner als der regionale Wirtschaftsriese Nigeria, und dennoch gehörten beide zu den Top-Herkunftsländern der Asylbewerber, die 2023 mit dem Boot nach Italien kamen. Politisch sind diese Zahlen heikel, weil die meisten Asylanträge von Menschen aus Westafrika abgelehnt werden. Woran liegt es, dass manche sich zum Aufbruch entscheiden, während viele andere, deren Lebensumstände ähnlich schlecht sind, zu Hause bleiben?

In der deutschen Debatte wird häufig auf Push- und Pull-Faktoren verwiesen, um zu erklären, was jemanden aus der Heimat «treibt» (*push*) und welcher Zielstaat diese Person «anzieht» (*pull*). Die Wirkungszusammenhänge sind dabei so komplex, dass einzelne Faktoren alleine selten ausschlaggebend sind. Es handelt sich bei den Push- und Pull-Effekten um keine mathematische Formel, aufgrund derer man konkrete Vorhersagen treffen könnte. Es kommen immer viele Faktoren zusammen, die sich noch dazu von Fall zu Fall unterscheiden und im Laufe der Zeit verändern.[17] Diese Komplexität erklärt zugleich, warum es in der Asylpolitik eigentlich nie einfache Lösungen gibt. Die Migrationsursachen sind vielschichtig.

«Harte» Push-Faktoren betreffen Kriege, Arbeitslosigkeit, Diktaturen und verfügbare Finanzmittel, etwa für Schlepper. Doch relevant sind auch «weiche» Elemente wie das Alter, die Risikofreude und die Bereitschaft, sich von Familie und Freunden zu trennen. Das bekräftigt eine einfache Zahl. Die gefährliche Reiseroute, die viele aufgrund der Visumpflichten wählen, bewirken einen sozialdarwinistischen Auswahleffekt im Sinn eines «survival of the fittest» (Überleben der Stärksten). Ungefähr 85 Prozent derjenigen, die in Italien landen, sind männlich.[18] Auch in Deutschland liegt die Männerquote aller Asylbewerber zwischen 16 bis 34 Jahren bei erstaunlichen 77 Prozent.[19]

Bei den Push- und Pull-Faktoren muss man unterscheiden. Die Ursachen, warum jemand ein Land verlässt (Syrien während des Bürgerkriegs), sind nicht identisch mit den Gründen für die Wahl des Ortes, wo eine Person hingeht (eine sichere Region innerhalb Syriens, die Türkei, Deutschland oder Schweden). Einige haben von Anfang an ein konkretes Ziel vor Augen; andere entscheiden sich später oder ändern ihre Präferenzen im Laufe der Zeit. Das gilt auch für die sogenannte Sekundärmigration innerhalb der EU, wenn jemand zuerst einmal in Italien oder Griechenland wohnt und von dort später nach Deutschland, Österreich oder Dänemark weiterzieht. Arbeitsmarkt, gesellschaftliches Klima und die Aufnahmebedingungen gehören zu den Faktoren, die die Zielstaatswahl beeinflussen.[20]

Wichtig sind außerdem Kontextfaktoren. Dazu gehören die tatsächlichen Reisemöglichkeiten, wie die Existenz von Schleppernetzwerken, und historisch gewachsene Migrationskanäle, etwa zu ehemaligen Kolonien. Ein zentraler Faktor sind ethnische und familiäre Netzwerke. Menschen gehen dorthin, wo bereits Verwandte und Landsleute leben. Davon zeugen «Chinatown» und «Little Italy» in Manhattan ebenso wie die vielen Asylanträge von Afghanen und Syrern in Deutschland, während in Frankreich und Belgien viele Menschen aus dem französischsprachigen Afrika um Asyl nachsuchen. «Kettenmigration» nennt die Forschung dieses Phänomen traditionell.

Klimawandel verstärkt die Migrationsursachen

Der Klimawandel und das Bevölkerungswachstum verstärken zahlreiche «Push-Faktoren». Allerdings lässt sich nicht seriös berechnen, in welchem Umfang dies zu mehr Migration führen wird. Prognosen schwanken zwischen 80 und 300 Millionen Menschen, die bis zur Jahrhundertmitte klimawandelbedingt ihre Heimat verlassen werden.[21] Für das Ziel dieser Wanderungen gilt das bereits Gesagte. Auch die «Klimamigration» wird vor allem regional stattfinden, etwa innerhalb von Ost- und Westafrika oder auf dem indischen Subkontinent. Soweit die klimawandelbedingte

Migration staatliche Grenzen überschreitet, kann sie entweder irregulär über das Asylsystem oder als legale Wirtschaftsmigration stattfinden.[22] Eine Griechin oder ein Pakistani können aus verschiedenen Gründen in Deutschland arbeiten wollen. Extremwetter zu Hause wird meistens nur ein Faktor unter vielen sein.

Eine neue Kategorie des «Klimaflüchtlings» entsteht dabei allenfalls für den Sonderfall pazifischer Inselstaaten, die wegen des Meeresspiegelanstiegs im wahrsten Sinne des Wortes untergehen. Ansonsten verschärft der Klimawandel klassische Migrationsgründe wie Armut und politische Instabilität. Bereits heute kann der Klimawandel ein Grund unter mehreren sein, warum 2023 aus den dürregeplagten Staaten Mali oder Burkina Faso in der Sahelzone jeweils über 5000 Staatsangehörige in Italien landeten. Für die Beurteilung der Asylanträge gilt die Regel, dass es juristisch nicht darauf ankommt, warum ein Bürgerkrieg ausbricht oder ein Militärregime eine Bevölkerungsgruppe verfolgt. Schutz gibt es unabhängig davon, welchen Anteil daran jeweils der Klimawandel besitzt.[23]

Man könnte allenfalls erwägen, angesichts des Klimawandels neue und zusätzliche Schutzgründe einzuführen. In Europa gilt an sich bereits eine weite Definition, die zwei Faktoren jedoch typischerweise nicht einbezieht: Armut und Naturkatastrophen sind für den Erfolg eines Asylantrags meistens irrelevant. Abstrakte politische Forderungen, zukünftig auch «Klimaflüchtlinge» anzuerkennen, laufen damit im Kern darauf hinaus, das Asylrecht auf klimawandelbedingte Armut und Naturkatastrophen auszuweiten. Klassische Beispiele sind Dürren in der Sahel-Region oder Sturmfluten in Bangladesch.

Pauschale Forderungen einiger Politiker nach einem «Klimapass» sind dabei wenig hilfreich, denn sie drücken sich davor, näher zu definieren, welche Erteilungskriterien maßgeblich sein sollen und wie die Begünstigten ausgewählt werden. Hierfür gibt es zwei Möglichkeiten. Entweder kann sich jede Person bewerben, die es irgendwie nach Europa schafft und dort einen Asylantrag stellt. So funktioniert es derzeit im Asylrecht. Alternativ kann der Staat begrenzte Kontingente festlegen, um im Ausland eine bestimmte Personenzahl zu identifizieren, die aus klimawandelbedingten Gründen einreisen darf.[24]

Ob zahlenmäßig begrenzte Kontingente für eine «Klimamigration» aufgesetzt werden, bleibt naturgemäß eine politische Entscheidung. Von ihr profitierte nur, wer sich aus dem Ausland für eine legale Einreise bewirbt, die auch andere Faktoren wie Sprachkenntnisse berücksichtigen kann. Wer außerhalb des Kontingents auf eigene Faust einreist, könnte weiterhin einen Asylantrag stellen, bei dessen Bearbeitung der Klimawandel jedoch nicht gesondert berücksichtigt würde. Ob der Asylantrag erfolgreich ist oder nicht, richtete sich nach den allgemeinen Regeln, die Klimawandel nicht als Schutzgrund anerkennen, in der Sache aber dennoch großzügig sind. Wer es trotz der Einreisehindernisse in die EU schafft, bekommt, statistisch gesehen, häufig Schutz.

Großzügige Definition des Schutzbedarfs

Vorläufer des Asylrechts gibt es seit der Antike, als die Tempelbezirke als unverletzlich galten, weshalb man dort Zuflucht suchen konnte. Das Wort «Asyl» kommt vom altgriechischen «asylon» (*ἄσυλον*). Im 19. und 20. Jahrhundert entstand sodann das moderne Asylrecht in westlichen Demokratien wie Frankreich und Großbritannien, weil diese unter anderem Oppositionelle und russische Exilanten nicht in die Heimat zurückschicken wollten. Das Grundgesetz knüpfte hieran an, als es kurz und knapp feststellte: «Politisch Verfolgte genießen Asylrecht.» Drei Jahre später verpflichteten sich die Staaten in der Genfer Flüchtlingskonvention (GFK), eine Person nicht in ein Land zurückzudrängen, wo eine Verfolgung droht (Refoulementverbot).

Die abstrakten Vorgaben der Flüchtlingskonvention werden in der sogenannten Qualifikationsrichtlinie der EU konkretisiert, in deren Lichte das deutsche Asylgesetz auszulegen ist. Hiernach unterscheidet das Bundesamt für Migration und Flüchtlinge (BAMF) vier Schutztypen, wenn es Asylanträge prüft. Diese vier Schutztypen entsprechen konzentrischen Kreisen. Der kleinste Kreis ist das Asylrecht nach dem Grundgesetz, das nur eine kleine Minderheit politischer Oppositioneller bekommt.[25] Weiter reicht der Flüchtlingsstatus nach der Genfer Flüchtlingskonvention, den die EU-Richtlinie konkretisiert.

So entschied der Gerichtshof der Europäischen Union (EuGH) in Luxemburg im Herbst 2024, dass die Einschränkungen, die Frauen unter den Taliban ertragen müssen, sich zu einer Verfolgung aufgrund des Geschlechts summieren.[26] Afghanische Frauen bekommen daher typischerweise einen Flüchtlingsstatus. Das Gleiche gilt für schwule Männer oder religiöse Konvertiten, die vom Islam zum Christentum wechseln, wenn eine Einzelfallprüfung ergibt, dass die Herkunftsländer erhebliche Strafen androhen und tatsächlich verhängen.[27] Einen Schutz nach der Genfer Flüchtlingskonvention erhielten zuletzt 16 Prozent der Asylbewerber.[28]

Daneben sprechen die Medien häufig von «Bürgerkriegsflüchtlingen». Der Begriff beschreibt, was das Amtsdeutsch der Asylrichtlinien «subsidiärer Schutz» nennt. Die GFK verlangt diesen Schutzstatus nicht, der im Grundsatz dennoch überzeugt. Deutschland wird schwerlich jemanden in unmittelbare Lebensgefahr zurückschicken. Bis zum Sturz des syrischen Assad-Regimes bekamen 33 Prozent subsidiären Schutz. Dieser setzt voraus, dass in den Landesteilen, aus denen jemand kommt, schwere Kriegs- oder sonstige gravierende Gefahren drohen und dass man nicht in sichere Landesteile ausweichen kann.

Für Syrien rechtfertigte dieser Maßstab einen generellen Schutz während der Hochzeit des Bürgerkriegs. Allerdings bekamen auch danach bis zum Sturz des Assad-Regimes weiterhin beinahe alle Syrer in Deutschland mindestens subsidiären Schutz, obwohl der Krieg in einigen Landesteilen bereits merklich abgeflaut war. Das BAMF rechtfertigte dies mit der grassierenden Kriminalität – eine generöse Annahme, die Politik und Gesellschaft hinterfragen dürfen. Eine Debatte über eine strengere Handhabung des subsidiären Schutzes ist indes etwas anderes als die Forderung nach dessen gänzlicher Abschaffung. So hätten CDU und CSU nach meinem Dafürhalten ihr Wahlprogramm für die Bundestagswahl formulieren sollen. Eine grundlegende Reform des subsidiären Schutzes könnte diesen allenfalls vom individuellen Asylrecht lösen und, ähnlich wie bei der Ukraine, als Institutsgarantie ausgestalten, über deren Aktivierung die Politik entscheidet. Eine solche Reform auf EU-Ebene erübrigte Einzelfallprüfungen bei Bürgerkriegsflüchtlingen.

Ein vierter Schutzstatus heißt Abschiebungsverbot. Dieser Schutzgrund geht auf eine großzügige Auslegung der Europäischen Menschenrechtskonvention (EMRK) durch den Europäischen Gerichtshof für Menschenrechte (EGMR) zurück. Sehr schlechte Lebensbedingungen oder schwere Leiden können ein menschenrechtliches Abschiebungsverbot begründen. Was nach Meinung der Straßburger Richter «nur ausnahmsweise»[29] greifen soll, handhaben deutsche Gerichte großzügig. Es reicht, wenn «Bett, Brot, Seife»[30] nicht gesichert sind. Zuletzt erhielten 9 Prozent einen solchen Abschiebungsschutz, der nach dem Sturz des Assad-Regimes auch für Syrien relevant werden könnte.

Das zeigt das Beispiel von Afghanistan. Bis heute bekommen alleinstehende, gesunde und junge Männer wegen der schlechten Lebensbedingungen in Kabul meistens auch dann ein Aufenthaltsrecht, wenn keine Verfolgung durch die Taliban droht. Deutsche Gerichte handhaben die europäischen Urteile besonders großzügig und nähren damit die Kritik am Asylsystem. Diese generösen Schutzgarantien könnten zurückgenommen werden, ohne den Kern des Asylrechts anzutasten.

Die Überlegungen zeigen, dass Politik und Gesellschaft die Asylpraxis diskutieren und auch kritisieren dürfen. Falls die Behörden und Gerichte nicht reagieren, können der Bundestag oder der EU-Gesetzgeber klarstellende Vorgaben gesetzlich verankern, wie die Schutzgründe auszulegen sind. Der Inhalt des deutschen Asylgesetzes und der EU-Qualifikationsrichtlinie müssen nicht gleichsam in Stein gemeißelt und damit unveränderlich sein. In letzter Instanz entscheiden ohnehin die Gerichte, ob die Gesetze mit den Menschenrechten und der Genfer Flüchtlingskonvention übereinstimmen. In den letzten 30 Jahren erhöhten viele Urteile das Schutzniveau. Denkbar ist auch das Gegenteil, wenn Gerichte frühere Annahmen vorsichtiger handhaben oder punktuell zurücknehmen.

Von den Kriterien für den Erfolg eines Asylantrags zu unterscheiden sind die Rechte, die schutzberechtigten Personen nach einer Anerkennung in Deutschland zustehen. Insoweit ist die Unterscheidung zwischen den ersten beiden Schutzformen aufgrund des Grundgesetzes und der Genfer Flüchtlingskonvention praktisch irrelevant, weil es dieselben Rechte gibt. Es erfolgt eine nahezu vollumfängliche Gleichstellung mit Deutschen beim Bürgergeld, im Arbeitsmarkt und darüber hinaus.

Auch der subsidiäre Schutz für Bürgerkriegsflüchtlinge ist kein minderwertiger Status. Mit wenigen Ausnahmen gibt dieser dieselben Rechte wie der Flüchtlingsstatus. Die wichtigste Einschränkung betrifft den Familiennachzug, der 2016 zuerst ausgesetzt und später auf 1000 Personen pro Monat begrenzt wurde. Innerhalb dieser Quote gelten für subsidiär Schutzberechtigte dieselben Privilegien wie beim Flüchtlingsstatus. Anders als bei Fachkräften setzt der Familiennachzug nicht voraus, dass die Familie keine Sozialleistungen bezieht. Auch über den Familiennachzug darf die Politik streiten, wobei eine erneute Aussetzung nach mehreren Urteilen verfassungskonform wäre, soweit es eine Härtefallklausel gibt. Außerdem sollte die Politik den Nachzug erlauben, wenn die ganze Familie ohne Sozialleistungen in der eigenen Wohnung lebt. Das betrifft freilich nur eine Minderheit.

Eine normale Aufenthaltserlaubnis bekommen auch afghanische Männer, die ein Abschiebungsverbot wegen drohender Verelendung erlangen. Sie erhalten Bürgergeld und sind in den meisten Bereichen gleichberechtigt; nur vereinzelt gibt es weniger Rechte, etwa beim Familiennachzug. Eine Aufenthaltserlaubnis aufgrund eines Abschiebungsverbots darf man nicht mit einer Duldung verwechseln, die Personen erhalten, deren Asylantrag abgelehnt wurde. Geduldete müssen ausreisen und können abgeschoben werden, auch wenn das häufig scheitert. Ihr Aufenthalt ist unrechtmäßig, allerdings dürfen auch Geduldete häufig arbeiten und bekommen Sozialleistungen nach dem Asylbewerberleistungsgesetz, die nur in den ersten 36 Monaten etwas niedriger sind als das Bürgergeld. Wir sahen im vorstehenden Kapitel bereits, wie und wann Geduldete ihren unrechtmäßigen Aufenthalt legalisieren können.

Ein Sonderfall ist der vorübergehende Schutz aufgrund der Massenzustromsrichtlinie, die die EU im Jahr 2022 für die Ukraine erstmals aktivierte. Alle Ukrainerinnen und Ukrainer erhalten seither automatisch Schutz, ohne dass es darauf ankommt, wie schwer der Bürgerkrieg in ihrer Herkunftsregion tobt. Nach dem russischen Überfall war das richtig, weil im ganzen Land ein Krieg drohte. Es hat vor allem pragmatische Gründe, dass die pauschale Schutzgewährung weitergilt, obwohl einige Landesteile trotz aller Probleme inzwischen relativ sicher sind. Die pauschale Schutzgewährung entlastet die Behörden von komplizierten Einzelfallprüfungen. Die deutsche und europäische Politik muss entscheiden, was passiert, wenn die großzügige Schutzgewährung nach derzeitigen Planungen im April 2026 ausläuft. Erste Gerichtsurteile zeigen, dass es rechtmäßig wäre, den Automatismus durch eine EU-Änderung bereits jetzt zu beenden, wenn jemand aus einer Region kommt, in der keine Kämpfe toben, oder diese Person in eine solche Region ausweichen kann.[31] Die Schweiz und Norwegen realisierten dies bereits.

Asyl als Schutz auf Zeit

Das Flüchtlingsrecht bezweckt einen Schutz vor Verfolgung und anderen schweren Gefahren. Daraus folgt im Umkehrschluss, dass die Schutzgewährung prinzipiell endet, wenn die Umstände im Heimatland sich zum Guten wenden. Tatsächlich ist das BAMF gesetzlich dazu verpflichtet, einen positiven Asylbescheid zu widerrufen, wenn die Voraussetzungen für eine Schutzgewährung nicht mehr vorliegen.[32] Allerdings besteht kein Automatismus. Vielmehr muss das BAMF in einem jeden Einzelfall gesondert prüfen, ob die ursprüngliche Gefahr endete und ob stattdessen eventuell andere Schutzgründe eingreifen. Hierbei gelten «in symmetrischer Weise» dieselben Standards wie im Asylverfahren.[33] Auch dürfen die Betroffenen vor Gericht gegen einen jeden Widerrufsbescheid klagen.

Praktisch relevant ist das derzeit vor allem für Syrer. Niemand kann verlässlich prognostizieren, wie sich die Lage nach dem Sturz des Assad-Regimes in den kommenden Monaten entwickeln wird. In einem negativen Szenario sind neue Kämpfe zwischen den Rebellengruppen ebenso denkbar wie eine islamistische Autokratie oder ein Staatsverfall wie in Libyen, wo regionale Warlords die Zentralregierung ersetzten. Bei einer solchen Entwicklung bekämen nach einer Einzelfallprüfung weiterhin viele Syrer einen Schutzstatus, die künftig einreisen. Auch die meisten Syrer, die in den letzten Jahren eingereist sind, dürften ihren Schutzstatus behalten.

Man kann den leidgeplagten Menschen in Syrien nur wünschen, dass die Lage sich positiv entwickelt. In Syrien etablierte sich eine halbwegs stabile Regierung, die weite Teile des Landes kontrolliert und die Wirtschaft stabilisiert. Es ginge um keine Musterdemokratie nach westlichem Vorbild, sondern um prinzipielle Sicherheit und einen Schutz von ethnischen und religiösen Minderheiten. Hiernach könnte sich die Sicherheitslage in Syrien zum Beispiel ähnlich entwickeln wie im Nachbarland Irak. 70% aller Asylanträge von Irakern wurden vom BAMF zuletzt abgelehnt; die anderen 30% waren erfolgreich – immer abhängig von der tatsächlichen Situation vor Ort und der individuellen Situation jedes einzelnen Antragstellers.

Soweit ein solches positives Szenario eintritt, könnten auch Syrer, die schon länger hierzulande leben, ihren Schutzstatus verlieren, sobald das BAMF eine Widerrufsprüfung durchführt. Diese erfasst alle Schutztypen gleichermaßen. Immer wieder hört man das Argument, dass vor allem der subsidiäre Schutz vor Bürgerkriegsgefahren zeitlich begrenzt sei, nicht jedoch der Asyl- und Flüchtlingsstatus. Es ist dies allenfalls eine Faustregel: Bürgerkriege können sich über viele Jahre hinziehen, während umgekehrt ein Diktator plötzlich stürzen kann. Wenn das passiert, hängt es vom Ergebnis der Einzelfallprüfung ab, ob statt dem Asyl- oder Flüchtlingsstatus ein Abschiebungsverbot wegen krasser Armut eingreift, das deutsche Gerichte zuletzt vor allem Afghanen großzügig zusprachen. Für Syrien könnte das relevant werden, wenn die Versorgungslage dort verheerend bleibt.

Es ist also keineswegs ausgemacht, dass viele der über 900 000 Syrer die Bundesrepublik verlassen müssen. Das gilt umso mehr, als die Einzelfallprüfungen und die anschließenden Gerichtsverfahren sich über Monate oder gar Jahre hinziehen könnten. Wir werden noch sehen, dass die Verfahren ein bürokratischer «Flaschenhals» sind. Auch aus diesem Grund sollte die Politik einen pragmatischen Mittelweg anstreben, so sich die Lage in Syrien zum Guten wenden sollte. Hunderttausende Widerrufsprüfungen und Abschiebungen würden BAMF, Gerichte und Ausländerbehörden schlicht nicht hinbekommen.[34]

Das ist kein Plädoyer für ein pauschales Bleiberecht. Die Akzeptanz des Asylrechts durch die Bevölkerung lebt auch davon, dass die Politik die Rechtspflicht zum Widerruf ernst nimmt. Wenn sich die Situation in der Heimat dauerhaft verbessert, sollten nicht nur einige wenige Syrer den Schutzstatus verlieren. Ansonsten mutiert das Asylrecht zu einem Einwanderungsrecht unabhängig davon, ob in der Heimat eine Verfolgung oder andere schwerste Gefahren drohen.

Stattdessen konzentriert ein pragmatischer Mittelweg die knappen administrativen Ressourcen im ersten Zugriff auf Personen, bei denen vergleichsweise evident kein Schutzbedarf mehr besteht. Das garantiert schnelle Ergebnisse. Außerdem könnte die Bundesregierung obligatorische Beratungsgespräche organisieren, um Syrer über die verschiedenen Optionen aufzuklären: eine geförderte freiwillige Rückkehr, die Gefahr von Widerruf und Abschiebung sowie die bestehenden Möglichkeiten, unabhängig vom Asylrecht dauerhaft in Deutschland zu bleiben.

Den sichersten Weg zu einem dauerhaften Bleiberecht bietet die Einbürgerung, die im Jahr 2024 deutlich erleichtert wurde. Inzwischen gibt es über 150 000 Deutsche mit syrischen Wurzeln, wobei die Zahl nochmals deutlich steigen wird, sobald die Behörden den aktuellen Rückstau an zehntausenden Einbürgerungsanträgen abgearbeitet haben. Eine Einbürgerung bietet den Vorteil, auch probeweise in die alte Heimat zurückkehren zu können. Der deutsche Pass garantiert zeitlebens die Wiedereinreise nach Deutschland – sogar für Kinder und Enkel, die nach einer Rückkehr in der Zukunft in Syrien geboren werden.

Außerdem können Syrer mit Schutzstatus, die in Deutschland ohne Sozialleistungen vom selbstverdienten Geld leben, jederzeit in eine Aufenthaltserlaubnis für Erwerbszwecke wechseln. Das gilt für die über 6000 syrischen Ärzte ebenso wie für Handwerker, Pflegepesonal und sonstige Arbeitskräfte. Diesen jederzeit möglichen Wechsel in den Fachkräftekanal übersahen Politiker, die nach dem Sturz des Assad-Regimes vor einer Abschiebung dringend benötigter Fachkräfte warnten.

Eine Ausreisepflicht müssen also nur Personen fürchten, die auf Helferniveau arbeiten, Sozialleistungen beziehen oder aus anderen Gründen keinen anderen Aufenthaltstitel oder eine Einbürgerung erlangen, zum Beispiel weil sie schwere Straftaten begingen. Tatsächlich verläuft die Integration bei vielen Syrern schleppend. Der öffentliche Verweis auf Ärzte und andere Fachkräfte darf nicht verdecken, dass zuletzt nur ein Viertel der über 900 000 Syrer sozialversicherungspflichtig beschäftigt war, während ebenso viele arbeitslos waren oder als «Aufstocker» ergänzende Sozialleistungen bezogen.[35]

Nun werden einige einwenden, dass es unmoralisch sei, den gut integrierten Syrern ein Aufenthaltsrecht zuzusprechen, während der Staat den arbeitslosen oder unterbeschäftigen Landsleuten mit Abschiebung droht, wenn der Schutzbedarf wegfällt. Eine solche Kritik übersieht, dass genau diese Differenzierung typisch für Einwanderungsländer ist. Arbeitskräfte erhalten einen Aufenthaltstitel, weil sie «nützlich» sind, während der Aufenthalt von Geflüchteten vom Schutzbedarf abhängt. Falls sich die Situation im Heimatland dauerhaft zum besseren wendet, würden Syrer nach den regulären Einwanderungsregeln behandelt. Sie bestimmen über ihre Zukunft in Deutschland durch den Integrationserfolg bis zu einem gewissen Grad also selbst mit.

Wann Zurückweisungen rechtswidrig sind

Die Wissenschaft beschreibt die europäische Asylpolitik bereits seit Langem als januskopfig. Die internen Schutzstandards sind großzügig, während gleichzeitig die Staaten die legale Einreise erschweren. Visumpflichten sind der prominenteste Ausdruck einer «Externalisierung». Die Kontrolle wird ins Ausland verlagert, damit nicht zu viele Menschen das großzügige Asylrecht beanspruchen. Das ist scheinheilig, aber dennoch jahrzehntealte Praxis. Die klassischen Zielstaaten wie Deutschland, die Niederlande, Dänemark und Großbritannien setzen seit 40 Jahren auf eine solche Externalisierung.

«Pushbacks» in Griechenland, Polen, Kroatien und Litauen sind der sichtbarste Ausdruck einer Abschottungsstrategie. Von «Pushbacks» spricht man, wenn die Grenzpolizei oder Küstenwache eine Person nicht einreisen lässt, obwohl diese Asyl beantragen möchte. Nach EU-Recht ist das rechtswidrig. Die Asylverfahrensverordnung erlaubt Asylantrage ausdrücklich auch «an der Grenze» und «in den Hoheitsgewässern».[36] Sobald jemand ein Asylgesuch äußert, muss diese Person ins Land gelassen werden; dazu ist nicht notwendigerweise das Wort «Asyl» zu verwenden, solange die Absicht erkennbar ist. Die jüngste EU-Asylreform ändert daran nichts, weshalb Polen dagegen stimmte. Polen will das Asylrecht in Krisenzeiten offiziell aussetzen und drängte deshalb bei einem Gipfeltreffen im Oktober 2024 in Brüssel auf eine Rechtsänderung.

In der EU verlangt jede Änderung der Asylgesetze die Zustimmung einer qualifizierten Mehrheit der Mitgliedstaaten und des Europäischen Parlaments. Auf diesem Wege könnte man das individuelle Asylrecht einschränken. Es dürfte dann nicht mehr automatisch jeder einreisen, der an der Grenze um Asyl nachsucht. Für eine Änderung des Refoulementverbots ist dieses Verfahren jedoch nicht ausreichend. Die Politik müsste neben den EU-Asylgesetzen mehrere internationale Menschenrechtsverträge ändern, wenn die EU-Staaten zukünftig auch Personen in unsichere Länder wie Belarus oder Libyen zurückschicken wollten. Eine solche Fundamentalreform benötigte einen langen Atem, weil viele Regierungen und Parlamente zustimmen müssten; sie könnte leicht auch ganz scheitern.[37] Infolge der polnischen Initiative steht das Thema jedoch auf der Agenda. Im Dezember 2024 veröffentlichte die EU-Kommission eine unverbindliche Mitteilung, die erstmals das individuelle Asylrecht infrage stellte, vorerst jedoch auf eine Rechtsänderung verzichtete.[38]

Solange das Recht dasselbe bleibt, muss die Grenzpolizei an den EU-Außengrenzen zuerst einmal jeden, der ein Asylgesuch äußert, ins Land lassen. Diese Einreisegarantie existiert, «ohne dass es darauf ankommt, welche Erfolgsaussichten ein solcher Antrag hat.»[39] Ob der Asylantrag abzulehnen ist, wird im Asylverfahren ja erst noch geprüft. Das gilt auch für die Einreise aus sicheren Drittstaaten außerhalb der EU, zumal auch hier diverse Ausnahmen existieren, sodass ein Antrag erfolgreich sein kann. An den EU-Außengrenzen gilt dasselbe wie innerhalb Deutschlands. Wenn jemand eine Klage einreicht, darf eine Abschiebung erst stattfinden, wenn ein Gericht vorher zugestimmt hat. Wir werden nachfolgend sehen, wie eine grundlegende Reform der Asylgesetzgebung aussehen könnte.

Innerhalb der Europäischen Union ist die Lage komplizierter. An sich ist innerhalb der EU immer nur ein einziger Staat dafür zuständig, einen Asylantrag zu prüfen – eine Folge des Dubliner

Übereinkommens, das 1990 unterzeichnet und zwischenzeitlich durch EU-Verordnungen ersetzt wurde. Derzeit gilt die «Dublin-III-Verordnung», die Mitte 2026 durch die «Asyl- und Migrationsmanagement-Verordnung» abgelöst wird, auf die sich die EU-Organe im Mai 2024 verständigten. In der Sache ändert sich dadurch freilich nur wenig. Es bleibt dabei, dass im Zweifel derjenige EU-Staat zuständig ist, über dessen Außengrenze jemand einreist. Das ist weithin bekannt.

Seltener wird in den Medien erklärt, dass die Dublin-Regeln es zulassen, nacheinander in mehreren EU-Ländern einen Asylantrag zu stellen. Das passiert häufig, wenn zum Beispiel eine Irakerin über Serbien, Ungarn und Österreich nach Deutschland reist. An sich darf das nicht vorkommen, weil allein Ungarn in diesem Fall zuständig sein müsste. Dennoch darf die Bundespolizei die Irakerin nicht einfach zurückweisen, wenn diese an der deutsch-österreichischen Grenze ein Asylgesuch äußert. Zwar legt Paragraf 18 des deutschen Asylgesetzes dieses Vorgehen nahe; er ist jedoch im Lichte der europäischen Dublin-Regeln auszulegen.[40] In den Worten des Bundesverfassungsgerichts: «Im Anwendungsbereich des Unionsrechts ... ist entgegenstehendes mitgliedstaatliches Recht grundsätzlich unanwendbar.»[41]

Anstatt auf Zurückweisungen setzen die innereuropäischen Dublin-Regeln auf komplizierte Überstellungsverfahren. Sobald jemand an der Grenze um Asyl nachsucht, muss Deutschland diese Person einreisen lassen, um zu prüfen, welcher Mitgliedstaat zuständig ist. Dafür ist das BAMF und nicht die Bundespolizei verantwortlich. Deutschland kann den an sich zuständigen Staat sodann bitten, die Person zurückzunehmen, was meistens auch funktioniert, weil ein Schweigen als Zustimmung gilt. Auf dieser Grundlage erlässt das BAMF einen Überstellungsbescheid, gegen den die betroffene Person erst einmal klagen kann.[42] All das dauert ein paar Wochen oder Monate. Erst nachdem ein Gericht grünes Licht gegeben hat, kann Deutschland die Irakerin im Beispiel nach Ungarn überstellen. Ebendiese Rückführung scheitert meistens. Italien zum Beispiel nimmt seit Dezember 2022 überhaupt niemanden mehr zurück. Das frustriert die Politik zu Recht, beseitigt jedoch nicht die Pflicht zur Rechtsbeachtung. Das bestätigte der Europäische Gerichtshof (EuGH) im Dezember 2024 ein weiteres Mal.[43]

Bei einer gescheiterten Rückführung kommt Artikel 29 der Dublin-III-Verordnung ins Spiel, wonach «die Zuständigkeit auf den ersuchenden Mitgliedstaat über(geht)», sobald eine Abschiebungsfrist von regelmäßig sechs Monaten verstrichen ist.[44] Diese versteckte Klausel ist ungemein wichtig. Der EuGH interpretiert sie so, dass Asylbewerber in Deutschland ein zweites Asylverfahren beanspruchen können, wenn der eigentlich zuständige EU-Mitgliedstaat nicht kooperiert oder die deutschen Behörden die Überstellung aus hausgemachten Gründen nicht hinbekommen. Dieser Blick hinter die Kulissen der EU-Gesetze zeigt exemplarisch, dass das Asylrecht sich durch hochkomplizierte Verfahrensregeln teilweise selbst blockiert.

Im Schengen-Raum ohne Binnengrenzen sind solch komplizierte Verfahren, die sich über Monate hinziehen, ein Garant für Dysfunktionalität. Eigentlich verpflichtet das EU-Recht alle Asylantragstellenden, im zuständigen Staat zu bleiben. Wer unrechtmäßig weiterreist, erhält am Ende meistens nichtsdestotrotz ein zweites Asylverfahren. Das klingt widersprüchlich, war jedoch schon immer ein bewusster Kompromiss zwischen Nord- und Südstaaten, um eine politische Mehrheit für die Dublin-Regeln zu erreichen. Italien hätte diesen niemals zugestimmt, wenn Deutschland nach einer die illegalen Sekundärmigration nicht irgendwann zuständig wird.

Diese Regelungen sorgen seit Jahren für böses Blut in der EU. Einerseits beklagen Italien und Griechenland sich darüber, dass die Dublin-Regeln die Ersteinreiseländer benachteiligen, weil sie offiziell zuständig sind. Andererseits beschweren sich Deutschland, Österreich und die Niederlande, dass viele Asylbewerber weiterziehen und im Zielstaat ihrer Wahl letzten Endes dauerhaft bleiben.

Deshalb hatte die EU-Kommission im Jahr 2016 eine radikale Reform vorgeschlagen. Mehrfache Asylanträge sollten abgeschafft werden, stattdessen sollte dauerhaft ein einziges Land zuständig sein. Politisch setzt eine solche Kehrtwende voraus, dass die EU-Staaten sich auf eine solidarische Verteilung der Asylbewerber einigen. Eine kostenlose Unterkunft und Sozialleistungen sollte es nur noch im zuständigen EU-Staat geben. Das Europäische Parlament wollte zudem die Präferenzen der Betroffenen bei der Verteilung berücksichtigen, was sinnvoll gewesen wäre, weil dadurch eine Weiterwanderung unwahrscheinlicher wird.[45] Politisch fand der Vorschlag keine Mehrheit, weil einige Regierungen verpflichtende Quoten vehement ablehnen. Skeptisch waren auch die anderen Staaten, die faktisch wenige Personen aufnehmen. Die jüngste Reform, die Mitte 2026 in Kraft treten wird, ändert daher das bisherige System kaum. Die EU scheiterte damit, das Dublin-System vernünftig aufzustellen.

Daraus folgt, dass es an sich rechtswidrig bleibt, wenn die deutsche Bundespolizei an der Grenze zu Österreich, der Schweiz oder Polen jemanden zurückweist, der ein Asylgesuch äußert. Die Bundesregierung könnte allenfalls versuchen, in Krisenzeiten eine Ausnahmeklausel in den EU-Verträgen zu aktivieren, weil die öffentliche Ordnung gefährdet ist. In Fachkreisen wird das seit 2015 diskutiert. Seit ein paar Monaten kennt diese Option auch die breite Öffentlichkeit, nachdem Friedrich Merz (CDU) im Bundestagswahlkampf ankündigte, Asylbewerber aufgrund einer «Notlage» in die Nachbarländer zurückweisen zu wollen. Falls die künftige Bundesregierung dies umsetzte, würden wir erst nach einigen Monaten erfahren, ob der Europäische Gerichtshof dem Argument folgt, dass tatsächlich eine Notlage vorliegt. Theoretisch ist das vorstellbar, auch wenn bisher alle Versuche anderer Länder scheiterten, die Ausnahmeklausel zu aktivieren.[46] Juristisch wären Zurückweisungen also ein Vabanquespiel: Die Regeln des EU-Asylsystems würden vorübergehend außer Kraft gesetzt, um diese anschließend neu zu programmieren.

Mit den Menschenrechten wären deutsche Zurückweisungen in die Nachbarländer vereinbar, wenn diese ein Asylverfahren gewähren und die Aufnahmebedingungen nicht katastrophal sind.[47] Solange dem so ist, würde das Asylrecht durch Zurückweisungen nicht abgeschafft, sondern «nur» andere Länder in die Pflicht genommen. Das unterscheidet deutsche Zurückweisungen von Pushbacks an den EU-Außengrenzen, die in den meisten Fällen erst nach der Änderung einer ganzen Reihe internationaler Verträge legal stattfinden dürften. Dass Friedrich Merz als voraussichtlich nächster Bundeskanzler so vehement für Zurückweisungen eintritt, ist ein trauriger Beleg dafür, dass die reformierten EU-Asylgesetze, die 2026 in Kraft treten werden, zentrale Strukturprobleme nicht lösen.

Befürworter von Zurückweisungen dürfen nicht der Illusion erliegen, diese seien eine nachhaltige Lösung. Als Land in der Mitte Europas kann Deutschland schon aus geografischen Gründen die Asylmigration nicht im Alleingang nachhaltig steuern. Wir sind auf die europäische Zusammenarbeit angewiesen. Zurückweisungen entpuppten sich schnell als Scheinlösung, wenn die Zugangszahlen deutlich anstiegen, weil Griechenland und Bulgarien ihren Grenzzaun zur Türkei öffneten oder Italien alle Westafrikaner ohne Visum legal mit dem Flugzeug einreisen ließe. Als die Asylpolitik noch in nationaler Verantwortung lag, wurden zwischen 1985 und 2000 zwei Drittel aller Asylanträge innerhalb Europas in Deutschland gestellt.[48] Nationale Maßnahmen gehören zu einem

Gesamtpaket, gewährleisten für sich genommen jedoch keine nachhaltige Lösung.

Es geht also nicht darum, ob man für oder gegen die «europäische Lösung» ist, sondern wie man diese ausgestaltet. Hier darf die Politik sich keine Scheuklappen verordnen und die jüngste Reform als sakrosankt einstufen. Die Dublin-Regeln können nicht funktionieren. Selbst wenn Italien aufgrund einer Klage, die die Grünen jüngst vorschlugen, wieder kooperierte, könnten Asylbewerber nach einer Rückführung dorthin mit dem Flixbus binnen weniger Tage erneut nach Deutschland kommen. Dann beginnt das ganze Verfahren nach der EuGH-Rechtsprechung von vorne. Viele Regierungen sind inzwischen bereit, das Asylrecht in Europa grundsätzlich neu zu regeln. Mittelfristig sollte die Politik deshalb mehrfache Asylanträge endlich abschaffen. Der eine Asylantrag sollte perspektivisch von der EU-Asylagentur geprüft werden. Renitente Staaten wie Ungarn könnten Material, Geld oder Personal bereitstellen, anstatt Menschen aufzunehmen.

Doch es geht nicht nur um Restriktionen. Perspektivisch könnte man eine konditional bedingte Freizügigkeit einführen. Das mag derzeit illusorisch erscheinen, macht aber Sinn, wenn es gelingt, die Gesamtzahl der Asylanträge europaweit zu reduzieren. Das nächste Kapitel wird zeigen, wie dies gelingen kann. Schutzberechtigte könnten das Recht erhalten, sich nach einem positiven Asylbescheid – ganz ähnlich wie EU-Bürger – überall auf Stellenangebote zu bewerben, wenn der Job ausreicht, um die Wohnung und den Lebensunterhalt zu bezahlen.[49] Dies wäre keine freie Ziellandwahl, sondern eine bedingte Freizügigkeit bei wirtschaftlicher Selbständigkeit. Sozialleistungen bei Arbeitslosigkeit gäbe es nur im zuständigen Land.

Aus den Augen, aus dem Sinn?

Wenn eine Abschiebung in das Heimatland aus welchen Gründen auch immer scheitert, erhalten ausreisepflichtige Personen eine Duldung. In der Praxis ist das die Regel, weil Abschiebungen schon immer schlecht funktionierten. Wir sahen bereits im letzten Kapitel, dass der Umgang mit Geduldeten zu Problemen führt. Eine mögliche Reaktion lautet, dass die Politik auf eine örtliche Distanzierung setzt – frei nach dem Motto «Aus den Augen, aus dem Sinn». Unternehmen, Kirchengemeinden und Vereine werden seltener gegen eine Abschiebung protestieren, wenn Amadou aus Nigeria, Ahmed aus dem Irak oder eine vierköpfige Familie aus Serbien vorher kaum soziale Kontakte geknüpft haben. Auch Geduldete beachten die Ausreisepflicht eher freiwillig, wenn sie nicht Fuß fassen können.

Die softe Form einer örtlichen Distanzierung sind zentrale Erstaufnahmeeinrichtungen, wo Asylbewerber mit geringer Bleibeperspektive in Deutschland offiziell bereits heute grundsätzlich bis zum Verfahrensende bleiben sollen.[50] In den meisten Bundesländern funktioniert das nicht. Häufig werden Asylbewerber schnell dezentral in den Kommunen untergebracht. Das erleichtert die Integration, erschwert jedoch die Abschiebung. Es ist insofern wohlfeil, wenn die Ministerpräsidentenkonferenz mehr zentrale Unterbringung verlangt.[51] Sie kritisiert damit ihre eigene Politik. Auch deshalb forderten CDU und CSU in ihrem Wahlprogramm, künftig Ausreisezentren in Bundesverantwortung einzurichten. Der Bund soll leisten, was die Länder seit Jahren nicht hinbekommen.

Die Politik kann die Schwierigkeiten der Abschiebung umschiffen, wenn Asylantragsteller gar nicht erst einreisen. Die Bilder von Camps auf den griechischen Inseln sind zwar bewegend, erzeugen jedoch nicht dasselbe Ausmaß an Empathie wie das Schicksal von Arbeitskollegen, Mitschülerinnen und Sportkameraden. Eine solche abgestufte Solidarität ist weit verbreitet. Die Sozialpsychologie spricht in diesem Zusammenhang von einer «Präferenz der Nähe» (*proximity bias*).[52]

Die westlichen Demokratien nutzen diese abgestufte Empathie, um sich in gewisser Weise selbst zu überlisten. Eine örtliche Distanzierung ermöglicht eine asylpolitische Härte, die viele gegenüber Mitmenschen auch dann nicht anwenden wollen, wenn die Gerichte feststellten, dass eine Abschiebung menschenrechtskonform wäre. Exemplarisch wird dies in den «Flughafenverfahren», die seit dem deutschen Asylkompromiss von 1992/93 im Transitbereich vor allem des Frankfurter Flughafens stattfinden, wenn jemand dort einen Asylantrag stellt. Die Menschenrechte gelten dort vollumfänglich, denn Transitzonen sind kein rechtsfreier Raum. Dennoch erweitert die isolierte Unterbringung den politischen Handlungsspielraum.

Nun betrifft das Flughafenverfahren unter 500 Personen pro Jahr, was auch daran liegt, dass die meisten potenziellen Bewerber ohne Visum überhaupt kein Flugzeug besteigen dürfen. Selbst für einen Umsteigeflug von Nigeria nach Tokio mit Zwischenlandung in Frankfurt verlangt Deutschland ein Transitvisum. Noch einfacher ist es für die deutsche Politik und Öffentlichkeit, wenn Asylprüfungen statt am Frankfurter Flughafen an den EU-Außengrenzen in den Nachbarländern stattfinden. Genau darauf verständigten sich die Mitgliedstaaten bei der jüngsten EU-Asylreform. Personen mit geringer Anerkennungschance sollen ab 2026 an den Außengrenzen ein zügiges Grenzverfahren durchlaufen und von dort abgeschoben werden.

Italien, Griechenland und auch Spanien sind davon wenig begeistert. Sie sollen die «Drecksarbeit» übernehmen, der Deutschland und die Niederlande ausweichen. Das Ergebnis ist ein halbherziger Kompromiss. Europaweit sind nur 30 000 Grenzverfahrensplätze vorgeschrieben, um das Asylverfahren und die Abschiebung jeweils binnen zwölf Wochen zu realisieren. Klappt das nicht, dürfen die Betroffenen offiziell einreisen und können sich damit faktisch frei im Schengen-Raum bewegen. Dasselbe gilt von vornherein bei guter Bleibeperspektive und wenn die Grenzverfahrenskapazitäten erschöpft sind. In der Praxis dürfte das häufig passieren. Schließlich stellen in der EU jeden Monat mehr als 30 000 Personen einen Asylantrag.

Es ist damit abzusehen, dass die EU-Asylreform keine Trendumkehr bewirken wird, wenn diese ab Mitte 2026 angewandt wird. Wer die EU-Außengrenzen erreicht und dort Asyl beantragt, wird auch in Zukunft häufig faktisch nach Deutschland, Österreich oder Belgien weiterreisen können. Die Perspektive lautet also auch hier, die europäische Lösung konsequent zu Ende zu denken. Genau das hatte ein informelles Papier der Großen Koalition im Jahr 2019 vorgeschlagen. Alle Antragsteller sollten an den Außengrenzen ein kurzes Vorverfahren in Transitzonen erhalten: Nur Personen, deren Asylantrag vermutlich Erfolg haben wird, dürfen nach dessen Abschluss offiziell einreisen, während alle anderen in den Transitzonen bleiben.[53]

Die Befürworter einer großzügigen Flüchtlingspolitik dürften die Unfähigkeit der Politik noch bereuen, das europäische Asylsystem nachhaltig aufzustellen. Auf den ersten Blick dient das neue Regelwerk zwar den Interessen der Migranten und Flüchtlinge, wenn diese weiterhin den Zielstaat im Schengen-Raum faktisch frei aussuchen können und Abschiebungen faktisch häufig scheitern. Realpolitisch steht allerdings zu erwarten, dass die absehbaren Steuerungsdefizite das Gefühl eines Kontrollverlusts weiter anheizen. Die politisch Verantwortlichen reagieren darauf, indem sie mit Drittstaaten kooperieren oder nationale Alleingänge durchführen. Die halbherzige EU-Reform dürfte also den

Ruf nach radikalen Maßnahmen lauter werden lassen. Das veranschaulicht das Versprechen von Friedrich Merz, am «Tag eins» nach der Regierungsübernahme alle Asylbewerber an der Einreise hindern zu wollen.

Verfahren als bürokratischer «Flaschenhals»

Souvenirläden in Küstenstädten verkaufen gerne Glasflaschen, in deren Innern sich größere Objekte wie Schiffsmodelle befinden. Mit scheinbar magischer Hand gelangten diese durch den dünnen Flaschenhals ins Innere. Im Englischen besitzt der «Flaschenhals» (*bottleneck*) einen negativen Beigeschmack. Er steht für unnötige Verzögerungen und Komplikationen. In der europäischen Asylpraxis sind die Verwaltungsverfahren ein solcher Flaschenhals. Die Behördenentscheidung, anschließende Gerichtsverfahren und die Abschiebung ziehen sich hin.

Seit Jahren höre ich das Versprechen, die Verfahren beschleunigen zu wollen. Vereinzelt gelingt das auch. Speziell das BAMF hat viel Erfahrung mit Effizienzsteigerungen sowie dem Auf- und Abbau von Personalressourcen. Ein deutsches Asylverfahren dauert aktuell im Durchschnitt acht Monate, je nach Herkunftsland und Einzelfall auch weniger oder (deutlich) mehr.[51] Hinzu kommt dann noch die Zeit zwischen der ersten Registrierung, häufig durch die Bundespolizei, und dem offiziellen Asylantrag beim BAMF. Aber immerhin: Acht Monate sind nur etwas mehr als die angestrebte Höchstfrist von sechs Monaten.

Nach der Anerkennung erhalten alle Personen mit Schutzstatus eine Aufenthaltserlaubnis. Das Asylrecht erfüllt dann seinen Zweck. Es gibt Aufenthaltssicherheit und eine weitgehende Gleichstellung mit Deutschen. Zugleich wird eine große Minderheit der Antragsteller abgelehnt und klagt sodann meistens. Diese Gerichtsverfahren dauern aktuell weitere eineinhalb bis zwei Jahre. So vergehen im statistischen Durchschnittsfall bis zu drei Jahren nach der Einreise, bevor eine Abschiebung überhaupt möglich ist.[55] Man muss kein Asylexperte sein, um das misslich zu finden. In anderen EU-Ländern ist die Situation ähnlich. Einmal eingereiste Personen bleiben meistens doch in Europa. Abschiebungen nach mehrjährigem Aufenthalt sind rechtlich möglich, aber für alle Beteiligten unbefriedigend.

Damit ist zugleich gesagt, dass die jüngste EU-Reform ihr ambitioniertes Ziel vermutlich verfehlen wird, an den Außengrenzen binnen jeweils zwölf Wochen zuerst das Asylverfahren und dann die Rückführung durchzuführen. In der Theorie klingt das gut, doch warum soll in der Peripherie fernab der größeren Städte gelingen, was die meisten EU-Staaten selbst nicht schaffen? Gewiss gibt es positive Vorbilder wie die Schweiz und vereinzelt auch die Niederlande, die schnelle und faire Asylverfahren hinbekommen. In Deutschland bekamen zuletzt alle Personen aus sicheren Herkunftsländern eine Entscheidung binnen zehn Tagen, und die Gerichte entschieden nach drei Wochen. Das zeigt, dass es schnell gehen kann, wenn man die Ressourcen konzentriert. Was für kleine Gruppen gelingt, erweist sich jedoch für größere Personenzahlen im Praxistext seit Jahrzehnten als Wunschvorstellung. Die Asylgesetze sind in gewisser Weise «Schönwetterrecht»[56], das unter schwierigeren Bedingungen scheitert.

Diese Dysfunktionalität wirkt in alle Richtungen. Ausreisepflichtige profitieren, auch wenn die Wartezeit mit einem prekären Aufenthaltsstatus psychisch belastet. Soweit sie diese Belastung «aussitzen», ist die Wahrscheinlichkeit groß, dass sie früher oder später doch einen legalen Aufenthalt bekommen. Wenn die Behörden die Verfahren beschleunigen, geht dies nicht nur auf griechischen Inseln häufig zu Lasten der Qualität. Nichtregierungsorganisationen befürchten, dass die Grenzverfahren an den EU-Außengrenzen gesetzliche Garantien unterlaufen.

Das Gesamtbild ist ernüchternd. Das Asylrecht droht sich in einem Netz hochkomplizierter Detailregelungen zu verheddern, die allesamt wichtige rechtsstaatliche Zwecke verfolgen, das Ziel schneller und fairer Verfahren jedoch als frommen Wunsch entlarven. Nicht nur für Juristen ist das frustrierend. Für ein 700-seitiges Buch, das im Jahr 2023 beim Verlag der Universität Oxford erschien, wertete ich als Autor alle 300 Urteile des Europäischen Gerichtshofs zum Migrationsrecht aus. Deutsche und niederländische Gerichte fragten den EuGH in Luxemburg jeweils rund 50-mal, wie die EU-Gesetze auszulegen seien. Griechische Gerichte machten dies nur zweimal; die erste Frage zum Asylrecht stammt von 2023.[57] In den klassischen Asylzielstaaten in der Mitte und im Norden des Kontinents funktioniert das EU-Recht leidlich gut, woanders steht es häufig nur auf dem Papier.

Die unbürokratische Aufnahme der Vertriebenen aus der Ukraine zeigt, dass es anders geht. Auf Asylverfahren wurde ganz verzichtet. Die Menschen konnten sich den Zielstaat frei wählen, was eine sehr ungleiche Verteilung bewirkte. Für die EU und Deutschland galt erstmals offiziell: offene Grenzen! Das lässt sich so allenfalls in Sonderfällen wiederholen, doch die Lektion besteht fort, dass eine drastische Verfahrensvereinfachung vieles erleichtert. Eine solche Kehrtwende verlangte, dass die Behörden und Gerichte statt ausführlicher Einzelfallprüfungen aufgrund generalisierter Kriterien über Asylantrage entschieden, die typisierend Fallkonstellationen abstufen[58] – ähnlich wie das UN-Flüchtlingshochkommissariat (UNHCR) außerhalb Europas.[59] Es hinge vom Inhalt der Vorgaben ab, ob sich diese wie bei der Ukraine zugunsten oder in anderen Fällen zu Lasten von Einzelnen auswirken. Ein solcher Schritt wird in Brüssel und Berlin nicht diskutiert. Wer die Ukraine als Vorbild nennt, meint offene Grenzen, nicht jedoch generalisierte Asylentscheidungen.

Das hat zwei Gründe. Zum einen hat bisher noch jede Reform das Modell komplizierter Einzelfallprüfungen, das die Hauptzielstaaten der Asylmigration wie Deutschland oder Dänemark vor vier Jahrzehnten entwickelten und auf die EU-Ebene exportierten, pfadabhängig fortgeschrieben.[60] Das führt zu einem Schneeballeffekt. Jede Änderung macht das Regelwerk komplizierter, egal ob der Inhalt großzügiger oder strenger wird. Das deutsche Zuwanderungsgesetz von 2004 regelte die Abschiebehaft mit 300 Wörtern, aktuell haben die relevanten Paragrafen 2000 Wörter: eine Versechsfachung.[61] So ist das bei allen Themen. Selbst erfahrene Rechtsanwältinnen, Verwaltungsangestellte, Richterinnen und Juraprofessoren drohen im Labyrinth der verästelten Detailregelungen den Überblick zu verlieren.

Zum anderen machen die Gerichte strenge Vorgaben. Der Europäische Gerichtshof für Menschenrechte (EGMR) betrachtet die Europäische Menschenrechtskonvention als «lebendes Instrument» (*living instrument*). Auf dieser Grundlage erweiterte der Gerichtshof in Straßburg den Schutzumfang und errichtete neuartige Verfahrensgarantien. Diese Urteile stammen aus den letzten 30 Jahren und sind damit vergleichsweise jung. Dennoch präsentiert der öffentliche Diskurs die Menschenrechtsjudikatur meistens als unverrückbare Vorgabe, die man auf keinen Fall hinterfragen dürfe. Juristisch stimmt das auch. Im Rechtsstaat müssen Politik und Verwaltung alle Urteile beachten. Da darf es keinen Rabatt geben. Davon zu trennen ist jedoch die Frage, ob Politik, Gesellschaft und auch Wissenschaft dafür eintreten, dass die Gerichte ihre Rechtsprechung ändern.

Das passiert andauernd. Flüchtlingsorganisationen und die kritische Forschung fordern von den Gerichten ständig, den Menschenrechtsschutz dynamisch auszuweiten – häufig mit Erfolg, wie der späte Zeitpunkt vieler Urteile zeigt. Sobald ein Urteil ergeht, wird anschließende Kritik oft als moralisch und juristisch abwegig dargestellt, nach dem Motto des früheren DDR-Staatsratsvorsitzenden Erich Honecker: «Vorwärts immer, rückwärts nimmer.» Logisch ist das nicht. Wenn die Menschenrechtsurteile sich wandeln, müssen Veränderungen nicht zwingend Verfahrensgarantien verstärken und das Schutzniveau ausweiten.

Allerdings sind Gerichte auch Kollegialorgane, die bei ihren internen Beratungen großen Wert darauf legen, dass Urteile sich in ein kohärentes Gesamtkonzept fügen. Da fällt es leichter, mit dynamischen Urteilen neue Schutzstandards zu entwickeln, als frühere Entscheidungen aufzugeben. Denkbar bleibt das dennoch, und es passiert auch. Über 200 Jahre der US-Verfassungsgeschichte lehren, wie sich die Rechtsprechung im Lauf der Zeit verändern kann, ohne dass die maßgeblichen Verfassungsartikel geändert worden wären. Die Rassentrennung erlaubte der Supreme Court anfangs, später verbot er sie.

Wenn die Politik nicht auf eine gerichtsinterne Korrektur hoffen will, kann sie theoretisch die einschlägigen Gesetze und Verträge ändern. Allerdings sind viele Garantien in mehreren Dokumenten niedergelegt, die sich wechselseitig stützen. Um das individuelle Asylrecht abzuschaffen, wären ganz konkret das Grundgesetz, die EU-Asylrichtlinien und vermutlich auch die EU-Grundrechtecharta zu ändern, was viele Jahre dauerte und ganz scheitern könnte. Eine Einschränkung des Refoulementverbots, wonach Verfolgte nicht abgeschoben werden würden, wäre noch schwieriger. Hier kann die Politik vorrangig auf eine vorsichtige Handhabung drängen – wie bei den aktuellen Debatten um die bisher generelle Schutzgewährung für Afghanen und eine Rückkehrpflicht für Syrer.

Alles Weitere wäre juristisch ausführlich zu diskutieren, gerade weil die dynamischen Urteile nicht nur das Asylgrundrecht und das Refoulementverbot betreffen. Häufig geht es um scheinbar technische Verfahrensfragen, die in der Praxis ungemein wichtig sind. Eines steht jedoch fest: Deutschland und Europa stürzten in keine Herrschaft des Unrechts, wenn die Gerichte zur Situation der Jahrtausendwende zurückkehrten, indem sie einzelne dynamische Urteile revidieren und den Staaten bei Grenzkontrollen und Schutzgewährung mehr Spielraum geben.

Bisher reagieren die europäischen Regierungen und die EU-Organe auf die eigene Unfähigkeit, schnelle und faire Asylverfahren zu realisieren und das Ergebnis sodann auch durchzusetzen, indem sie viel Energie und Ressourcen auf die Drittstaatskooperation verwenden. Für das Asylrecht ist das kontraproduktiv. Wenn die Nachbarländer als Türsteher die Einreise erschweren, betrifft dies alle gleichermaßen. So erfassen Visumvorschriften auch alle Menschen mit Schutzbedarf. Ähnliches gilt für die Kooperation mit Marokko, Tunesien oder Libyen, um die es am Ende des Kapitels gehen wird. Das Ergebnis ist scheinbar paradox. Wer es nach Europa schafft, bleibt meistens auch dann, wenn der Asylantrag scheitert. Gleichzeitig erschweren die Nachbarländer schutzbedürftigen Menschen die Einreise.

Wenn die demokratische Mitte dies ändern will, muss sie die Verfahrenskomplexität zu hinterfragen bereit sein. Das ist die zentrale Lektion aus der Aufnahme der Vertriebenen aus der Ukraine. Auch in der Asylpolitik ist ein «Das haben wir schon immer so gemacht» kein guter Ratschlag. Es ist doch besser, wenn die EU-Mitgliedstaaten mit strengen Verfahren generalisierte Asylentscheidungen treffen, als ihr Heil darin zu suchen, die Verfahren in Drittstaaten auszulagern oder weniger Menschen einreisen zu lassen. Nur durch effiziente Verfahren erreichen die Europäer, dass der Flüchtlingsschutz beim Versuch, diesen durch den Flaschenhals zu befördern, nicht kaputtgeht.

Ausgelagerte Asylverfahren in Drittstaaten

Herzstück der Genfer Flüchtlingskonvention (GFK) ist das «Refoulementverbot», wonach Staaten eine Person nicht in ein Land zurückschicken (französisch: *refouler*) dürfen, wo Verfolgung droht. Dieselbe Verpflichtung ergibt sich neben der Flüchtlingskonvention aus dem Folterverbot gemäß Artikel 3 der Europäischen Menschenrechtskonvention (EMRK), das der Europäische Gerichtshof für Menschenrechte in Straßburg seit 30 Jahren kontinuierlich ausweitete. Diese Urteile zu den Menschenrechten erfassen heutzutage auch Bürgerkriegsgefahren und schlechte Lebensbedingungen. Wir sahen bereits, dass Deutschland in solchen Fällen einen Schutzstatus garantiert.

Allerdings kommen nur wenige Menschen direkt aus dem Heimatstaat in die EU und nach Deutschland. So lebten in der Türkei bis zum Sturz des Assad-Regimes über drei Millionen Syrer unter wirtschaftlichen und politischen Bedingungen, die schwieriger sind als in Deutschland, aber dennoch prinzipiell Sicherheit gewährleisteten, solange man nicht gegen das Erdoğan-Regime opponierte. So ist das bei vielen Fluchtereignissen. Die allermeisten Menschen fliehen als Binnenvertriebene innerhalb des Heimatstaates oder in die Nachbarländer. Das wissen natürlich auch die EU-Regierungen, die deshalb seit vier Jahrzehnten mit «sicheren Drittstaatsklauseln» experimentieren. Diese waren der Kern der deutschen Grundgesetzänderung von 1993, die den Grundstein dafür legte, dass die Bundesrepublik im Rahmen des Dublin-Systems mit den Nachbarländern kooperierte.

Alle maßgeblichen Fragen beantwortet seither das EU-Asylrecht, das im Jahr 2024 reformiert wurde. Der Gedanke bleibt derselbe: In der EU kann keinen Schutz vor Verfolgung beanspruchen, wer diesen Schutz woanders erhalten könnte. Während die

Einstufung als «sicheres Herkunftsland» besagt, dass ein solches die eigenen Bürger nicht verfolgt, beziehen sich «sichere Drittstaaten» auf Personen, die in der Heimat verfolgt werden und deshalb einen Schutzbedarf haben, den sodann jedoch Drittstaaten außerhalb der EU bereitstellen. Ganz konkret ist Griechenland seit 2016 der Meinung, dass die Türkei für Syrer prinzipiell sicher ist, während Großbritannien zwischenzeitlich Asylbewerber in den sicheren Drittstaat Ruanda ausfliegen wollte.

Sichere Drittstaatsklauseln sind mit den Menschenrechten und der Genfer Flüchtlingskonvention vereinbar, weil das Refoulementverbot «nur» vor Verfolgung schützt, nicht jedoch vorgibt, welches Land den Schutz garantiert. Dasselbe gilt für das Grundgesetz und das EU-Recht, die beide ein Individualgrundrecht auf Asyl umfassen, dieses jedoch durch Drittstaatsklauseln einschränken.[62] Hierbei geht es um Länder außerhalb der EU, weil innerhalb des Schengen-Raums die Dublin-III-Verordnung anzuwenden ist. Gemeinsam ist all diesen Regelungen, dass das Asylrecht keine freie Zielstaatswahl beinhaltet.

Das heißt wohlgemerkt nicht, dass das Bundesamt für Migration und Flüchtlinge (BAMF) den Asylantrag von Syrern, die vor dem Sturz des Assad-Regimes über die Türkei einreisten, einfach ablehnen hätte dürfen. Die EU-Asylverfahrensrichtlinie und die künftige Asylverfahrensverordnung schreiben detailliert vor, wann ein Drittstaat außerhalb der EU als sicher eingestuft werden darf. In Deutschland gilt derzeit kein einziges Land als sicherer Drittstaat, das nicht zugleich die Dublin-Regeln anwendet.[63] Doch selbst wenn der Bundestag die Türkei oder Tunesien zu sicheren Drittstaaten erklärte, wäre weiterhin in jedem Einzelfall zu prüfen, ob das Land einen Asylbewerber tatsächlich zurücknimmt und ob diesem dort nicht doch ausnahmsweise Verfolgung droht.

Diese Einzelfallprüfungen sind ein Grund, warum der politische Wunsch einen langen Atem braucht, Asylverfahren in Drittstaaten auszulagern. Der Koalitionsvertrag der Ampelregierung von 2021 versprach diesbezüglich eine Prüfung, die die Regierung nur zögerlich anging. Dies könnte sich nach der Bundestagswahl ändern, weil das CDU-Grundsatzprogramm prominent auf Drittstaatsmodelle setzt.[64]

Das britische Beispiel verdeutlicht, was zu machen wäre. Im November 2023 kippte der Supreme Court in London den «Ruanda-Plan», der vorsah, Asylbewerber aus Großbritannien nach Afrika zu bringen. Die Regierung hatte dem höchsten britischen Gericht keine belastbaren Beweise vorgelegt, dass die ruandischen Asylverfahren zuverlässig gegen ein menschenrechtswidriges Refoulement in das Heimatland schützen.[65] Wir werden nicht erfahren, ob der geänderte Vertrag, den die konservative Regierung daraufhin mit Ruanda schloss, die Gerichte besänftigt hätte. Die britische Labour-Regierung stoppte das Vorhaben nach dem Regierungswechsel im Sommer 2024.

Für EU-Staaten gilt außer den Menschenrechten auch die EU-Asylverfahrensverordnung, deren Neufassung Mitte 2026 in Kraft treten wird. Ich selbst habe 2017 auf Initiative des Kanzleramts und des Innenministeriums ein Gutachten geschrieben, das deren Reform vorbereiten sollte.[66] Meiner Schlussfolgerung bezüglich einer Annäherung der gesetzlichen Vorgaben an das menschenrechtliche Mindestniveau folgten der Ministerrat und das Europäische Parlament weitgehend. Zukünftig wird es – anders als bisher – ausreichen, wenn einzelne Landesteile sicher sind, wobei die notwendige Sicherheit statt durch den Drittstaat auch durch EU-Länder, UNHCR oder EU-Agenturen bereitgestellt werden kann. Auf einer Einschränkung, die die Menschenrechte nicht vorschreiben, bestand die Ampelkoalition jedoch. In sichere Drittstaaten darf nur zurückgeschickt werden, wer zu diesen eine hinreichende «Verbindung» hat.[67]

Das heißt konkret, dass Deutschland und die anderen EU-Länder nur Asylverfahren in Drittstaaten auslagern dürfen, wo eine Person sich zuvor bereits für längere Zeit aufgehalten hat. Es wäre also illegal, jemanden nach Tunesien oder gar Ruanda als sichere Drittstaaten zu schicken, wenn diese Person über Libyen nach Europa einreiste (Libyen liegt neben Tunesien). Ebenfalls ist dadurch ausgeschlossen, dass jemand über Serbien nach Ungarn kommt und dann ein Verfahren in Bosnien-Herzegowina oder Albanien erhält. Wenn die Politik künftig sichere Drittstaatsmodelle im größeren Stil umsetzen wollte, müsste sie also den EU-Asylkompromiss aufschnüren. Die EU-Kommission wird hierzu im Frühjahr 2025 einen Bericht vorlegen.

Es zeichnet sich bereits eine Mehrheit in Brüssel ab, die das Verbindungskriterium streichen will. Wenn das passiert, wären im nächsten Schritt einige praktische Herausforderungen anzugehen. Die EU-Länder müssen nämlich in jedem Einzelfall ein Vorverfahren durchführen, um zu prüfen, ob ein Drittstaat für die betroffene Person tatsächlich sicher ist. Eine Überstellung dorthin darf erst stattfinden, nachdem ein Gericht grünes Licht gegeben hat. Die Anforderungen an das Gerichtsverfahren sind im Detail so kompliziert, dass auch diese noch geändert werden müssten. Eine innovative Lösung umschiffte diese Probleme, indem sie den EU-Staaten gestattete, die Vorverfahren unter eigener Kontrolle im Ausland durchzuführen.[68] Dies erlaubte eine schnelle Überstellung in den sicheren Drittstaat.

Die praktischen Herausforderungen der Einzelfallprüfung zeigen, dass sichere Drittstaatsmodelle, ebenso wie jede andere asylpolitische Maßnahme, politischen Gestaltungswillen verlangen. Sie bieten keine einfache Lösung, die es in der Asylpolitik schlicht nicht gibt. Drittstaatsmodelle könnten jedoch das Markenzeichen eines Ansatzes sein, der das Flüchtlingsrecht international neu ausrichtet. Ihr Reiz ist doppelter Natur. Zum einen verdeutlichen sie als Kontrollsignal, dass die Asylmigration in geordneten Bahnen verläuft. Das nächste Kapitel wird zeigen, dass solche Kontrollsignale nur nachhaltig wirken, wenn die Politik in ihrem Windschatten ein ganzes Bündel sonstiger Reformen angeht, die erst im Zusammenspiel den erhofften Steuerungserfolg versprechen. Mittels Drittstaatsmodellen kann die Politik ihre Handlungsfähigkeit beweisen, nachdem die EU-Asylreform die Probleme abgemildert, nicht jedoch gelöst hat. Auch CDU und CSU könnten den Gedanken gemeinsam mit anderen EU-Ländern reaktivieren, nachdem eine künftige Bundesregierung mittels Zurückweisungen eine Trendumkehr bewirkte.

Doch Drittstaatsmodelle eignen sich nicht nur als Kontrollsignal. Zum anderen zeigt die Popularität von Drittstaatsmodellen, die in Talkshows viele überzeugen und in der Politik nicht nur Bürgerliche und Konservative ansprechen, dass immer mehr Europäer danach streben, Moral und Eigeninteresse zusammenzubringen – ein lohnendes Unterfangen, das im nächsten Kapitel aufgegriffen wird. Ein «Weiter so» mit jährlich mehreren Tausend Toten im Mittelmeer ist auf Dauer keine Lösung.

Um das Vorhaben zum Erfolg zu führen, müssten die Europäer vertrauensvoll mit anderen Staaten zusammenarbeiten. Es reicht nicht, das Vorhaben in Berlin oder Brüssel zu verkünden, wie das immer wieder passiert. Schon vor zwanzig Jahren propagierten der deutsche Innenminister Otto Schily (SPD) und die britische Labour-Regierung die Idee,[69] ohne dass sie umgesetzt worden wäre. 2018 überzeugte Bundeskanzlerin Angela Merkel (CDU) die Staats- und Regierungschefs der EU davon, im südlichen Mittelmeer sogenannte «Ausschiffungsplattformen» einzurichten, wohin alle zurückgebracht werden sollten, die im Mittelmeer gerettet werden.[70] Auch das scheiterte jedoch. Der Europäische Rat hatte die Rechnung ohne den Wirt gemacht: Kein Land wollte für die Europäer solche Zentren schaffen.

Es wäre also nur der erste Schritt, wenn die EU-Staaten ihre

Hausaufgaben machten, indem sie den EU-Asylkompromiss nachbessern und schnelle Vorverfahren hinbekommen. Darüber hinaus müssten sie die Behörden in sicheren Drittstaaten in Nordafrika, auf dem Balkan oder andernorts aktiv dabei unterstützen, zuverlässige Schutzprüfungen durchzuführen. Dies ist alles andere als trivial, weil es belastbare Asylsysteme für Einzelfallprüfungen in vielen Ländern schlicht nicht gibt. Auch die Forderung, das UNHCR solle die Asylverfahren durchführen, bietet keinen einfachen Ausweg. Die UN-Schutzprüfungen leisten unter schwierigen Bedingungen wertvolle Arbeit, bieten häufig jedoch nicht die Sicherheit, die die europäischen Menschenrechte verlangen. Außerdem müssen sich die Asylverfahren in Drittstaaten an der großzügigen europäischen Lesart der Genfer Flüchtlingskonvention orientieren und zum Beispiel Schutz vor geschlechtsspezifischer Verfolgung gewähren.

Hinzu kommt ein Grundsatzproblem. Die Idee ausgelagerter Asylverfahren beruht auf der Annahme, dass es ausreicht, einige wenige Personen zurückzuführen, woraufhin die Zugangszahlen automatisch zurückgehen sollen.[71] Eine derartige Abschreckungswirkung erzielte Australien, indem es binnen 20 Jahren insgesamt 4100 Personen in Lager auf abgelegenen Pazifikinseln verfrachtete; das waren beinahe alle Asylbewerber. Allerdings kamen in Australien selbst zur Hochzeit der irregulären Asylmigration über den Pazifischen Ozean nicht mehr als zwei oder drei Boote pro Monat an; jahrelang versuchte danach beinahe niemand mehr, über das Meer einzureisen.[72] Für die EU sind das «Peanuts». Für ein europäisches Drittstaatsmodell entscheidend ist daher, ob eine Abschreckungswirkung auch eintritt, wenn weniger als 100 Prozent überstellt werden. Nur dann machen die immensen Kosten von Hunderten Millionen Euro politisch Sinn.

Ein Live-Experiment könnte das Jahr 2025 bieten. Dann sollen in Albanien zwei Asylzentren bereitstehen, die Italiens Ministerpräsidentin Giorgia Meloni mit ihrem albanischen Amtskollegen vereinbarte. Anders als bei einem klassischen Drittstaatsmodell wird Italien die Zentren in Albanien selbst betreiben, um dort Asylverfahren nach italienischem Recht für maximal 3000 Personen durchzuführen, die von der italienischen Küstenwache gerettet werden. Meloni nutzt für das Vorhaben eine juristische Hintertür, weil das Verbindungskriterium der EU-Richtlinien erst gilt, wenn jemand die Hoheitsgewässer oder das Festland erreicht. Auf Hoher See gelten «nur» die Menschenrechte, die keine Verbindung verlangen.

Nun kommen nach Italien in den Sommermonaten bisweilen mehrere Tausend Personen binnen einer Woche. Außerdem werden viele Menschen nicht von Staatsschiffen, sondern von Handelsschiffen und Nichtregierungsorganisationen gerettet; diese werden nicht nach Albanien verbracht. Es könnte also sein, dass die Zentren schnell überfüllt sind und trotzdem noch Menschen in Italien landen. Die Reise von Westafrika nach Europa dauert meistens Monate, sodass es nicht ausreichen dürfte, einige Hundert oder Tausend Personen nach Albanien zu bringen. Die Einreisezahlen könnten kurzfristig sinken, danach jedoch wieder ansteigen. Der Praxistest folgt voraussichtlich im Sommer 2025.

Hinzu kommt, dass in Deutschland manche die Auslagerungsidee so verstehen, dass alle Schutzberechtigten nach dem Asylverfahren legal nach Deutschland einreisen dürfen. Dasselbe vereinbarte Italien mit Albanien. Eine solche Einreisegarantie verringert die Wahrscheinlichkeit eines Abschreckungseffekts. Unter Umständen könnte sie sogar dazu führen, dass sich mehr Menschen auf den Weg machen, wenn die Zentren in Drittstaaten leicht erreichbar wären und man dort einen Asylantrag stellen könnte, ohne viel Geld für Schlepper ausgeben und sich im Mittelmeer in Lebensgefahr begeben zu müssen. Die Zentren könnten in diesem Fall eine Sogwirkung entfalten. Das CDU-Grundsatzprogramm will dies vermeiden, indem auch Schutzberechtigte dauerhaft im Drittstaat bleiben. Verhandlungen darüber verlangen diplomatisches Geschick und ein attraktives Gesamtpaket für die Partnerländer.

Eine solche Vereinbarung hatte Großbritannien mit Ruanda getroffen, während Australien einige Länder davon überzeugte, die wenigen Asylbewerber aufzunehmen, die nicht freiwillig in die Heimat zurückkehrten. Dennoch lebten ungefähr 200 Personen jahrelang und perspektivlos in australischen Asylzentren auf Pazifikinseln unter haftähnlichen Bedingungen, was zu vielen Selbstmorden führte. Ein solches humanitäres Drama wird die europäische Politik aus gutem Grund nicht hinzunehmen bereit sein. Dementsprechend betonen Fürsprecher sicherer Drittstaatsmodelle, moralisch überzeugendere Lösungen finden zu wollen. Das kann funktionieren, setzt jedoch eine gehörige Portion an Gestaltungswillen voraus.

Ein neues Lieblingsprojekt der europäischen Asyldebatte sind «Rückkehrzentren» (*return hubs*). Danach führen EU-Staaten das ganze Asylverfahren in Eigenregie durch, was vor allem für Personen mit schlechter Bleibeperspektive schnell gehen kann. In «Rückkehrzentren» im Ausland werden nur diejenigen überstellt, deren Asylantrag abgelehnt wurde. Juristisch hat dies den Vorteil, dass die Menschenrechte geringere Standards vorgeben als für die Überstellung von Asylbewerbern, die eventuell Schutzbedarf haben. Solche Rückkehrzentren außerhalb der EU eignen sich vor allem für Angehörige von Herkunftsländern, die bei der Abschiebung generell nicht kooperieren. Die Hoffnung ist, dass mehr Menschen freiwillig in die Heimat zurückkehren, wenn sie statt in den Niederlanden zum Beispiel in Uganda landen. Darüber verhandelt die Regierung in Den Haag derzeit.

Nun dürfte allein der Vergleich der verschiedenen Modelle viele verwirren: sichere Drittstaaten, externe italienische Asylverfahren in Albanien und dann auch noch Rückkehrzentren nur für Ausreisepflichtige. Warum geht es nicht einfacher? Es hängt von den Rahmenbedingungen ab, welches Vorhaben aus dem «Werkzeugkasten» der Asylpolitik sich in einer konkreten Situation eignet. Ohnehin sollte die Politik möglichst bald Modellprojekte auflegen, um Erfahrungen zu sammeln, wie man Aufnahmezentren praktisch organisiert und rechtliche Bedenken ausräumt. Das bestätigt das italienische Beispiel. Nur 48 Stunden nach der ersten Überstellung nach Albanien verlangte ein Gericht in Rom, dass zwölf Asylbewerber aus Ägypten und Bangladesch nach Italien gebracht werden. Die Regierung hatte einige juristische Details schlecht vorbereitet. Modellprojekte können helfen, solche Kinderkrankheiten auszumerzen. Die Politik darf nicht denselben Fehler wie bei der EU-Asylreform machen: Jahrelanges Debattieren vergrößert nur die Herausforderungen.

Für derartige Modellprojekte bieten sich Länder an, zu denen enge Beziehungen bestehen und die ein Asylsystem besitzen, das halbwegs funktioniert. In der Praxis sind das vor allem die EU-Beitrittskandidaten im westlichen Balkan sowie Georgien und Armenien, während man Rückkehrzentren wegen der geringeren juristischen Anforderungen auch woanders einrichten könnte. Mit den Erfahrungen, die die Politik dort sammelt, könnte sie später auch andernorts aktiv werden. An sich machen Aufnahmezentren auf dem Balkan oder in Moldau wenig Sinn. Die Gefahr ist groß, dass die überstellten Personen ein Zentrum in Serbien oder Nordmazedonien verlassen, um irregulär über die Balkanroute in die nahe gelegene EU weiterzureisen.

Ein schlaues Design erhöhte die Erfolgswahrscheinlichkeit. So will Italien nur erwachsene und gesunde Männer nach Albanien überstellen, was das Risiko reduziert, dass die Gerichte einen Menschenrechtsverstoß feststellen. Modellprojekte könnten sich auf einzelne Herkunftsländer konzentrieren, in denen weder Verfolgung noch Bürgerkriegsgefahren drohen. Ein solcher Fokus auf einzelne Länder erhöht zugleich die Wahrscheinlichkeit, dass die Zugangszahlen aufgrund eines Abschreckungseffekts sinken. Teilerfolge werden wahrscheinlicher, wenn die Politik parallel die Einreise mit sonstigen Maßnahmen erschwert. Das nächste Kapitel wird erklären, dass die EU außerdem im großen Stil legale Einreiseoptionen für Flüchtlinge und Arbeitskräfte bereitstellen sollte. Dann werden mehr Drittstaaten bereit sein, Aufnahmezentren zu tolerieren, weil sie realisieren, dass die EU selber Verantwortung übernimmt, statt diese auf andere abzuwälzen.

«Türsteher» Europas: organisierte Scheinheiligkeit

Angela Merkel reiste 2016 und 2019 zweimal nach Niger, um mit dem Präsidenten eines der ärmsten Länder der Welt über die Migrationspolitik zu verhandeln. Dort liegt die Stadt Agadez – ein logistisches Drehkreuz für die Zentralsahara. Wer von Westafrika auf dem Landweg an das Mittelmeer reist, muss diese Stadt durchqueren. Wer Agadez kontrolliert, kontrolliert auch eine wichtige Migrationsroute. Insofern überrascht es nicht, dass Niger nach der Krise von 2015/16 zu einem verlässlichen Partner der EU avancierte. Seit dem Militärputsch von 2023 geht in Europa die Sorge um, die Migration durch die Sahara könne wieder zunehmen, sobald sich die Schleppernetzwerke neu organisiert und neue Kundschaft angeworben haben.

Monatlich waren in den Jahren nach 2015 hochrangige Politiker und Beamte der EU in das arme Land gereist, um die Zusammenarbeit voranzutreiben. Niger verschärfte daraufhin die Gesetze, ging gegen Schlepper vor und erhielt im Gegenzug politische Aufmerksamkeit, Ausrüstung für Polizei und Grenzschutz sowie großzügige Wirtschaftshilfen. Diese sollten den Schleppern und Fluchthelfern in Agadez auch alternative Einnahmequellen eröffnen, was jedoch nicht recht gelingen wollte.[73] In der Sahara zeigte die «Flüchtlingskanzlerin» Merkel ihre harte Seite – mit Erfolg. Die Transitzahlen gingen zurück, wenn auch zu dem Preis, dass einige bei dem Versuch starben, auf Umwegen doch die Sahara zu durchqueren. Der Spielfilm *Ich Capitano*, der 2024 für den Oscar nominiert wurde, erzählt davon in beeindruckender Nüchternheit.

Die EU setzte in den Verhandlungen mit Niger auf positive Anreize, die jederzeit zurückgenommen werden konnten, sobald die Kooperation nicht mehr funktionierte. Ähnliche Programme existieren mit nahezu allen wichtigen Nachbarländern. Die Europäer unterstützen Tunesien, Marokko, Ägypten, die Türkei und auch Libyen seit Jahren mit erheblichen Geldmitteln, die teilweise aus nationalen Haushalten und vielfach aus dem EU-Budget stammen.[74] Zehn Prozent des EU-Entwicklungshilfebudgets von über 70 Milliarden Euro für den Siebenjahreszeitraum bis 2027 sind für Migrationsprojekte reserviert, wozu die Fluchtursachenbekämpfung ebenso gehört wie das Grenzmanagement, die Seenotrettung und der Kampf gegen das Schlepperwesen.[75]

Es ist nur scheinbar ein Widerspruch, wenn Länder wie Tunesien und Marokko sich weigern, ausgelagerte Asylverfahrenszentren zu akzeptieren, gleichzeitig jedoch dabei helfen, die Ausreise nach Europa zu erschweren. Sie wollen gegenüber der eigenen Bevölkerung und Nachbarländern nicht offen die «Drecksarbeit» der ehemaligen Kolonialmächte machen. Asylverfahrenszentren glichen einer symbolischen Unterwerfung, die selbst autokratische Regime nicht so einfach akzeptieren werden. Die Aufnahme vieler Flüchtlinge und irregulärer Migranten ist bei der Bevölkerung sehr unpopulär – ebenso wie die Kooperation bei Abschiebungen. Ruanda stimmte dem britischen Plan zu, um das Image als stabile Regionalmacht zu festigen, die Investitionen und Konferenzen aus der ganzen Welt anzieht.

Wie wichtig die Innenpolitik ist, erfuhren die Kommissionspräsidentin Ursula von der Leyen (CDU) und die italienische Ministerpräsidentin Giorgia Meloni, als beide gemeinsam den autokratischen Präsidenten Tunesiens Kais Saied im Sommer 2023 überzeugen wollten, italienische Asylverfahrenszentren in Tunesien zu beheimaten. Die EU bot ein milliardenschweres Gesamtpaket mit Investitionen in die tunesische Wirtschaft und Finanzhilfen, die das Land vor der Zahlungsunfähigkeit bewahren sollten. Saied wies das Ansinnen brüsk zurück: «Tunesien schützt nur die eigenen Grenzen.»[76] Stattdessen wurde Meloni, wie bereits beschrieben, mit Albanien handelseinig.

Das bedeutet indes nicht, dass Tunesien überhaupt nicht kooperieren würde. Im Gegenteil akzeptiert das Land seit Jahren hohe Geldzahlungen für Grenzpolizei und Küstenwache; sie wurden nach dem Besuch von Meloni und von der Leyen nochmals aufgestockt. Auch die deutsche Bundespolizei hilft bei der Ausbildung der tunesischen Küstenwache. Diese rettet zahlreiche schiffbrüchige Migranten und Flüchtlinge aus Seenot; außerdem geht die Polizei mit teils rabiaten Mitteln gegen Schleuser und Migrantencamps vor. Daraufhin kamen 2024 knapp 60 Prozent weniger Menschen irregulär über den Seeweg nach Italien als im Vorjahr. Nichts anderes passiert weiter östlich in Libyen. Seit Jahren ertüchtigen die EU und Italien die libysche Küstenwache und lassen sich von Berichten über krasse Gewaltanwendung nicht abschrecken. Die politische Logik ist simpel: Wenn die tunesische oder libysche Küstenwache Schiffbrüchige nach Nordafrika zurückbringen, sind Italien und Malta aus dem Schneider.

Forciert wurde diese Kooperation mit den Nachbarländern nach dem «Hirsi»-Urteil des Europäischen Gerichtshofs für Menschenrechte (EGMR) im Jahr 2012, das die frühere Praxis für rechtswidrig erklärte, wonach die italienische Küstenwache diejenigen, die sie auf der Hohen See rettete, nach Libyen zurückbrachte. Diese Praxis hatte Italien mit der früheren libyschen Gaddafi-Diktatur vereinbart.[77] «Pushbacks» auf Hoher See waren bis 2012 offizielle Politik, seither verstoßen sie gegen die Menschenrechte. In Brüssel, Rom und Malta grübelten Rechtsexperten und Politiker nach dem Urteil monatelang, ob kurze Prüfverfahren auf staatlichen Schiffen machbar wären, die den Menschenrechten gerecht werden. Umgesetzt wurden solche Schnellverfahren nie. Bis heute werden weiterhin alle nach Italien, Spanien, Griechenland oder neuerdings Albanien gebracht, die von europäischen Schiffen im Mittelmeer gerettet werden.

Um die Zugangszahlen dennoch zu reduzieren, setzen die Europäer darauf, dass die libysche und tunesische Küstenwache die Seenotrettung übernehmen, was prinzipiell auch richtig ist, weil das Völkerrecht alle Staaten dazu verpflichtet, ihre jeweilige Rettungszone zu überwachen. Den faden Beigeschmack gewinnt die Unterstützung durch die glaubhaften Berichte über die Misshandlung von Schiffbrüchigen in Libyen und Tunesien sowie das Motiv der Europäer, sich von den Nachbarn aus der Patsche helfen zu lassen, damit weniger Asylbewerber kommen.

Juristisch ist diese Abschottung zulässig. Die Europäer können sich durch ein «Outsourcing» aus der rechtlichen Verantwortung freikaufen, wie der Sachverhalt eines weiteren berühmten Urteils zeigt. Acht Jahre nach dem «Hirsi»-Urteil akzeptierte der Straßburger Menschenrechtsgerichtshof eine spanische Pushback-Praxis. Eine Gruppe von mehreren hundert jungen Männern hatte es geschafft, den sieben Meter hohen Grenzzaun zur spanischen Exklave Melilla an der nordafrikanischen Küste zu überwinden. Spanien schickte die jungen Männer kurzerhand nach Marokko zurück, weil diese an spanischen Grenzübergangsstellen offiziell Asyl hätten beantragen können.

Der Gerichtshof akzeptierte dies, obwohl die jungen Männer aus Westafrika den offiziellen Weg nicht beschritten hatten, weil die marokkanische Polizei durch «Racial Profiling» nur arabischstämmige Personen zum spanischen Grenzübergang vorlässt. Alle anderen werden daran gehindert. Allerdings kam das Urteil zu dem Schluss, dass dafür Marokko und nicht Spanien verantwortlich sei. Spanien erlaubt Asylanträge, weshalb es alle zurückweisen darf, die illegal über die Grenzzäune zu klettern versuchen, anstatt den offiziellen Weg einzuschlagen.[78]

Warum spielt Marokko den Türsteher Europas? Zuerst einmal ist es schlicht die Aufgabe der Grenzpolizei, als Behörde eines souveränen Staats die Ein- und Ausreise effektiv zu kontrollieren. Die marokkanische Regierung will außerdem Pull-Effekte vermeiden: Es sollen nicht zu viele Migranten nach Marokko kommen, um von dort aus nach Europa weiterzuziehen. Ein zentraler Faktor sind schließlich die guten Beziehungen zu Spanien und der EU. Die wirtschaftliche Zusammenarbeit ist eng, und die EU und Spanien unterstützen die Grenzpolizei. Kleine gegenseitige Zuwendungen erhalten die Freundschaft: moderne Schiffe, gemeinsame Übungen mit Empfängen in schicken Hotels oder regelmäßige Finanzhilfen. Hinzu kommen politische Tauschgeschäfte. Marokko nutzt die Migration mehr oder weniger offen, damit Spanien und andere EU-Staaten seine Hoheit über die besetzte Westsahara anerkennen. Die stolze Monarchie, deren Stammbaum bis zum Propheten Mohammed zurückreicht, würde wohl niemals europäische Asylverfahrenszentren akzeptieren. Dass man «schwarze» Afrikaner diskriminiert und an der Ausreise hindert, steht auf einem anderen Blatt.

Damit schließt sich der Kreis. Europa und Deutschland bekennen sich in Sonntagreden feierlich zum Asylrecht und sorgen doch seit Jahrzehnten dafür, dass es nicht allzu viele Menschen in Anspruch nehmen. Die Wissenschaft spricht von «organisierter Scheinheiligkeit»[79] oder «juristischen schwarzen Löchern»[80]. Einerseits bekamen bis vor Kurzem nahezu alle Syrer und Afghanen einen Schutzstatus, wenn sie es auf irgendwelchen Wegen irregulär nach Deutschland schaffen. Andererseits kontingentieren die Visumpflichten aus der Ära von Helmut Schmidt und das Racial Profiling der marokkanischen Grenzpolizei den Zugang faktisch doch. «Wir» präsentieren uns nach innen als die Guten und zeigen nach außen unser hartes Gesicht.

5.
Moral und Eigeninteresse: Wie beides zusammenpasst

Die politische Lage in Deutschland ist ernst. Die moderaten Kräfte drohen zwischen AfD-Wahlerfolgen und dem Bündnis Sahra Wagenknecht zerrieben zu werden. Ihnen entgleitet die Deutungshoheit darüber, wie die Zukunft aussehen soll. Einwanderung ist ein zentrales Thema, das die Unzufriedenheit nährt. Jens Spahn (CDU) brachte es mit der ihm eigenen rhetorischen Schneidigkeit auf den Punkt: «Entweder beendet die demokratische Mitte die illegale Migration – oder die illegale Migration beendet die demokratische Mitte.»[1] Gemeint war damit die Asylzuwanderung, die die öffentliche Debatte beherrscht, obwohl Einwanderung so viel mehr Facetten besitzt. Um aus der Defensive zu gelangen, müssen es die westlichen Regierungen schaffen, die Asylmigration in halbwegs geordnete Bahnen zu lenken.

Nun muss eine Migrationspolitik nicht allein deshalb «richtig» sein, weil eine Mehrheit sie gut findet. In Fachgesprächen höre ich regelmäßig das Argument, die Bevölkerung werde durch rechtspopulistische Panikmache verführt. Das stimmt teilweise. Allerdings folgt daraus im Umkehrschluss nicht, die Bevölkerung müsse nur aufgeklärt werden, damit sie versteht, dass eigentlich alles gut läuft. Der demokratischen Mitte ist der Kompass abhandengekommen, wohin die Reise gehen soll. Vor allem in der Asylpolitik fehlt ein praxistaugliches Konzept. Bei dessen Identifikation besteht die zentrale Herausforderung für die wissenschaftliche Analyse und die politische Kommunikation darin, die notwendige Klarheit zu erreichen, ohne einfache Lösungen vorzugaukeln.

Gerade die Asylpolitik verlangt ein Drehen an vielen kleinen und manchen größeren Stellschrauben, die erst im Zusammenspiel den erhofften Steuerungserfolg erzielen.

Die Bevölkerung überzeugt ein Neuansatz, wenn dieser sich nicht nur strategisch an die Wahlerfolge radikaler Kräfte anpasst. Eine ausgewogene Migrationspolitik wird keinen Erfolg haben, wenn Politik und Fachwelt murrend einige Restriktionen akzeptieren, gedanklich jedoch daran festhalten, dass die «reine Lehre» eigentlich etwas anderes fordert. Die politisch Verantwortlichen sollen den Extremen nicht hinterherhecheln, sondern selbstbewusst ihr eigenes Modell vertreten. Alle Lösungen müssen praktisch funktionieren und theoretisch überzeugen, weil sie Moral und Eigeninteresse zusammenführen. Wenn das nicht gelingt, wählen die Deutschen im Zweifel «das Original».

«Zwei Seelen wohnen, ach! in meiner Brust»

Wenn ein Drama zur deutschen Leitkultur gehört, dann Goethes *Faust*. Der alternde Doktor Faustus schließt mit Mephisto einen «Teufelspakt», damit dieser ihn von Enttäuschung und Langeweile befreit. Die innere Zerrissenheit des Doktor Faustus zwischen hellen und dunklen Mächten, zwischen emphatischer Glückseligkeit und sinistrer Kraftausübung steht stellvertretend für das Wechselbad der Gefühle, das viele Leserinnen und Leser in den letzten Jahren bei den Fernsehnachrichten oder TikTok-Meldungen empfunden haben dürften.

Auch die meisten Sachbücher beginnen mit einer bewegenden Geschichte. Die herzzerreißende Aufnahme der Leiche von Alan Kurdi veränderte im September 2015 die Welt. Der dreijährige syrische Junge war bei der Überfahrt aus der Türkei nach Griechenland ertrunken, als sein Schlauchboot kenterte. Die eindrückliche Welle der Willkommenskultur wäre ohne das drastische Foto vermutlich schwächer ausgefallen. Einer von mehreren Gründen, warum die Bundesregierung zehn Tage später die Grenzen nicht schloss, war dem Vernehmen nach die Sorge, die Bevölkerung würde «hässliche Bilder» nicht akzeptieren.[2]

Schnell wendete sich das Blatt. Ende Oktober 2015 titelte der *SPIEGEL* «Kontrollverlust»[3]. Auf den Titelseiten von *BILD* las man plötzlich anstelle von Alan Kurdi, dessen Foto die Boulevard-Zeitung zuvor großformatig präsentiert hatte, über die islamistischen Terroranschläge von Paris und das Chaos der Kölner Silvesternacht, bei der es massenhaft sexuelle Übergriffe gegeben hatte. Schnell sprach Deutschland von einer «Flüchtlingskrise» – ein Begriff, dem die kritische Wissenschaft die wohlklingende Formel vom «langen Sommer der Migration»[4] entgegensetzt. Öffentliche Asyldebatten sind immer auch ein Ringen um Bilder und die Sprache.

Diese schnelle Abfolge von Mitgefühl und Euphorie sowie Angst und Vertrauensverlust war eine krasse Form des gefühlsmäßigen Zwiespalts, den gerade Bürgerinnen und Bürger erleben dürften, die der Mitte zuneigen. Die Sozialpsychologie spricht von «kognitiver Dissonanz»: einem aufgewühlten Gefühlszustand, der entsteht, wenn mehrere Empfindungen, Wünsche und Absichten sich zu widersprechen scheinen.[5] Menschen streben danach, solche kognitiven Dissonanzen aufzulösen, indem sie ihre Handlungen und Überzeugungen neu justieren, ohne dass feststünde, welche Richtung sich durchsetzt.

Wenn wir anerkennen, dass Staaten die Einwanderung tatsächlich steuern können und dies rechtlich auch dürfen, entsteht ein Raum für eine gestaltende Migrationspolitik, die bei der Auflösung der kognitiven Dissonanz nicht verlangt, sich für eine der beiden Seelen in unserer Brust zu entscheiden. Meinungsfragen zeigen immer wieder, dass die Bevölkerungsmehrheit einen solchen Mittelweg wünscht. Im Herbst 2024 befürworteten 77 Prozent der Deutschen «eine grundsätzlich andere Asyl- und Flüchtlingspolitik, damit weniger Menschen zu uns kommen»,[6] während gleichzeitig 62 Prozent am individuellen Asylrecht festhalten möchten.[7] Auch die Anhänger einer großzügigen Asylpolitik sollten sich dem nachfolgend vorgeschlagenen Neuansatz nicht verweigern. Die Erfahrungen verschiedener benachbarter EU-Staaten, der USA und Australiens zeigen, dass eine Entscheidung der Bevölkerung zwischen offenen und geschlossenen Grenzen ähnlich ausfiele wie bei Goethes literarischem Vorbild des Doktor Faustus, der mit Mephisto einen Teufelspakt schloss.

Mittelweg zwischen offenen Grenzen und «Asylstopp»

Vereinfacht kann man drei Positionen unterscheiden, die ungeachtet aller Überschneidungen und Zwischenlösungen hilfreich sind, die Zielrichtung einer guten Asylpolitik zu identifizieren. Die Abstufung der drei Positionen bietet die Grundlage für einen Mittelweg, der von der Bevölkerung bei der Auflösung ihres inneren Zweispalts nicht verlangt, sich zwischen offenen oder geschlossenen Grenzen zu entscheiden.

Vertretern der ersten Position sind die Menschenrechte und das Asylgrundrecht wichtiger als die Migrationskontrolle. Nur eine radikale Minderheit fordert offene Grenzen im Wortsinn. Ausgehend von US-Eliteuniversitäten verbreitet sich diese Sichtweise seit einiger Zeit auch in Europa. Die Migrationskontrolle sei ein latent rassistisches Konstrukt, mittels dessen die ehemaligen Kolonialmächte die *People of Colour* aus dem Globalen Süden fernhalten.[8] Diese Analyse betont zutreffend, dass die westliche Asylpolitik eine egoistische Facette besitzt, weil sie zugleich dazu dient, den Reichtum der Europäer abzusichern. Allerdings muss aus dieser Feststellung keineswegs folgen, dass die Grenzen am besten zu schleifen wären.

Stattdessen ist in der deutschen Debatte eine moderatere Position verbreitet, die die Menschenrechte als zentrale Leitlinie hochhält, ohne die Grenzen für alle Einwanderungswilligen öffnen zu wollen. Exemplarisch hierfür steht die innenpolitische Rhetorik von Bundeskanzlerin Angela Merkel (CDU), die einst die Forderung des bayerischen Ministerpräsidenten Horst Seehofer (CSU) nach einer aktiven Begrenzung zurückwies: «Das Grundrecht auf Asyl kennt keine Obergrenze.»[9] Wie verbreitet diese Sichtweise bis zum heutigen Tag ist, zeigt sich daran, dass progressive Akteure jedwede asylpolitische Restriktion als – wenn auch notwendiges – Übel präsentieren, so als verlange die Moral eigentlich die Aufnahme aller. Dieser Position neigen Vertreter des linken Spektrums der demokratischen Mitte zu.

In der praktischen Politik fordert diese Gruppe mehr Ressourcen für die Integration, eine solidarische Verteilung innerhalb der EU, aktive Seenotrettung im Mittelmeer und legale Zugangswege. All diese Instrumente gehören auch zu einer Migrationspolitik der Mitte, die gleichzeitig jedoch anerkennt, dass es moralisch und rechtlich legitim ist, wenn die Staaten den Gebietszugang nach selbstgesetzten Regeln gestalten. Die Herausforderung besteht darin, einerseits zu verteidigen, dass die Staaten die Einwanderung steuern und begrenzen, zugleich jedoch einer Abschottung entgegenzutreten, wonach möglichst niemand mehr kommen soll.

Genau das fordert eine zweite Gruppe, die immer mehr Zulauf erhält. So lehnte der ungarische Premierminister Victor Orbán den EU-Asylkompromiss vehement ab, weil die anderen Staaten «die Migration steuern und nicht stoppen [wollen]».[10] Ungarn stimmte gegen die neuen Asylrichtlinien und besitzt sozusagen das Urheberrecht für «Pushbacks» von Asylbewerbern an den EU-Außengrenzen. Seit Jahren verletzen immer neue ungarische

Gesetzesänderungen offen das europäische Asylrecht. Als Vorreiter baute Ungarn im Sommer 2015 einen Grenzzaun zu Serbien. Dieser war und ist nicht rechtswidrig, steht aber symbolisch für eine quasi-militärische Abschottung. Griechenland, Bulgarien, Litauen, Polen, Finnland, Kroatien und Slowenien bauten inzwischen ebenfalls Zäune.

In Dänemark wurde die Sozialdemokratin Mette Frederiksen mit der Vision von «null Asylanträgen»[11] zweimal zur Regierungschefin gewählt, während die stärkste Partei im österreichischen Parlament, die rechtspopulistische FPÖ, offen mit dem Slogan der «Festung Österreich» wirbt. Auch die deutsche AfD plädierte vor den Europawahlen 2024 für die «Festung Europa».[12] Die Instrumente der Abschottungspolitik umfassen rechtswidrige und gewaltsame Pushbacks ebenso wie Vorhaben und Verwaltungspraktiken, die, wie die Kooperation mit der libyschen Küstenwache oder mit Marokko, das Europa- und Völkerrecht inhaltlich aushöhlen, ohne es offiziell zu verletzen. Im konservativen Spektrum der demokratischen Mitte liebäugeln einige mit ähnlichen Instrumenten – genauso wie ihre progressiven Gegenüber gefühlsmäßig offenen Grenzen zuneigen. CDU und CSU werden in der kommenden Legislaturperiode entscheiden müssen, in welche Richtung sie abbiegen.

Die dritte Position eines Mittelwegs verbindet diese widerstreitenden Impulse mit der Zielrichtung einer gestaltenden «Steuerung». Dieser Steuerungsbegriff verbreitete sich nach der Jahrtausendwende, als Fachkreise erkannten, welche Vorteile eine gelenkte Migration den Heimat- und Zielstaaten bietet.[13] Ganz in diesem Sinne fordern die EU-Verträge eine Einhaltung des Refoulementverbots ebenso wie «eine wirksame Steuerung der Migrationsströme ... sowie die ... verstärkte Bekämpfung von illegaler Einwanderung».[14] Ähnlich formuliert Paragraf 1 des Aufenthaltsgesetzes: «Das Gesetz dient der Steuerung des Zuzugs ... unter Berücksichtigung der Aufnahme- und Integrationsfähigkeit sowie der wirtschaftlichen ... Interessen... [Es] dient zugleich der Erfüllung der humanitären Verpflichtungen.» Der ergänzende Verweis auf eine «Begrenzung» wurde 2023 auf Wunsch von den Grünen gestrichen. Es war dies in erster Linie Symbolik mit praktisch keinen juristischen Konsequenzen – ebenso wie die Forderung von CDU/CSU, den Begriff wieder einzuführen.

Diese ausgleichenden Zielvorgaben sind kein Zufall. Änderungen der EU-Verträge sind nur einstimmig möglich, genauso wie das Zuwanderungsgesetz von 2004 einem parteiübergreifenden Kompromiss entsprang. Auch die praktische Politik ist nicht radikal, sondern versucht Eigeninteresse und Moral schon immer zusammenzuführen. Bei der Fachkräftemigration funktioniert das trotz aller praktischen Defizite bereits leidlich gut, weshalb Deutschland insoweit bereits das Prädikat eines fortgeschrittenen Einwanderungslandes verdient.

Bei der Asylpolitik hingegen scheitert bisher eine überzeugende Gesetzgebung, deren praktische Umsetzung und die argumentative Verteidigung. Daher wird nachfolgend zuerst dargelegt, warum es theoretisch überzeugt, das Asylrecht zu bewahren und gleichzeitig für eine Begrenzung einzutreten. Sodann werden die Instrumente genannt, wie dieses Ziel gesetzgeberisch und praktisch erreicht werden kann – mit Hilfe eines Instrumentenkastens, bei dessen Anwendung die politischen Akteure jeweils eigene Akzente setzen können.

Eine Portion Egoismus gehört dazu

«Sich ehrlich machen» mauserte sich in den letzten Jahren zu einem beliebten Jargon. Ganz in diesem Sinn verlangt eine gestaltende Einwanderungspolitik, unbequemen Wahrheiten ins Auge zu sehen. Konkret bedeutet das, dass Linke und Progressive sich beim Gebietszugang von Illusionen verabschieden müssen. Es ist falsch, Fachkräfte und Asyl über einen Kamm zu scheren, als ob es egal wäre, wer einwandert; wir sahen bereits, dass die Asylzuwanderung kurz- und mittelfristige Kosten verursacht, während die Fachkräfteanwerbung für den Sozialstaat ein Glücksfall ist. Außerdem zeigte das Asylkapitel, dass der Westen ungeachtet aller Sonntagsreden das Asylrecht bereits seit Jahrzehnten durch Visumvorschriften und die Türsteher-Politik einschränkt. Wir sind eben nicht nur die Guten.

Umgekehrt müssen Bürgerliche und Konservative akzeptieren, dass Deutschland die Einwanderung zwingend braucht, um den Sturz von der demografischen Klippe zu verhindern. Viele zeigen mittlerweile Einsicht – frei nach der Formel von der «erwünschten» anstelle der «erduldeten» Einwanderung, die der ehemalige französische Präsident Nicolas Sarkozy prägte.[15] Mit aktiver Steuerung haben Bürgerliche und Konservative kein Problem, allerdings bleibt häufig der Eindruck zurück, dass sie am liebsten gar keine Einwanderung hätten und diese, wenn sie schon stattfindet, das Land wenigstens nicht verändern soll. Bürgerliche und Konservative müssen die gesteuerte Einwanderung begrüßen lernen.

Wie kann die Migrationspolitik rechtfertigen, dass sie speziell die Asylmigration begrenzt? Eine erste Begründung brachte der parteilose Altbundespräsident Johannes Gauck während der Krise von 2015 auf den Punkt: «Unser Herz ist weit, doch unsere Möglichkeiten sind endlich.»[16] Selbst ein reiches Industrieland wie Deutschland kann immer nur eine begrenzte Personenzahl aufnehmen, ohne Gesellschaft, Sozialstaat und Verwaltung zu überfordern. Feldbetten in Wohncontainern, fehlende Lehrkräfte für Sprachkurse und viele Bürgergeldempfänger aus wichtigen Asylherkunftsländern verdeutlichen eine «Belastungs-» oder «Integrationsgrenze», die viele Städte und Gemeinden in den letzten Jahren erreicht oder überschritten sahen. Häufig heißt es plastisch: «Wir können nicht allen helfen.»

Ganz in diesem Sinn verständigte sich die Große Koalition im Koalitionsvertrag von 2018 auf eine Obergrenze «von jährlich 180 000 bis 220 000» Personen für die humanitäre Zuwanderung, also ohne EU-Freizügigkeit und Fachkräfte.[17] Das war keine Verpflichtung, danach alle Asylanträge abzulehnen oder die Grenzen zu schließen. Vielmehr handelte es sich um einen politischen Richtwert, den ich in einem Beitrag für die *Frankfurter Allgemeine Zeitung* mit dem Zwei-Prozent-Inflationsziel der Europäischen Zentralbank verglich.[18] Solche Richtwerte sagen nicht, mit welchen Instrumenten das Ziel erreicht werden soll, wenn eine Überschreitung droht. Im Fall der Asylmigration ist die Obergrenze eine politische Selbstverpflichtung, notfalls die Zugangszahlen auf mittelbaren Wegen zu reduzieren.

Der größte Vorteil einer Obergrenze besteht darin, im öffentlichen Diskurs der Behauptung entgegenzutreten, das Grundgesetz und die Menschenrechte verlangten eigentlich die Aufnahme aller. Allerdings suggeriert eine feststehende Zielziffer eine Klarheit, die die Politik schlicht nicht garantieren kann. Gerade im Asylbereich ist das gefährlich, weil zahlreiche Faktoren die Fluchtmigration beeinflussen, die eine Bundesregierung nur indirekt beeinflussen kann. Die Politik kann den Zugang steuern und auch begrenzen, nicht jedoch zielgenau vorhersagen, wie viele Asylanträge es geben wird. Deshalb sollte sie die Zugangsbegrenzung abstrakt verteidigen, ohne präzise Zahlen zu nennen. Es sollte maximal ein offener Zielkorridor sein.

Hinzu kommt, dass die Aufnahmefähigkeit keine feststehende Größe ist. So hängt es von der Qualifikation und dem Arbeitsmarkt ab, wie schnell Flüchtlinge einen Vollzeitjob ausüben. Ganz ähnlich verhält es sich mit Wohnungsmarkt, Bildungswesen und

Sozialstaat. Wie viele Gelder der Staat für welche Aufgabe bereitstellt, ist immer auch eine Frage der politischen Prioritätensetzung. So könnte man Wohnungen für Asylbewerber bauen, anstatt die Bundeswehr aufzurüsten oder einen ausgeglichenen Haushalt anzustreben. Niedrigere Sozialstandards erlaubten es, mehr Personen aufzunehmen. Zeltlager auf den griechischen Inseln sind günstiger als deutsche Mehrfamilienhäuser. Wenn die Politik das Bürgergeld für alle absenkte, könnten ohne Mehrkosten mehr Personen kommen, die zuerst einmal arbeitslos sind. Nach dem Zweiten Weltkrieg wurden deutschstämmige Vertriebene zwangsweise in privaten Wohnungen einquartiert.

Dies ist wohlgemerkt kein Plädoyer für eine Entwaffnung der Bundeswehr oder geringere Sozialleistungen. Es geht um etwas anderes. Die Überlegungen verdeutlichen einen zweiten Grund, warum es politisch und ethisch legitim sein kann, die Asylmigration zu begrenzen. Dauerhaft hohe Zugangszahlen von Asylantragstellenden, die anders als Fachkräfte vom Staat untergebracht und versorgt werden müssen, beeinflussen die Daseinsvorsorge. Ein großzügiger Sozialstaat und eine ungesteuerte Zuwanderung über das Asylsystem auf langjährig hohem Niveau passen einfach nicht zusammen.

Es geht also nicht nur um die begrenzten Integrationskapazitäten, auf die das Gauck'sche Diktum von den begrenzten Möglichkeiten bei weitem Herz hinwies. Wenn dem so wäre, müsste jedes Land immer so viele Menschen aufnehmen, wie es gerade noch verkraftet. Die Rechtfertigung für die Begrenzung ist grundsätzlicher. Die Menschenrechte ändern nichts daran, dass die Welt in souveräne Länder unterteilt ist, die ihr eigenes Gesellschafts- und Sozialmodell verfolgen. Die Sozialphilosophie diskutiert kontrovers, ob und wie Grenzen gerechtfertigt werden können.[19] Juristisch verbergen sich diese Argumente hinter der abstrakten Formel von der staatlichen Souveränität, die es im deutschen Diskurs schwer hat, weil – anders als im restlichen Europa – das nationale Interesse verdächtig erscheint.

Eine Asylpolitik der Mitte muss beides zusammenbringen: den normativen Universalismus des Menschenrechtsdenkens und die partikulare Selbstbestimmung des souveränen Staates. Einwanderung verändert die Bundesrepublik, ohne deren Eigenstand als demokratischen Sozialstaat in der Europäischen Union aufzulösen. Deutschland ist eben ein Einwanderungs*land* bzw. eine Einwanderungs*republik*. Gerade das Asylrecht setzt praktisch und theoretisch Grenzen voraus, weil Flüchtende staatliche Grenzen überwinden, um hinter diese zu fliehen. Deutschland gewährt einen Schutz, den der Heimatstaat verweigert.

Staat und Gesellschaft müssen lernen, diese Wechselbezüglichkeit von Menschenrechten und Selbstbestimmung angstfrei zu kommunizieren. Ein solches Leitbild widerspricht einem linken Universalismus, der Staatsinteressen für ethisch irrelevant erklärt, ebenso wie einem rechten Nationalismus, der Selbstbestimmung mit krudem Chauvinismus gleichsetzt. Das gilt auch dann, wenn die EU anstelle der Mitgliedstaaten handelt. Für Kommunen, Bundesländer, Nationalstaaten und EU-Organe gilt jeweils dieselbe Marschroute: Alle müssen die Migrationssteuerung im Rahmen der Menschenrechte realisieren. Das Bundesverfassungsgericht betont völlig zutreffend, dass die «selbstherrliche Vorstellung souveräner Staatlichkeit» überholt sei, weil Selbstbestimmung heute als «völkerrechtlich geordnete und gebundene Freiheit» ausgeübt werde.[20]

Eine Politik der Mitte befindet sich rechtlich und ethisch also auf der sicheren Seite, wenn sie das Bekenntnis zum Asylrecht selbstbewusst mit der Ansage verbindet, die irreguläre Zuwanderung begrenzen zu wollen, selbst wenn Deutschland theoretisch mehr Menschen aufnehmen könnte, soweit man nur genügend Gelder lockermachte oder die Standards absenkte. Zur Migrationspolitik gehört eben auch eine Portion Egoismus. Eigeninteresse und Menschenrechte widersprechen sich nicht. Über alles Weitere kann die politische Mitte legitimerweise unterschiedlicher Meinung sein. Während die einen großzügiger sind, betonen andere die Grenzen.

Ein «Asylparadox», das keines ist

Der öffentliche Asyldiskurs glorifiziert die Nachkriegszeit. Verbreitet ist das Argument, dass das Grundgesetz und die Genfer Flüchtlingskonvention (GFK) ein großzügiges Asylrecht festschrieben, um eindeutige Lehren aus dem Holocaust zu ziehen. Im Lichte dieser Vergangenheit erscheint die asylpolitische Gegenwart sodann als egoistische Restriktion einer Garantie, die eigentlich die Aufnahme aller fordere. Gestützt wird diese Lesart paradoxerweise von asylskeptischen Kreisen, die meinen, die GFK sei für eine andere Zeit gemacht und deshalb nicht mehr aktuell. Das stimmt so nicht. Es ist kein «Asylparadox»,[21] wenn der Westen sich zum Flüchtlingsschutz bekennt und zugleich Schutzberechtigte daran hindert, diesen wahrzunehmen.

Als die Genfer Flüchtlingskonvention 1951 unterzeichnet wurde, galt sie nur für Flüchtlinge aus Europa, die bereits in einem anderen Land lebten. Eine Blankovollmacht für einen geografisch und zeitlich schrankenlosen Flüchtlingsschutz enthielt sie also nicht. Dieser Vorbehalt betraf vor allem Länder des Globalen Südens, die damals noch unter europäischer Kolonialherrschaft standen. Die Konvention erfasste bewusst nicht die Millionen Flüchtlinge, die die indische Teilung und die Kolonialkriege in Indochina, Algerien und Kenia verursachten. Sie war eine pragmatische Antwort auf eine konkrete Herausforderung: die vielen Vertriebenen in Europa nach dem Zweiten Weltkrieg.[22]

Dies änderte sich im Jahr 1967, als die Genfer Flüchtlingskonvention mit dem New Yorker Protokoll universalisiert wurde. Seither gilt sie für alle Personen weltweit. Eine umfassende Aufnahmegarantie beinhaltete auch dies nicht. Historische Studien zeigen, dass der Westen vor allem die amerikanisch geprägte Nachkriegsordnung vor einem Gegenvölkerrecht der früheren Kolonien schützen wollte.[23] Das New Yorker Protokoll hielt – anders als ein zeitgleiches afrikanisches Flüchtlingsabkommen – an der engen Flüchtlingsdefinition fest. Bürgerkriegsflüchtlinge unterfallen bis heute nicht der Flüchtlingskonvention, obwohl Bürgerkriege schon damals große Massenfluchtbewegungen in Afrika oder Asien auslösten.

Juristisch steht nicht einmal fest, ob die GFK die Staaten ursprünglich dazu verpflichtete, alle Asylbewerber zuerst einmal einreisen zu lassen.[24] Das Asylverfahren behandelt die Konvention schlicht gar nicht. Noch im Jahr 1967 verabschiedete die UN-Generalversammlung nach langjährigen Debatten eine Resolution, wonach eine Ausnahme vom Refoulementverbot zulässig sei «aus übergeordneten Gründen der inneren Sicherheit und zum Schutz der Bevölkerung, wie im Fall eines Massenzustroms»[25]. Bis zum heutigen Tag gibt es kein internationales Gericht, das autoritativ vorgibt, wie die abstrakte Flüchtlingskonvention auszulegen ist. Das UN-Flüchtlingshochkommissariat (UNHCR) berät die Staaten, kann jedoch nicht entscheiden, was das Völkerrecht verlangt und was nicht.

Tatsächlich war die Asylpraxis schon immer asymmetrisch. Der Westen empfing Flüchtlinge aus dem kommunistischen Osteuropa mit offenen Armen – unabhängig davon, ob diese der engen Flüchtlingsdefinition unterfielen.[26] Gleichzeitig kümmerte sich der Westen um die zahlenmäßig größeren Fluchtbewegungen in Afrika und Asien nur indirekt, indem die Industriestaaten das UNHCR finanziell dabei unterstützten, Bürgerkriegsflüchtlinge und andere Vertriebene in ihren Heimatregionen zu versorgen. Armut und logistische Hürden verhinderten, dass Menschen im größeren Umfang nach Europa oder Nordamerika kamen.

Nur in wenigen Fällen übernahm der Westen aktiv Verantwortung. Ältere Leserinnen und Leser erinnern sich an Kapitän Robert Neudeck, der mit seinem Schiff, der *Cap Anamur*, Tausende Bootsflüchtlinge vor Vietnam rettete. Viele durften legal einreisen. Ministerpräsident Ernst Albrecht (CDU) begrüßte die ersten 1978 am Flughafen Hannover.[27] Westliche Länder nahmen bereitwillig die Bootsflüchtlinge (*boat people*) aus Indochina auf und signalisierten so ihre Überlegenheit gegenüber dem Kommunismus.

Diese Solidarität blieb selektiv, schloss also nicht aus, dass dieselben Regierungen bei der nächsten Fluchtbewegung restriktiv waren.[28] Begrenzungsstrategien gewannen die Oberhand, als in den 1980er Jahren erstmals Menschen aus dem Globalen Süden im größeren Umfang nach Europa, Nordamerika und Australien gelangten. Die kritische Forschung betont seit 30 Jahren, dass die Staaten in Sonntagsreden das Asylrecht hochhalten, um ihr Wertefundament symbolisch zu festigen, gleichzeitig jedoch durch praktische Maßnahmen sicherstellen, dass es nicht von zu vielen Flüchtlingen beansprucht wird.[29]

Es ist kein Zufall, dass diese Ambiguität des internationalen Flüchtlingsschutzes speziell in Deutschland und Europa nach dem Mauerfall in Vergessenheit geriet. Die europäische Einigung überlagerte staatliche Interessen, im Schengen-Raum wurden Grenzkontrollen abgeschafft, und die Menschenrechte dominierten das verfassungspatriotische Selbstbild. Stellvertretend hierfür steht Artikel 2 des EU-Vertrags: «Die Werte, auf die sich die [Europäische] Union gründet, sind die Achtung der Menschenwürde, Freiheit, Demokratie, Gleichheit, Rechtsstaatlichkeit und die Wahrung der Menschenrechte.»

Deutschland und Europa erlebten das «Ende der Geschichte»[30] besonders intensiv, also die Annahme, die Zukunft gehöre nach dem Mauerfall der liberalen Demokratie. Eine europäische Besonderheit war und ist die Annahme, die Menschenrechte prägten nicht nur die innerstaatliche Herrschaftsausübung, sondern strukturierten darüber hinaus die zwischenstaatlichen Beziehungen.[31] Ich selbst erlebte – und teilte – diese Aufbruchstimmung in meiner wissenschaftlichen Ausbildung vor und nach der Jahrtausendwende. Staaten erschienen damals als ein Auslaufmodell, das früher oder später abstirbt.

In der Rückschau war diese Globalisierungseuphorie eine akademische Nabelschau, die die Armut im Globalen Süden ebenso ausblendete wie die Außengrenzkontrollen des Schengen-Raums. Die Europäisierung der Migrationspolitik diente den klassischen Asylzielstaaten wie Deutschland und Dänemark nämlich als Vehikel, um neue Kontrollinstrumente einzuführen. Die Staaten in der Mitte und im Norden des Kontinents nahmen Italien, Griechenland und Spanien in die Pflicht, die vor dem Schengen-Beitritt die Asylmigration kaum kontrolliert hatten.[32] Italien und Spanien zum Beispiel führten vor drei Jahrzehnten zahlreiche neue Visumpflichten ein und erschwerten damit die Einreise.[33] Jede Schengen-Erweiterung vergrößerte den unsichtbaren Schutzschirm in Form von Visumzwängen.

Diese Restriktionen erfolgten in einem Umfeld, das in Europa offiziell die Menschenrechte hochhielt. Insofern ist es kein Zufall, dass zwar die Genfer Flüchtlingskonvention den Staaten viele Freiräume belässt, die europäischen Gerichte aber strenger sind. Viele Urteile sind vergleichsweise jung. Der Europäische Gerichtshof für Menschenrechte (EGMR) in Straßburg begann erst 1991 damit, aus dem Verbot der «Folter oder unmenschlicher oder erniedrigender Behandlung» konkrete Folgen für die Asylpolitik abzuleiten.[34] Diese sehr kurze und abstrakte Garantie dient bis heute als Rückgrat der menschenrechtlichen Asylrechtsprechung. Das passt zeitlich genau zum «Ende der Geschichte».

Auf die weiteren Einzelheiten kommt es hier nicht an. Die Menschenrechtsjudikatur ist genauso kompliziert wie die deutschen Gesetze und die europäischen Asylrichtlinien. Für unsere Zwecke reicht die Feststellung, dass die Behauptung nicht stimmt, in der Gegenwart werde strenger verfahren als in der Vergangenheit. Außerdem kritisieren asylkritische Stimmen zu Unrecht die GFK. Sie müssten, wenn überhaupt, gegen die dynamischen EGMR-Urteile vorgehen. Das wäre dann jedoch kein Abriss einer zentralen Errungenschaft der Nachkriegszeit, sondern die Rücknahme einzelner dynamischer Urteile aus den letzten 30 Jahren. Global gesehen, würden die Europäer damit zu den USA, Australien, Südafrika und Indien aufschließen, die mit Billigung der Gerichte deutlich härtere Asylpolitiken durchsetzen.

Bisherige Strategie: Härten unsichtbar machen

Einzelne Länder können Migrationsbewegungen immer nur begrenzt steuern, weil diese von zahlreichen Faktoren in den Herkunfts- und Transitstaaten abhängen, die kein Staat vollumfänglich kontrolliert. Aus diesem Grund forcieren alle Bundesregierungen seit Jahrzehnten die internationale Zusammenarbeit in Europa und darüber hinaus. Der Grund ist einfach: Steuerung funktioniert einfach besser, wenn nationale, europäische und internationale Maßnahmen ineinandergreifen.

In den 1990er Jahren waren die Bundesregierungen unter Helmut Kohl (CDU) die treibende Kraft hinter der Europäisierung der Asylpolitik. Die damalige Grundgesetzänderung funktionierte nur deshalb, weil der Bundestag die Nachbarländer zu sicheren Herkunfts- und Drittstaaten erklärte und die Regierung mit den europäischen Partnern ein ganzes Netz an internationalen Verträgen und praktischen Kooperationsformen vereinbarte, die letztlich zum EU-Asylsystem von heute führten. So betont das Bundesverfassungsgericht, dass sich der Bundestag mit dem Asylkompromiss von 1992/93 «von dem bisherigen Konzept ab[wendete], die Probleme, die mit der Aufnahme von politischen Flüchtlingen verbunden sind, allein durch Regelungen des innerstaatlichen Rechts zu lösen».[35]

20 Jahre lang erlebte die Bundesrepublik danach geringe Asylantragszahlen. Diesen Erfolg wollte Angela Merkel (CDU) wiederholen, als sie 2015/16 die EU-Türkei-Erklärung verhandelte. Der Masterplan hierfür soll aus dem Finanzministerium unter Wolfgang Schäuble (CDU) gekommen sein,[36] der Anfang der 1990er Jahre als Innenminister und Fraktionsvorsitzender mit ähnlichen Arrangements die Grundgesetzänderung zum Erfolg geführt hatte. Im Fall der Türkei sollte eine Mischung aus besserer Unterbringung vor Ort, politischen Zugeständnissen und Rückführungen von den griechischen Inseln die Asylzuwanderung beenden. Weniger zimperlich verlief die gleichzeitige Kooperation mit dem afrikanischen Niger, das, wie erwähnt, als Türsteher Europas die Zugangszahlen reduzierte.

Die internationale Kooperation verspricht nicht nur einen hohen Wirkungsgrad. Zugleich realisiert die Politik die asylpolitische Härte fernab der Innenpolitik und macht diese damit für die Bevölkerung gleichsam unsichtbar. Es war insofern kein Widerspruch, dass Angela Merkel bereits mit dem türkischen Präsidenten Erdoğan über harte Maßnahmen verhandelte, während sie innerstaatlich vom «humanitären Imperativ» sprach. Solche doppelten Standards sind verbreitet. Jede innerstaatliche Restriktion ist umstritten, ohne dass die Kritik gleichzeitig forderte, die Visumpflicht für Syrien abzuschaffen, damit Syrer ungehindert mit dem Flugzeug einreisen können.

Es ist prinzipiell eine gute Sache, dass die meisten Deutschen es vorziehen, nicht mit den Härten der Asylpolitik konfrontiert zu werden. Unsere westlichen Gesellschaften sind stolz auf die rechtsstaatliche Einhegung der Staatsgewalt und die gewaltfreie Konfliktlösung. Pakistanis und Kosovarinnen ohne Schutzbedarf sollen nicht nach Deutschland einreisen. Wenn sie allerdings hier sind, haben viele gefühlsmäßig trotzdem ein Problem damit, wenn sie in Abschiebehaft genommen oder zwangsweise in die Heimat zurückgebracht werden. Der Politologe James Hollifield prägte hierfür den Begriff des «liberalen Paradoxons».[37] Die Bevölkerung will Zuwanderung begrenzen, zugleich jedoch nicht mit der Abschiebung von Familien oder Wasserwerfern an der Grenze konfrontiert werden.

Viele politische Akteure setzen bis heute unausgesprochen und häufig unbewusst darauf, mittels europäischer und internationaler Maßnahmen die Asylantragszahlen zu senken und die Lage zu beruhigen. Mantraartig hieß es jahrelang: «2015 darf sich nicht wiederholen.»[38] Dies gelang nach der krisenhaften Zuspitzung, denn die Zahlen gingen zurück. Mittelfristig stiegen sie aber wieder, aus der Ukraine und anderen Ländern. Deutschland und Europa sind eben mit vielen Migrationsbewegungen gleichzeitig konfrontiert. Wenn es gelingt, einen Zugangsweg einzuschränken, steigen früher oder später die Einreisen über eine andere Route und aus anderen Ländern, weshalb der Politik eine Rückkehr zum Status quo ante verwehrt bleibt.

Die Bevölkerung versteht intuitiv, warum Wolfgang Schäuble die Ereignisse von 2015/16 als «Rendezvous mit der Globalisierung»[39] bezeichnete. Kriege und politische Instabilität, das massive Wohlstandsgefälle, das Bevölkerungswachstum, der Klimawandel, Smartphones und der leichtere Transport – all diese Faktoren bewirken, dass aus dem Stelldichein mit der Globalisierung eine Dauerbeziehung wurde, die man zwar gestalten, nicht aber beenden kann. Wir sahen im Asylkapitel, dass die apokalyptische Prophezeiung einer Völkerwanderung falsch ist. Doch selbst wenn keine «Massen» kommen, bleibt die Hoffnung eine Illusion, die Debatte dauerhaft beenden zu können.

Das liegt auch daran, dass populistische Parteien die Migration als Vehikel zur Mobilisierung nutzen. 2019 landeten deutlich weniger Personen in Italien als in den Jahren davor. Dennoch schürte der damalige Innenminister Matteo Salvini mit sichtbaren Hafenschließungen und Schikanen gegen private Rettungsschiffe den Eindruck eines fortgesetzten Kontrollverlusts. Victor Orbán fabuliert – ganz ähnlich wie Donald Trump – über eine «Invasion»[40] aus islamisch geprägten Ländern. Der Niederländer Geert Wilders gewann 2023 eine Parlamentswahl mit dem Versprechen, den «Tsunami von Asyl und Einwanderung»[41] aufzuhalten. Das Asylthema wird nicht dauerhaft von den Titelseiten der Zeitungen verschwinden.

Früher war die Situation genau andersherum. Die Medien und die Bevölkerung kümmerten sich um die Migrationspolitik nicht weiter, solange diese nicht, wie in den frühen 1990er Jahre, vorübergehend ins Rampenlicht drängte. Diese fehlende Sichtbarkeit identifiziert die Forschung als einen Faktor, warum die Politik innerstaatlich und auf EU-Ebene eine vergleichsweise großzügige Asylpolitik umsetzen konnte, obgleich die Bevölkerung immer schon mehrheitlich skeptisch war.[42] So entstanden die großzügige Schutzdefinition und die Verfahrensgarantien des deutschen und europäischen Asylrechts, die greifen, sobald jemand an den Türstehern vorbei den Schengen-Raum erreicht.

Diese Ruhe wird nicht zurückkehren. Wechselnde Krisenherde und populistische Panikmache werden die Asyldebatte immer wieder von Neuem anheizen. Auch darauf muss sich Deutschland als Einwanderungsland einstellen: in aufgewühlter Atmosphäre über die Asylpolitik in ihrer ganzen Breite zu diskutieren. Die

Politik kann nicht mehr darauf vertrauen, harte Entscheidungen im Wege des Outsourcings innenpolitisch unsichtbar zu machen. Teile der Bevölkerung wollen die asylpolitische «Härte» offen kommuniziert und durchgesetzt sehen, Flüchtlingsgruppen protestieren lautstark, und die politische Mitte droht zwischen den Polen zerrieben zu werden.

In gewisser Weise beendet die neue Sichtbarkeit der Asylpolitik die bisherige «Lebenslüge»[43], wonach speziell die Deutschen sich in der Asylpolitik als die Guten feierten, während andere Staaten die Drecksarbeit erledigten. Für die demokratische Mitte ist diese neue Konstellation hochriskant. Populistische Akteure verlangen immer härtere Maßnahmen und erschweren damit den wünschenswerten Ausgleich zwischen Begrenzung und Schutzgewährung. Die nächsten Abschnitte werden zeigen, wie die Politik in solch stürmischen Gewässern den Kurs halten und verhindern kann, dass immer neue Restriktionen vom Asylrecht früher oder später nichts mehr übrig lassen.

Mit Kontrollsignalen der «Migrationsangst» begegnen

Gefühle sind ein fester Bestandteil der menschlichen Existenz. Ein Großteil all der kleinen und größeren Entscheidungen, die wir alltäglich treffen, basiert auf einer Intuition, die geronnene Erfahrungen mit spontanen Wahrnehmungen zu konkreten Handlungen verbindet. Ganz in diesem Sinn nutzen Linke und Progressive vielfach Emotionen, um die Politik mittels Empathie und Entrüstung in eine bestimmte Richtung zu lenken. Wir alle kennen das: große Kinderaugen auf Spendenaufrufen und die bewegende Lebensgeschichte eines Azubis, dessen Asylantrag rechtskräftig abgelehnt wurde und der nun abgeschoben werden soll.

Rechte und populistische Akteure machen dasselbe, nur eben umgekehrt. Sie warnen vor Terroranschlägen, Vergewaltigungen und den Integrationskosten. Der Modus ist immer derselbe. Ausschnitte der Wahrheit werden öffentlichkeitswirksam aufgebauscht oder mit Fehlinformationen angereichert. Fake News muss man entgegentreten, doch nicht alle Warnungen sind abwegig. Es wäre eine Illusion anzunehmen, Emotionen ausschalten zu können. Stattdessen muss die politische Mitte immer auch ein Gefühlsmanagement betreiben, um einer um sich greifenden «Migrationsangst» entgegenzutreten.

In der öffentlichen Debatte sind subjektive Wahrnehmungen genauso wirksam wie objektive Tatsachen. Studien zeigen regelmäßig, dass die Bevölkerung den Anteil der Eingewanderten an der Gesamtbevölkerung zu hoch veranschlagt und speziell die Größe von kulturell als «fremd» wahrgenommenen Gruppen überschätzt.[44] Das betrifft vor allem den Islam. Außerdem ist die Asylzuwanderung öffentlich so sichtbar, dass die Arbeitsmigration dahinter verschwindet. Für Personen, die nicht als Zugewanderte wahrgenommen werden, ist das kein größeres Problem. Polinnen und Franzosen dürften sich von asylkritischen öffentlichen Debatten nicht angesprochen fühlen.

Indische IT-Fachleute, äthiopische Pflegekräfte und ägyptische Ärztinnen leiden dagegen unter Ressentiments und Alltagsrassismus am Arbeitsplatz und im Privatleben. Das Einwanderungsland stellt sich damit selbst ein Bein, wenn skeptische Bevölkerungskreise weniger Probleme mit der «nützlichen» Wirtschaftsmigration haben, diese Arbeitskräfte mangels Willkommenskultur jedoch gar nicht erst kommen oder das Land wieder verlassen. Genau das drohte, als die Bundesregierung im Herbst 2024 ein Migrationsabkommen mit Kenia schloss. In den sozialen Medien verbreiteten sich Gerüchte, dass 250 000 Afrikaner angeworben werden sollten. Eine kenianische Zeitung berichtete über rassistische Kommentare im Internet und zerstörte damit die erhoffte Signalwirkung des Abkommens.[45]

Eine erste Möglichkeit, der «Migrationsangst» zu begegnen, besteht darin, die gesamte Bandbreite der Einwanderung abzubilden. Eine solche Aufklärung tut not, reicht jedoch nicht aus. In den westlichen Industriestaaten dient die Migration immer auch als Projektionsfläche und Sündenbock, um eine diffuse Unzufriedenheit mit wirtschaftlichen Globalisierungsfolgen und gesellschaftlichen Veränderungen auszudrücken.[46] Der demografische Wandel verstärkt diese Tendenz noch, weil eine alternde Gesellschaft allfälligen Veränderungen generell skeptischer gegenübersteht. Wenn dann noch Kriege, Klimawandel, Sparmaßnahmen und wirtschaftliche Stagnation hinzukommen, entsteht schnell ein leicht entflammbarer Cocktail.

Aus der Sozialpsychologie wissen wir, dass reale oder wahrgenommene Bedrohungsszenarien dazu führen, dass Menschen sich in eine eng verstandene «Wir-Gruppe» (*in-group*) zurückziehen, die sich von «den anderen» abgrenzt.[47] Genau dies passiert in westlichen Gesellschaften, wenn die Migration in erster Linie als latente Bedrohung für die öffentliche Sicherheit, ökonomische Ressourcen und das freiheitliche Lebensmodell wahrgenommen wird.[48] Solche Analysen erklären wohlgemerkt gesellschaftliche Entwicklungen und beurteilen nicht, ob die Bedrohungsgefühle berechtigt sind oder moralisch überzeugen. Die jüngere Migrationsgeschichte ist voller Beispiele, in denen Terroranschläge, schwere Straftaten, Antisemitismus sowie ein realer oder gefühlter Kontrollverlust als Trigger eine gruppenbezogene Negativabgrenzung förderten.

Donald Trump und andere Populisten und Autokraten spielen gekonnt auf der Klaviatur der rhetorischen Eskalation. Sie stellen den Staat angesichts der Asylzuwanderung als schwach und die Neuankömmlinge als Gefahr dar.[49] Alice Weidel (AfD) provozierte im Bundestag mit alarmistischen Warnungen vor «Kopftuch-Mädchen» und «alimentierten Messermännern».[50] Bei vielen führt das zu berechtigten Abwehrreflexen. Die gut gemeinte Beschwichtigung wirkt freilich kontraproduktiv, wenn der Eindruck hinterbleibt, schwierige Fragen wie Terrorismus, Kriminalität, Antisemitismus oder Frauenbilder würden beschönigt oder einseitig mit einem strukturellen Rassismus in der Bevölkerung oder den Institutionen erklärt.

Wenn moderate Kräfte aus der Defensive kommen wollen, müssen sie beherzt die Chancen und Probleme ansprechen und der Bevölkerung durch konkrete Handlungen unter Beweis stellen, dass sie die realen und gefühlten Bedrohungslagen ernst nehmen. «Kontrollsignale»[51] besitzen insofern einen Selbstwert. Sie signalisieren der Bevölkerung, dass der Staat handelt – exemplarisch bei den Versprechen vor der jüngsten Bundestagswahl. Viele Kontrollsignale beinhalten Verschärfungen, etwa in Form von Abschiebungen, sicheren Herkunftsstaaten, Bezahlkarten, Grenzkontrollen oder Asylverfahren in Drittstaaten. Doch es gibt auch öffnende Kontrollsignale, zum Beispiel zahlenmäßig begrenzte Aufnahmekontingente oder Migrationsabkommen. Gemeinsam ist all diesen Maßnahmen, dass sie praktisch wirken, aber nicht der durchschlagende Erfolg sind, den die Politik suggeriert. Kontrollsignale sind immer auch Selbstzweck.

Die Herausforderung besteht darin, mittels sichtbarer Kontrollsignale dem Gefühl eines Kontrollverlusts entgegenzuwirken, ohne rhetorisch eine Erwartungskulisse aufzubauen, die am Ende nur enttäuscht wird. Damit das nicht passiert, müssen sichtbare Instrumente wie Grenzkontrollen, externe Asylverfahren oder Bezahlkarten durch eine ganze Palette nationaler, europäischer und internationaler Maßnahmen ergänzt werden, die erst in der Summe den erhofften Steuerungseffekt bewirken. Die Politik befindet sich insofern in einer kommunikativen Zwickmühle. Auf der einen Seite erwartet die Bevölkerung unter dem steten Druck populistischer Panikmache schnelle Lösungen. Auf der anderen Seite brauchen wirksame Reformen schlichtweg Zeit. Wenn die Mitte etwas verspricht, das sie später nicht liefern kann, gewinnen am Ende nur die Populisten.

Die letzten Jahre waren voller Debatten über Kontrollsignale. Produktiv sind wiederkehrende Streitigkeiten über sichere Herkunftsländer, die die Asylverfahren beschleunigen und eine Abschreckungswirkung entfalten, in der Sache aber weder so «schlimm» noch so «wertvoll» sind, wie Kritiker und Unterstützer behaupten.[52] Schwerer wog der Dauerstreit zwischen Angela Merkel und Horst Seehofer, ob 2015, 2016 und 2018 die deutschen Staatsgrenzen geschlossen werden sollten, um neu ankommende Asylbewerber zurückzuweisen.[53] Im Januar 2025 spaltete derselbe Streit die Parteien der demokratischen Mitte. Diese offene Zwietracht unterminierte das Vertrauen der Bevölkerung in die staatliche Handlungsfähigkeit.

Auch Bundeskanzler Olaf Scholz (SPD) konnte das vollmundiges Versprechen aus dem Herbst 2023 nur bedingt einlösen: «Wir müssen endlich im großen Stil abschieben.»[54] Tatsächlich stiegen im Jahr danach die Abschiebungszahlen und es gab spektakuläre Einzelmaßnahmen wie einen ersten Abschiebungsflug von Straftätern nach Afghanistan. Dennoch bleiben viele Ausreisepflichtige im Land. Viele außereuropäische Herkunftsländer nehmen weiterhin ihre Staatsangehörigen nicht zurück.

Falls die künftige Bundesregierung sich für Zurückweisungen an der deutschen Grenze entscheiden sollte, gilt das bereits Gesagte. Innerstaatliche Härte wird nachhaltig nur wirken, wenn darauf abgestimmte Restriktionen entlang der wichtigsten Reiserouten greifen. Außerdem braucht es Strukturreformen, die das europäische Asylrecht grundlegend umgestalten. Schon aus geografischen Gründen versprechen nationale Alleingänge keinen langfristigen Erfolg.

Toolbox statt einfacher Lösungen

Die Erinnerung ist gnädig. In der Rückschau erscheinen private und politische Erfahrungen häufig als simple Kausalbeziehung mit einem eindeutigen Wendepunkt. Dies gilt auch für die Asylpolitik. Eine verbreitete Erzählung lautet, dass 1992/93 eine Grundgesetzänderung die Antragszahlen deutlich reduzierte und die EU-Türkei-Vereinbarung 2015/16 dasselbe erreichte. In beiden Fällen gelang die Kehrtwende aber nur, weil im Windschatten der sichtbaren Projekte zahlreiche andere Maßnahmen griffen. Genauso muss es auch in Zukunft laufen. Die Asylpolitik muss Leuchtturmprojekte um Begleitmaßnahmen ergänzen, um den Steuerungserfolg abzusichern.

Im Englischen gibt es die schöne Metapher von den niedrig hängenden Früchten (*low-hanging fruits*). Im Garten und am Wegesrand werden die Kirschen oder Pflaumen zuerst gepflückt, die man auf Zehenspitzen erreichen kann, ohne eine Leiter besorgen zu müssen. Vor 30 Jahren fuhr die Bundesrepublik mit dem parteiübergreifenden Asylkompromiss eine solche leichte «Ernte» ein. Die damalige Grundgesetzänderung, die das Asylrecht einschränkte, war verbunden mit einer Verfahrensbeschleunigung, dem neuen Asylbewerberleistungsgesetz, erweiterten Arbeitsverboten, Rücknahmeabkommen mit zahlreichen Ländern, dem Flughafenverfahren, Zurückweisungen an der Grenze und Arbeitsvisa aufgrund von Werkverträgen.

Das lässt sich nicht einfach wiederholen, weil viele Maßnahmen immer noch gelten und die Push-Faktoren bereits nachgelassen hatten, als der Asylkompromiss Mitte 1993 in Kraft trat. Die

Kriege im ehemaligen Jugoslawien hatten ihren Höhepunkt überschritten und die Wirtschaft in Osteuropa stabilisierte sich langsam. Außerdem finden heutzutage verschiedene Migrationsbewegungen gleichzeitig statt. In den frühen 1990er Jahren kamen über 60 Prozent aller Asylbewerber aus dem ehemaligen Jugoslawien, Rumänien und Bulgarien. Nationalstaatliche Restriktionen wie die damaligen Maßnahmen wirken vor allem gegenüber Asylbewerbern aus europäischen Staaten. Ähnliches gelang zwischen 2013 und 2016 mit den damals hohen Antragszahlen aus dem westlichen Balkan. Auch die gesteigerten Abschiebungszahlen im Jahr 2024 betrafen vor allem Georgien, Nordmazedonien, Albanien, Serbien und Moldau.

Auch in Bezug auf die EU-Türkei-Erklärung kamen viele Faktoren zusammen. Anfang 2016 schlossen Österreich und die Balkanländer ihre Grenzen. Am nordmazedonischen Grenzzaun ereigneten sich in der Nähe des griechischen Orts Idomeni dramatische Szenen. So kamen schon vor der Vereinbarung mit Präsident Erdoğan deutlich weniger Menschen auf die griechischen Inseln. Auch die Push-Faktoren ließen nach. Wer unbedingt wegwollte, hatte die Türkei bereits verlassen. Die Türkei ging wirkungsvoll gegen Schlepper vor, und ein Mauerbau erschwerte die Einreise aus Syrien, wo das grenznahe Aleppo nach einer der brutalsten Schlachten des Bürgerkriegs bereits entvölkert war. Die EU-Türkei-Erklärung war der Schlussstein, nicht jedoch allein ausschlaggebend. Die beiden bisher bedeutendsten «Asylpolitikkrisen» wurden nicht durch ein einzelnes Instrument magisch beendet. Zahlreiche Maßnahmen griffen ineinander.

Die Absage an einfache Lösungsvorschläge gilt auch für zwei beliebte Forderungen. Linke und Progressive bevorzugen Anreize wie die Fluchtursachenbekämpfung, die allenfalls langfristig funktioniert. So bewirken Wirtschaftshilfen, dass im Zweifel zuerst einmal mehr und nicht weniger Menschen kommen. Die Forschung spricht vom «Migrationsbuckel» (*migration hump*). Migration über längere Distanzen verlangt eine gewisse Bildung und Finanzmittel, weshalb sehr arme Menschen sich selten nach Europa aufmachen. In den meisten afrikanischen und wichtigen asiatischen Herkunftsländern ist der Scheitelpunkt des «Buckels» noch nicht erreicht.[55] Wirtschaftshilfen sind richtig und gehören zu einem Gesamtansatz, verringen die «Armutsmigration» kurz- und mittelfristig aber keineswegs.

Als Leitfigur vieler Rechtspopulisten verspricht US-Präsident Donald Trump vollmundig eine «unüberwindbare, greifbare, hohe, mächtige und schöne Grenzmauer»[56] zu Mexiko. Stahlzäune hatten bereits die Vorgänger errichtet, auch die Demokraten Barack Obama und Joe Biden, aber Trumps Rhetorik bleibt einzigartig. Weltweit erleben Zäune und Mauern derzeit ein Comeback, auch in Europa. Sie sind das Kontrollsignal schlechthin.[57] Physische Hindernisse wirken durchaus, wie das Extrembeispiel der DDR zeigt. Allein unüberwindbar sind sie meistens nicht. Für die rechte Abschottung mit Hilfe von Zäunen und Mauern gilt dasselbe wie für die linke Forderung nach einer Fluchtursachenbekämpfung: So einfach ist es nicht.

Erst wenn sich Politik und Gesellschaft bewusst machen, dass es kein Zaubermittel gibt, ist der Weg frei für einen Maßnahmenmix, der die Asylmigration in geordnete Bahnen lenkt. Die Politikberatung nennt das neudeutsch «Toolbox». Die meisten Instrumente im Werkzeugkasten wurden in den vorstehenden Kapiteln bereits vorgestellt. Als Faustformel gilt, dass nationale Maßnahmen schnelle Verwaltungs- und Gerichtsverfahren anstreben, den Vollzug der Ausreisepflicht verbessern und großzügige Aufnahmestandards überdenken. Auf europäischer Ebene gilt es, die jüngste Asylreform konsequent fortzuentwickeln. Mehrfache Asylanträge in einem Raum ohne Binnengrenzen sowie hochkomplizierte Einzelfallprüfungen sind auf Dauer ein Garant für

Dysfunktionalität. International braucht es eine vertrauensvolle Zusammenarbeit mit den Herkunfts- und Transitländern. Dazu gehören legale Zugangswege für Arbeitskräfte und Flüchtlinge ebenso wie ausgelagerte Asylverfahren.

Warum sind die meisten Instrumente der Toolbox zwar bekannt, wirken in Gesetzgebung, Verwaltungspraxis und Politikgestaltung aber dennoch nicht? Ein Grund ist, dass alle mit dem Finger auf die jeweils anderen zeigen. Der Verweis auf europäische oder internationale Lösungen dient vielfach als Rechtfertigung, warum nationale Maßnahmen entbehrlich sein sollen. Andere halten die EU-Reformen für unwichtig, weil der Schlüssel darin liege, mit den Herkunfts- und Transitländern zusammenzuarbeiten. Wieder andere setzen vorrangig auf die Innenpolitik. Die Crux ist nun, dass alle teilweise richtigliegen. Wir müssen von der Logik eines «Entweder-oder» auf ein «Sowohl-als-auch» umstellen. Die ohnehin schwierige Steuerung der Asylmigration kann nur dann halbwegs gelingen, wenn nationale, europäische und internationale Maßnahmen ineinandergreifen.

Für die Politik folgt daraus, dass sie die Passivität auf der einen Ebene nicht damit rechtfertigen kann, anderweitig aktiv zu sein. Außerdem muss die demokratische Mitte dem Impuls widerstehen, im Sinne eines «Weiter so» die bisherigen Antworten pfadabhängig fortzuschreiben. Untätigkeit stärkt nur die radikalen Kräfte, wenn das bestehende System die versprochenen Ergebnisse verfehlt. Die verantwortlichen Akteure müssen ans Reißbrett zurückkehren, um neue Lösungen auszuprobieren. Eine Vision, wie dies gelingen kann, präsentiert dieses Buch abschließend in Form von Leitplanken für einen migrationspolitischen Paradigmenwechsel. Kontrollsignale verkörpern diese als Leuchttürme. In ihrem Windschatten muss die Politik an all den kleinen und größeren Stellschrauben drehen, ohne die das Steuerungsziel verpufft.

Staat und Gesellschaft dürfen dabei nicht den Fehler begehen, zur Tagesordnung überzugehen, wenn eine «Krise» gelöst wurde. Migrationspolitik bleibt eine Daueraufgabe, die immer wieder auf neue Umstände reagieren muss, denn Europa ist mit mehreren Migrationsbewegungen gleichzeitig konfrontiert, deren Zusammensetzung und Stoßrichtung sich beständig ändert. Das unterscheidet die Migrations- von der Klimapolitik, bei der Staat und Gesellschaft über die Instrumente und den Zeitplan streiten, das Ziel einer Emissionsfreiheit jedoch weithin konsentiert ist. Dagegen gibt es bei der Migration keine feststehende Lösung. Flexibilität und ständige Anpassung gehören dazu. Umso wichtiger ist es, für diese Daueraufgabe über eine Toolbox mit nationalen, europäischen und internationalen Instrumenten zu verfügen, die situationsangepasst eingesetzt werden können.

Legale Einreisewege statt Abschottung

Die Präambel der Genfer Flüchtlingskonvention betont, dass der Flüchtlingsschutz «nicht zumutbare schwere Belastungen für einzelne Länder» beinhalte. Deshalb könne «eine befriedigende Lösung des Problems ... ohne internationale Zusammenarbeit ... nicht erreicht werden». Es gibt bis heute allerdings keine dauerhaften Strukturen, die dieses Ziel erreichen helfen. Das UNHCR unterstützt die Staaten, kann die Kooperationsdefizite alleine jedoch nicht beseitigen. Für Fachkräfte gibt es noch weniger Zusammenarbeit; jedes Land handelt auf eigene Faust. Das ist misslich, weil die Migrationspolitik besser funktioniert, wenn die Staaten kooperieren.

Im Prinzip anerkennt die Politik diese Tatsache. Speziell auf der europäischen Ebene erhält die internationale Zusammenarbeit ebenso viel Aufmerksamkeit wie die Gesetzgebung und die Verwaltungspraxis.[58] Interne Maßnahmen und die Drittstaatskooperation sind die sprichwörtlichen zwei Seiten einer Medaille. In der Praxis heißt dies derzeit vor allem, dass die EU-Organe und nationale Regierungen die Einreise erschweren, indem sie die Türsteher-Politik ausbauen. Dafür stehen die erwähnten Arrangements mit Marokko, der Türkei, Tunesien, Libyen und neuerdings Ägypten. Hier gilt es, eine größere Balance anzustreben – gemäß der politischen Zielvorgabe des UNHCR, die Staaten sollten die Verantwortung «teilen», nicht jedoch auf andere «abwälzen» (*burden-sharing, not burden-shifting*).[59] Eine solche Balance gelingt, wenn die Staaten innerhalb Europas strenger sind und dadurch die Bereitschaft steigt, nach außen großzügiger zu sein.

Ganz in diesem Sinn möchte die EU-Kommission die Türsteher-Politik um ambitionierte «Talentpartnerschaften» ergänzen, die die Bundesregierung als «Migrationsabkommen» bezeichnet. Heimatländer sollen bei der Steuerung kooperieren, indem sie zum Beispiel abgelehnte Asylbewerber unkompliziert zurücknehmen. Dafür dürfen sie jedoch andere Personen als Arbeitskräfte schicken. National und europäisch erweist sich die Umsetzung als schwerfällig. Die deutschen Abkommen mit Ländern wie Indien, Georgien, Kenia und Kolumbien sind eine Sammlung wohlklingender Absichtserklärungen mit wenig Substanz. Sie sind ein erster Schritt, mehr nicht. Auch die europäischen Talentpartnerschaften kommen kaum voran. Der Auftrag kann daher nur lauten, die richtige Idee endlich konsequent in die Tat umzusetzen. Wir sahen im Fachkräftekapitel, wie dies im Bereich des Arbeitsmarktzugangs konkret aussehen könnte.

Auch in der Asylpolitik zielt die internationale Zusammenarbeit nicht nur auf Restriktionen. Wenn es den europäischen Regierungen gelingt, die irreguläre Asylmigration durch einen intelligenten Einsatz der Toolbox einzuschränken, entstehen freie Kapazitäten, um im großen Stil schutzbedürftige Personen legal im Wege des «Resettlement» (Neuansiedlung) einreisen zu lassen. Konkret bedeutet dies, dass das UNHCR in Lagern im Libanon, in Ägypten, Ruanda oder Kenia besonders schutzbedürftige Personen auswählt, damit diese mit dem Flugzeug nach Europa einreisen, um hier Asyl zu bekommen. Vor der Einreise gibt es noch eine Sicherheitsprüfung; außerdem können die Zielländer zusätzliche Kriterien wie Sprachkenntnisse einführen. Für ein solches Resettlement gibt es ein jährliches Kontingent. Die Politik bestimmt also, wie viele und welche Menschen davon profitieren. Ähnliches gilt für humanitäre Aufnahmeprogramme oder Visa, die Schutzbedürftige auf anderen Wegen legal einreisen lassen. So nahm die Bundesrepublik nach der Machtübernahme der Taliban ungefähr 20 000 Afghanen samt Familien auf, die als Ortskräfte für die Bundeswehr gearbeitet hatten.

Ein solches Resettlement und vergleichbare Programme erfassen bisher nur eine Minderheit. Die meisten reisen derzeit noch auf eigene Faust und meistens illegal nach Deutschland ein, um hier Asyl zu beantragen. Zwischen 2021 und Mitte 2024 verfuhren so ungefähr 820 000 Menschen (ohne die Vertriebenen aus der Ukraine). Dagegen erfassten humanitäre Aufnahmeprogramme im selben Zeitraum nur 67 000, also weniger als 10 Prozent.[60] Australien und Kanada zeigen, dass es anders geht. Beide Länder besitzen großzügige Aufnahmekontingente, weil aufgrund einer harten Asylpolitik deutlich weniger Menschen irregulär einreisen. Ein Vorteil der legalen Zugangswege besteht darin, dass sie Schutzbedürftige erreichen, die weder die Mittel noch den Mut haben, die gefährliche Reise zu wagen.

Damit ist zugleich gesagt: Die humanitäre Aufnahme führt nicht dazu, dass weniger junge Männer über das Mittelmeer einzureisen versuchen. Für das Resettlement gilt dasselbe wie für die Arbeitskräfteanwerbung. Legale Zugangswege bewirken nicht, dass auf irregulären Wegen automatisch weniger Menschen kommen. Über Abschiebungen, Grenzverfahren und die Seenotrettung wird weiter hitzig diskutiert werden. Auch legale Zugangswege können – leider – nicht erreichen, dass es plötzlich «humane Grenzen» gibt, die der Politikberater Gerald Knaus verspricht und damit suggeriert, die Asylpolitik könne ganz ohne Härte auskommen.[61] Es geht nicht ohne Restriktionen, die einige daran hindern, in das reiche Europa zu gelangen. Dennoch sind legale Zugangswege essenziell. Sie verdeutlichen, dass die Europäer selbst Verantwortung übernehmen, anstatt diese auf die Nachbarländer abzuwälzen. Moralisch überzeugt ein Neuansatz, wenn legale Einreisemöglichkeiten großzügig bereitstehen – nicht bloß als humanitäres Feigenblatt für eine Abschottung.

Ein fester Bestandteil eines solchen Gesamtansatzes sind Schutzkapazitäten in der Nachbarschaft von bürgerkriegsgeplagten Staaten. Bessere Lebensbedingungen vor Ort sind ein Selbstzweck, dienen zugleich jedoch dem europäischen Eigeninteresse. Sie beugen der Weiterwanderung vor und reduzieren das Risiko, dass innenpolitische Konflikte in den Erstaufnahmeländern neue Krisenherde entstehen lassen. Deshalb ist es richtig, dass die EU seit 2016 über zehn Milliarden Euro in der Türkei investierte, um die Lebenssituation der Syrer vor Ort zu verbessern. Diesen Erfolg soll eine aktuelle Vereinbarung mit Ägypten wiederholen. In dem Land leben viele Sudanesen und Palästinenser, die vor den Kämpfen in der Heimat flohen. Theoretisch kann auch die Sicherheitspolitik wirkungsvoll Fluchtursachen beseitigen helfen. Es ist ein Armutszeugnis, dass Deutschland und Europa auf die Konfliktparteien in Syrien, Palästina und Libyen bisher keinen spürbaren Einfluss ausüben und sich stattdessen in erster Linie um die Kriegsfolgen kümmern. All diese humanitären und sicherheitspolitischen Maßnahmen gehören in den asylpolitischen Instrumentenkasten.

Auf dieser Grundlage entwickelte US-Präsident Joe Biden einen

Gesamtansatz, der den Europäern modifiziert als Vorbild dienen kann. 2024 beendete die US-Regierung ein halbes Jahr vor der Präsidentschaftswahl die Möglichkeit, an der Südgrenze zu Mexiko spontan um Asyl nachzusuchen, wenn mehrere Wochen lang eine Höchstgrenze überschritten wird.[62] Wer es dennoch versuchte, wurde nach einem Kurzverfahren mit strengen Prüfungsstandards nach Mexiko zurückgeschickt. Es ist dies ein «Pushback light», den die EU-Asylrichtlinien derzeit verbieten. Die Restriktion ist jedoch nur die eine Seite. Zeitgleich forcierte die Biden-Administration ein Programm für «sichere Mobilität» (spanisch: *movilidad segura*).[63] Migranten und Flüchtlinge konnten sich in Beratungszentren in Zentralamerika sowie über eine App, die nach anfänglichen Problemen halbwegs funktionierte, für eine legale Einreise in die USA bewerben. Dafür gab es spezielle Arbeitsvisa, den Familiennachzug und Slots für reguläre Asylanträge an der amerikanischen Südgrenze, von denen zusammen über eine Millionen Menschen profitierten. Gleichzeitig unterstützte die US-Regierung die Herkunfts- und Transitstaaten dabei, die Lebenssituation vor Ort zu verbessern. Donald Trump schaltete die App am ersten Tag seiner zweiten Amtszeit ab und begann damit, die ohnehin bereits harte Grenzpolitik noch zu verschärfen.

Deutschland und Europa bieten die drei Pfeiler der Biden'schen Asylpolitik trotzdem eine Leitschnur für eine Neuausrichtung. Legale Zugangswege, Entwicklungshilfe und humanitäre Hilfe gehören zu einem migrationspolitischen Gesamtpaket auch dann, wenn sie die Zugangszahlen nicht magisch senken. Eine politisch und moralisch überzeugende Asylpolitik darf nicht nur diejenigen in den Blick nehmen, die die Boote besteigen oder es sonst nach Europa schaffen.[64] Zu einem Gesamtansatz können auch Asylverfahren in sicheren Drittstaaten gehören. Sie gewährleisten Schutz außerhalb Europas für diejenigen, die irregulär einreisen, und durchbrechen damit die Logik, dass die EU vor allem diejenigen aufnimmt, die das Geld, den Mut und die Kraft haben, auf eigene Faust einzureisen.

In welchem Umfang sichere Drittstaatsmodelle infolge eines Abschreckungseffekts dazu führen, dass weniger Menschen irregulär kommen, hinge davon ab, wie viele Personen in sichere Drittstaaten überstellt und ob gleichzeitig nationale und europäische Reformen angegangen werden. Die Chancen für eine in diesem Sinne nachhaltige Zusammenarbeit mit Drittstaaten stehen besser, wenn die Europäer mit diesen auf Augenhöhe ein Gesamtpaket schnüren, das möglichst vielen Interessen gerecht wird. Im Idealfall kooperiert die EU mit verschiedenen Ländern gleichzeitig. Dies verhindert, dass ein Land die Europäer erpressen kann, indem es die Kooperation aufkündigt, wie es der türkische Präsident Erdoğan im März 2020 versuchte. Ein mehrgleisiger Ansatz passt außerdem zur Geografie, weil Europa immer mit mehreren Migrationsbewegungen gleichzeitig konfrontiert ist. Die ohnehin anspruchsvolle Steuerung gelingt besser, wenn die Politik entlang der verschiedenen Migrationsrouten mit möglichst vielen Ländern kooperiert.

Auf diesem Wege lässt sich auch das Trauerspiel der vielen Tausend Toten im Mittelmeer abmildern. Nicht nur weil weniger Menschen in die Boote steigen werden, wenn sie nicht mehr darauf vertrauen können, früher oder später im europäischen Zielstaat ihrer Wahl leben zu können. Soweit die Länder nördlich und südlich des Mittelmeers vertrauensvoll zusammenarbeiten, kann ein regionaler Ansatz bei der Seenotrettung gelingen, den das UNHCR schon länger fordert. Alle Staaten würden für ein solches Vorhaben mehr Rettungskapazitäten bereithalten, um alle Schiffbrüchigen im Mittelmeer proaktiv zu retten. Gleichzeitig unterstützten die EU-Staaten und die EU-Organe die südlichen Nachbarn dabei, damit auch dort «sichere Orte» im Sinne der Menschenrechte entstehen, wo sodann Schiffbrüchige rechtmäßig ausgeschifft werden können, die von europäischen Schiffen auf Hoher See im Mittelmeer gerettet werden.

Im Gegenzug sollte ein «Team Europa», das nationale Regierungen und die EU-Organe vereint, den Partnerländern attraktive Anreize mit umfangreichen legalen Zugangswegen anbieten. Diese richten sich nicht vorrangig an die Geretteten, um keine Anreize zu setzen, in die Boote zu steigen. Stattdessen organisieren die Europäer gemeinsam mit dem UNHCR und der Internationalen Organisation für Migration (IOM) physische und virtuelle Beratungszentren entlang der wichtigsten Migrationsrouten. Dort können Migranten und Flüchtlinge zwar kein Asyl beantragen, um einen Sogeffekt zu vermeiden, sich jedoch über Arbeitsmöglichkeiten und Resettlementkontingente informieren. Dazu gehört auch, Migranten, die kein Einreisevisum erhalten, dabei zu unterstützen, freiwillig in die Heimat zurückzukehren, wenn dort keine Verfolgung droht. Genau das macht IOM bereits in Libyen mit Geldern aus dem EU-Haushalt. Seit 2015 wurden aus dem bürgerkriegsgeplagten Land über 50 000 Personen in die Heimat zurückgebracht; viele nach Westafrika.[65] Pilotprojekte mit einer breit gefächerten Beratung und Unterstützung sollten entlang aller Migrationsrouten forciert werden.

Ein solches Vorgehen löst nicht alle Probleme, doch speziell die Asylpolitik bleibt immer auch die Kunst des Machbaren: bei innerstaatlichen Maßnahmen und der internationalen Zusammenarbeit. Die Politik ist gut beraten, bescheiden anzufangen, um erfolgreiche Modellprojekte sodann auszubauen, anstatt auf einen großen Wurf zu setzen, der in der Praxis scheitert. Der Unterschied zur aktuellen Türsteher-Politik besteht darin, dass die Europäer selbst Verantwortung übernehmen, anstatt diese abzuwälzen. Sie erfüllen weiterhin nicht jeden Migrationswunsch, es profitieren jedoch mehr Personen als bisher von der Möglichkeit, sich um eine legale Einreise zu bewerben. So kann man Moral und Eigeninteresse kombinieren.

Dem Abwärtsstrudel entkommen

Seit Jahrtausenden erzählen Völker vom Phoenix oder von vergleichbaren Tieren, die nach einer Katastrophe aus der Asche emporsteigen. Diese Metaphorik passt gleich doppelt zur aktuellen Situation. Erstens erinnert die Asche an die Dysfunktionalitäten und Schattenseiten einer Asylpolitik, die viele selbstgesetzte Ziele verfehlt, die Menschen auf gefährliche Reiserouten zwingt und die Nachbarstaaten als Türsteher anheuert. Zweitens verweisen der Phoenix und die Vision eines Neuanfangs an das Schutzversprechen der Genfer Flüchtlingskonvention. Eine ausgleichende Migrationspolitik darf keinen «Asylstopp» anstreben, sondern muss weiterhin Schutzbedürftige aufnehmen, um ihnen Sicherheit und eine neue Heimat zu bieten.

Es steht keineswegs fest, ob der Phoenix das Feuer überleben wird, das derzeit in den westlichen Industriestaaten lodert. Die deutsche und europäische Asylpolitik droht sich in einem Abwärtsstrudel fortgesetzter Steuerungsdefizite zu verfangen. Populisten sind die Nutznießer und heizen das Gefühl eines Kontrollversagens weiter an. Wenn Deutschland und Europa dies verhindern möchten, muss die Politik zweigleisig fahren, indem sie kurzfristig die Steuerungsleistung innerhalb des bestehenden Systems verbessert und langfristig an einem Systemwechsel arbeitet, der die Grundidee der Genfer Flüchtlingskonvention in der Gegenwart neu vermisst.

Den Weg kurzfristiger Verbesserungen innerhalb des bestehenden Systems beschreiten alle Bundesregierungen und die EU-Organe seit der Krise von 2015/16. Gesetzesänderungen und praktische Anstrengungen sollen die irregulären Einreisen in geordnete Bahnen lenken. Auch die jüngste EU-Asylreform folgt diesem Muster. Selbst sichere Drittstaatsmodelle, die Asylverfahren in außereuropäische Länder auszulagern anstreben, bleiben dem Modell komplizierter Einzelfallprüfungen verhaftet – und dürften sich aus diesem Grund in der praktischen Umsetzung als schwerfällig erweisen. Sie verkörpern einen Politikwechsel, sind jedoch kein Systemwechsel, der die strukturellen Schwächen des geltenden Asylrechts beseitigt.

Ich selbst glaubte lange Zeit, dass es ausreichen würde, das bestehende System pfadabhängig zu verbessern, indem man Verfahren beschleunigt, Menschen ohne Schutzbedarf strenger behandelt und Abschiebungen forciert. Schließlich hatte die Bundesrepublik seit der Jahrtausendwende geringe Asylantragszahlen erlebt. Der langsame Anstieg seit 2010 lag vor allem am Zuzug aus dem westlichen Balkan, den innerstaatliche Restriktionen alsbald unter Kontrolle brachten. Vor diesem Hintergrund handelte die deutsche und europäische Politik nicht naiv, als sie 2015/16 zuerst einmal darauf setzte, die Funktionstüchtigkeit des Asylsystems nach dem kurzzeitigen Zusammenbruch während der «Flüchtlingskrise» wiederherzustellen. Deutschland sollte erneut von niedrigen Zugangszahlen profitieren.

In der Gegenwart erweist sich diese Erwartung als Illusion. Verschiedene EU-Staaten unterlaufen das geltende Recht. Derartige Absetzungsbewegungen dürften sich noch verstärken, wenn die EU-Asylreform den erhofften Steuerungserfolg verfehlt. Immer mehr Regierungen suchen ihr Heil in Restriktionen, indem sie die Türsteher-Politik ausbauen und die EU-Vorgaben missachten. In diese Richtung weisen schon heute die mehr oder wenigen offenen Rechtsbrüche an den EU-Außengrenzen, wenn Staaten dort den Zugang zum Asylverfahren verweigern. Manche Regierungen scheren sich nicht mehr darum, wenn europäische Gerichte derartige «Pushbacks» verbieten. Sie machen trotzdem weiter. Der Rechtsstaat funktioniert nicht überall so gut wie in Deutschland. Auch hierzulande müsste sich erst noch beweisen, ob eine künftige Bundesregierung auf eventuelle Zurückweisungen verzichtet, falls deutsche oder europäische Gerichte diese als rechtswidrig einstufen.

Bisher jedenfalls wird in Mitteleuropa das Asylrecht penibel beachtet, allerdings ziehen sich die Verfahren hin. Die Asylpraxis verheddert sich in einem Dickicht aus komplizierten Einzelfallprüfungen, die klassische Zielländer einst auf die europäische Ebene exportierten. Selbst eine beherzte EU-Asylreform, die die richtigen Ansätze des jüngsten Kompromisses konsequent zu Ende denkt, würde in der Praxis nicht perfekt funktionieren. Der tiefere Grund hierfür lautet, dass Europa und Nordamerika mit einer massiven Diversifizierung der Herkunftsländer konfrontiert sind. Die von Jahr zu Jahr schwankenden Asylantragszahlen dürfen nicht davon ablenken, dass dauerhaft Menschen aus verschiedenen Ländern einzureisen versuchen werden. Deutschland bleibt dabei ein Hauptzielland allein schon wegen der inzwischen großen Communitys aus vielen Herkunftsländern.

In einer solchen Situation bleibt den Europäern eine Rückkehr zur relativen Ruhe vor der Zuspitzung von 2015/16 verwehrt. Abschottungsmaßnahmen wie Visumpflichten und die Türsteher-Politik begrenzen die Asylmigration faktisch, bringen jedoch eigene Probleme mit sich. Die gefährliche Reiseroute begünstigt junge Männer, die traumatische Flucht erschwert die Integration und auch gescheiterte Asylbewerber bleiben meistens dauerhaft, weil Abschiebungen nie einwandfrei funktionieren werden. Aus diesem Grund präsentierten die vorstehenden Kapitel die Bausteine für einen asylpolitischen Systemwechsel, den die Politik langfristig anstreben sollte, während sie kurzfristig die Steuerungsleistung des geltenden Rechts verbessert.

Die Gefahr ist groß, dass die europäischen Regierungen die notwendige Kraft nicht aufbringen. Ein Grund dafür ist ein Phänomen, das die Wissenschaft als «Politikverflechtungsfalle»[66] beschreibt. Die politischen Entscheidungen und rechtlichen Vorgaben auf nationaler, europäischer und internationaler Ebene verstärken sich wechselseitig und bremsen Strukturreformen aus. Das gilt für Verwaltungspraxis, Gesetzgebung und Rechtsprechung gleichermaßen. Es bleibt dann nur ein «Durchwursteln», das pragmatisch das Beste innerhalb des bestehenden Systems zu erreichen sucht. Einzelne Maßnahmen können kurzfristig die Sorge vor einem Kontrollverlust beschwichtigen. Eine nachhaltige Besserung wird allerdings verfehlt. Das Asylrecht bleibt auf dem Papier erhalten, wird aber durch immer neue Restriktionen und Rechtsbrüche schrittweise entkernt. Wenn die demokratische Mitte dies verhindern will, muss sie ans Reißbrett zurückzukehren bereit sein.

Ein derartiger Systemwechsel verbindet ein reformatorisches «Zurück zu den Ursprüngen» mit einer Neujustierung des deutschen und europäischen Asylrechts unter den Bedingungen der Globalisierung: Entschlackung der komplizierten Einzelfallprüfungen, Abschaffung mehrfacher Asylanträge innerhalb Europas, Aufenthalt in Transitzentren während des gesamten Verfahrens, Rückkehrzentren und Asylverfahren in Drittstaaten, eine ganzheitliche internationale Zusammenarbeit mit Transit- und Herkunftsländern, verbesserte Lebensbedingungen und Schutzregime entlang der Migrationsrouten sowie strategisch eingesetzte legale Zugangswege für Arbeitskräfte, Familienangehörige und Flüchtlinge. All diese Vorhaben wurden in den vorstehenden Kapiteln bereits beschreiben. In Form von Leitplanken für einen migrationspolitischen Paradigmenwechsel werden sie auf den letzten Seiten dieses Buches zusammengefasst. Auf diesem Weg kann die Politik die Konstruktionsfehler und Umsetzungsschwächen der derzeitigen Asylpolitik durch einen Neustart beseitigen.

Großzügige legale Zugangswege können sogar die Grundlage dafür bereiten, die Menschenrechte an den europäischen Außengrenzen strenger zu handhaben. Einzelne Urteile haben abgeschwächte Verfahrensgarantien und sogar Pushbacks ohne Verfahren akzeptiert, wenn die Staaten alternativ legale Einwanderungsoptionen bereitstellen.[67] Die Konsequenzen dieser Urteile sind im Detail hochumstritten. Sie können nichtsdestotrotz eine Grundlage bereitstellen, dass die europäischen Staaten die Asylpolitik von Joe Biden modifiziert übernehmen. Juristisch unangreifbar wäre eine solche Neuausrichtung nur nach einer klarstellenden Änderung des Grundgesetzes, der EU-Verträge und der Europäischen Menschenrechtskonvention. Die westlichen Industriestaaten würden offiziell anerkennen, dass sie nicht alle Personen aufzunehmen bereit sind, die theoretisch unter die großzügige Schutzdefinition fallen. Allerdings erfolgte die Kontingentierung nicht länger auf versteckten Wegen über Visumvorschriften und die Türsteher-Politik.

Stattdessen erfolgte eine bewusste Auswahl aufgrund von Kriterien, die die Politik verhandeln und verantworten müsste. Es gäbe eine tägliche Höchstgrenze für Asylanträge an den EU-Außengrenzen, die vorrangig an Personen vergeben würden, die vorab einen Termin an einer Grenzübergangsstelle vereinbarten. Andere Einreisewillige könnten sich in Beratungszentren, im Internet oder bei Botschaften um eine der großzügigen Einreisemöglichkeiten für Flüchtlinge, Familienangehörige und Arbeitskräfte bewerben. Alle anderen dürften die Grenze nicht überqueren. Eine Ausnahme bestünde allenfalls für Personen, bei denen nach einem kurzen Verfahren feststeht, dass ihnen eindeutig und unmittelbar Verfolgung droht. Diese Prüfung dauerte maximal wenige Tage und unterläge deutlich strengeren Standards, als sie derzeit in Transitzonen gelten. Soweit die Prüfung keinen evidenten Schutzbedarf ergibt, erfolgte eine Zurückweisung. Legale Einreisevisa ersetzten die bisherige Logik, wonach die meisten Menschen faktisch in die EU einwandern, die es an den Türstehern vorbei an die Außengrenze schaffen und dort Asyl beantragen.

6.
Von der «Integration» zum «Zusammenhalt»

Hülya Genç und Hamza Kurtović sind zwei der insgesamt vierzehn Opfer der rassistischen Anschläge in Solingen 1993 und Hanau 2020. Die demonstrative Nennung der Namen bei Veranstaltungen und in den sozialen Medien soll der Toten gedenken und signalisieren, dass zur deutschen Gesellschaft auch gehört, wer einen Namen trägt, der nicht «typisch deutsch» klingt. Diese Erinnerungskultur ruft ein Thema auf, das mit der Neuzuwanderung zusammenhängt, von dieser gedanklich jedoch zu trennen ist: Wie gestaltet Deutschland als Einwanderungsland die Integration und den Zusammenhalt?

Die Antwort lautet nur scheinbar trivial, dass alle, die dauerhaft und legal in Deutschland leben, gleichberechtigte Bürgerinnen und Bürger erster Klasse sind. Hülya Genç und Hamza Kurtović stehen als Kinder der Gastarbeitergeneration stellvertretend für Personen, die ihr ganzes Leben in Deutschland verbrachten, während dieser Zeit jedoch wiederholt erfahren haben dürften, trotzdem nicht selbstverständlich dazuzugehören. Bis heute klaffen Wunschdenken und Praxis auseinander, zumal die abstrakte Forderung nach einer gleichen Zugehörigkeit offenlässt, wie diese aussehen soll. Aus diesem Grund erklärt dieses Kapitel, was «Integration» und «Zusammenhalt» bedeuten und auf welchen Wegen diese erreicht werden können.

Eine Debatte darüber ist dringend notwendig, denn das Bekenntnis zum Einwanderungsland beinhaltet – ebenso wie bei den Einreiseregeln – keine Bedienungsanleitung, welche Schritte konkret anzugehen sind. Staat und Gesellschaft können die Maxime der gleichen Mitgliedschaft mit unterschiedlichen Inhalten füllen. Die nachstehenden Überlegungen erkunden, warum die alltäglichen Beschwörungen von «Integration» und gesellschaftlichem «Zusammenhalt» tieferliegende Konflikte verdecken, wo die Herausforderungen liegen und wie diesen zu begegnen ist. Auf dieser Grundlage wird das abschließende siebte Kapitel fragen, was «deutsch» heutzutage heißt und wie die Bundesrepublik als Einwanderungsrepublik einen zukunftsgerichteten Gemeinsinn entwickelt, der die Extreme zurückdrängt.

Wann die Frage nach der Herkunft deplatziert ist

Viele Leserinnen und Leser dürfte überraschen, dass Teile der Wissenschaft die Begriffe «Integration» und «Migrationshintergrund» heftig kritisieren. Hierbei handelt es sich nur zum Teil um akademische Theoriedebatten. Hinter der Kritik stehen handfeste Interessen, die die staatliche Politik und die gesellschaftliche Praxis in eine bestimmte Richtung lenken wollen. Exemplarisch zeigt dies der rasante Aufstieg des Rassismusbegriffs, den Medien und Öffentlichkeit in Deutschland seit fünf Jahren immer häufiger verwenden. So sprach auch ich einleitend von «rassistischen» Anschlägen in Hanau und Solingen und nicht, wie früher, von «fremden-» oder «ausländerfeindlichen» Taten.

Hinter diesem geänderten Sprachgebrauch steht die Annahme, die frühere Wortwahl habe den Eindruck gestärkt, die «Fremden» und «Ausländer» gehörten nicht zur deutschen Gesellschaft. Die frühere Terminologie unterstützte das Weltbild der Täter, nicht die gleiche Zugehörigkeit der Opfer.[1] Nun sind die rassistischen Anschläge ein Thema, bei dem die Kritik unmittelbar einleuchtet – ganz anders als bei der Frage «Woher kommst Du» oder dem

Kompliment «Sie sprechen aber gut Deutsch». Beide Aussagen sind nicht per se problematisch. Eine Integrationskursleiterin darf die Deutschkenntnisse loben. Auch Erasmus-Studierende, die meine Vorlesungen besuchen, erzählen begeistert von ihrer Heimatuni, wenn ich danach frage. Selbstverständlich darf man sich nach der Familiengeschichte von Eingewanderten erkundigen. Niemand hat damit ein Problem.

Ich kann jedoch verstehen, wenn Dimitry, Thị Nguyệt oder Defne genervt reagieren, sobald jemand im Alltag nach ihrer Herkunft fragt und sich nicht mit der Antwort zufriedengibt, dass sie aus Landshut oder Köln kommen, obwohl sie Deutsch mit niederbayerischem oder rheinischem Akzent sprechen und es keinen Anlass gibt, sich über die Familiengeschichte zu unterhalten. Solches Nachbohren untergräbt die gleiche Zugehörigkeit auch dann, wenn es gut gemeint ist.[2] Die Frage nach der Herkunft steht stellvertretend für scheinbar belanglose Alltagspraktiken, die die Integration und den Zusammenhalt ebenso prägen wie staatliche Politiken.

Vor diesem Hintergrund lehnen Teile der Migrationsforschung und der Verbände die Begriffe «Integration» und «Migrationshintergrund» vehement ab, weil diese gedanklich einen Unterschied zur «Mehrheitsgesellschaft» markierten und aussagten, dass Eingewanderte sich anpassen müssten.[3] Die Geschichte des «Migrationshintergrunds» verdeutlicht, woran sich Kritik reibt. Breit verwendet wurde der Begriff als statistische Kategorie nach dem «PISA-Schock» von 2003, als eine internationale Schulleistungsuntersuchung ergeben hatte, dass die deutsche Schülerschaft vielfache Defizite aufwies, die besonders häufig Kinder aus Einwanderungsfamilien betrafen. Früher hatte man deren Erfolg anhand der Staatsangehörigkeit gemessen, was jedoch nicht mehr funktionierte, weil viele Kinder ausländischer Eltern inzwischen mit der Geburt automatisch den deutschen Pass bekamen.

Der Migrationshintergrund entwickelte in Politik und Gesellschaft ein Eigenleben, das einige Angehörige der zweiten und dritten Einwanderungsgeneration als unterschwellige Ausgrenzung empfanden. Sosehr sie sich auch anstrengten, sie blieben mit ihrem «Migrationshintergrund» auch als Deutsche letztlich Bürger zweiter Klasse, die ihre «Integration» in die «Mehrheitsgesellschaft» vorantreiben sollten. Dies nährte bei manchen den Eindruck, dass sich alles zum Guten wendete, wenn der Begriff endlich beerdigt würde. Die kritische Forschung spricht heutzutage von der «postmigrantischen Gesellschaft». Dieser Begriff passt zur Erfahrungswelt der zweiten und dritten Generation, ist jedoch so sperrig, dass er sich für die Verwendung in der breiteren Öffentlichkeit kaum eignet. Außerdem kommt das Konzept mit einer ganzen Palette an theoretischen Annahmen und politischen Forderungen wie Migrationsquoten daher, die im Einwanderungsland nicht jeder teilen muss.[4]

In einem Punkt war die Kritik erfolgreich. 2023 strich das Statistische Bundesamt den Begriff «Migrationshintergrund» und ersetzte ihn durch einen Zweischritt: die «Eingewanderten und deren Nachkommen», die gemeinsam unter den Oberbegriff der «Einwanderungsgeschichte» fallen.[5] Das passt für die Kinder und Enkel, die in Deutschland geboren wurden, ist jedoch für neu Eingereiste problematisch. Eine chinesische Studentin an einer deutschen Universität wird sich häufig erst noch entscheiden, ob sie hierzulande einen Job sucht, nach China zurückkehrt oder nach Kanada weiterzieht. Auch einen ausreisepflichtigen Iraker, der nach Feststellung der Gerichte das Land verlassen muss, sollte man nicht einfach als «Eingewanderten» bezeichnen, zumal die Partizipialkonstruktion sprachlich suggeriert, dass der Migrationsprozess abgeschlossen sei.

Hinzu kommt, dass Neuschöpfungen wie «Einwanderungsgeschichte» oder «Postmigration» – ganz wie der «Migrationshintergrund» – doch wieder auf die Migration verweisen und damit genau die Differenzierung fortführen, die die Kritik überwinden wollte. Viel wichtiger als die Wortwahl ist daher, zwischen Neueingereisten und deren Nachkommen zu unterscheiden. Der öffentliche Diskurs sollte nicht über einen Kamm scheren, was besser getrennt zu betrachten ist. Die Lösung liegt in der nur scheinbar banalen Einsicht, nach dem Zeitablauf zu typisieren. In den Anfangsjahren bestehen Herausforderungen, denen nur Migranten begegnen und die wir treffend als «Integration» bezeichnen können. Hier braucht es Maßnahmen wie Integrationskurse, die sich an Neuzugänge richten, denen gegenüber auch die Frage nach der Herkunft völlig legitim ist.

Dagegen verbrachte die zweite und dritte Generation ihr ganzes Leben in Deutschland, besitzt einen deutschen Pass und kennt die Heimat der (Groß-)Eltern allenfalls aus Erzählungen oder Ferienbesuchen. Ihre Angehörigen beschweren sich zu Recht, wenn ihre gleiche Bürgerschaft untergraben wird. Auch in den Reihen der Deutschen ohne Einwanderungsgeschichte unterscheidet sich der Erfahrungshintergrund. Ältere Generationen wuchsen in einer Gesellschaft auf, in der weniger Menschen mit Migrationshintergrund lebten. Sie wurden als Ausnahme von der Regel präsentiert, nach dem Motto: Deutschland sei eben kein Einwanderungsland. Die «Gäste» und «ausländischen Mitbürger», wie man damals sagte, gehörten nicht wirklich dazu. Älteren Menschen fällt es daher schwerer, zwischen der «Integration» nach der Einreise und dem «Zusammenhalt» einer Gesellschaft zu unterscheiden, den auch die Eingewanderten mitprägen.

Drei Phasen mit ungleichen Herausforderungen

Eine gute Leitlinie bietet das nordrhein-westfälische Teilhabe- und Integrationsgesetz. Es unterscheidet drei Phasen, die jeweils typische Herausforderungen für Migranten benennen: Ankommen – Teilhabe – Gestalten.[6] Die erste Phase des Ankommens betrifft migrationsspezifische Herausforderungen, die den Neueingereisten besondere Anstrengungen abverlangen: etwa beim Spracherwerb. Dagegen betreffen die beiden Folgephasen immer auch die Gesellschaft als Ganzes. Ich spreche deshalb für die dritte Stufe des Gestaltens vom «Zusammenhalt» anstelle von «Integration». Dieses Drei-Phasen-Modell hilft uns, die jeweiligen Herausforderungen abzustufen.

Integration als Ankommen

Migration verändert das Leben und verlangt daher den Einreisenden viel ab. Die Sprache ist hierfür das offensichtlichste Beispiel, doch auch beim Wohnen, im Beruf, beim Arzt und im Alltag müssen Neuankömmlinge eine steile Lernkurve hinlegen. Was ist eine Gesundheitskarte, welche Rechte und Pflichten beinhaltet ein Mietvertrag und wie unterstützen Eltern sinnvoll den Schulbesuch der Kinder? Die Liste an rechtlichen, praktischen und alltäglichen Herausforderungen ist unendlich lang. Staat, Gesellschaft, Ehrenamt, Nachbarschaft und Kollegium können das Einleben durch Integrationskurse, Beratungsstellen sowie privaten Rat und Hilfe unterstützen. Im Kern bleibt das Ankommen jedoch eine Aufgabe für die Einwanderer, der sie sich stellen müssen. Sie sind für den Erfolg oder das Scheitern ihrer Bemühungen zuerst einmal selbst verantwortlich.

Integration als Teilhabe

Das Aufenthaltsgesetz spricht von der Integration «in das wirtschaftliche, kulturelle und gesellschaftliche Leben».[7] Das verweist darauf, dass Einwanderer ebenso wie Alteingesessene eine aktive Rolle in allen relevanten Bereichen der Gesellschaft spielen sollen. Prominente Beispiele sind die Job- und Wohnungssuche. Gerade Personen, die zum Arbeiten nach Deutschland kommen, organisieren diese selbst, ohne dass der Staat dabei hilft. Eine dauerhaft erfolgreiche Teilhabe gelingt jedoch nur, wenn die Karriereaussichten ähnlich gut sind wie bei Personen ohne Migrationshintergrund. Ebenso ist es beim Wohnungsmarkt, im Gesundheits- und Bildungswesen, bei Kultur, Sport und Medien sowie dem Ehrenamt. Überall sollten Menschen unabhängig von Herkunft und Abstammung dieselben Erfolgschancen besitzen, wenn sie sich anstrengen und gleiche Fähigkeiten besitzen. Diese zweite Phase der Teilhabe ist sehr viel umstrittener als das Ankommen, weil unterschiedliche Meinungen existieren, ob vor allem der Staat unterstützen soll («fördern») oder die einwandernden Personen sich anstrengen müssen («fordern»).

Mit Händen zu greifen ist dieser Streit bei der Debatte über Diskriminierung und Rassismus. Ein Kennzeichen der zweiten Phase der Teilhabe besteht darin, dass es bei staatlichen Maßnahmen, anders als beim Ankommen, nicht um Sonderprogramme geht, die sich, wie Integrationskurse oder Willkommensklassen, nur an Neueingereiste richten. Stattdessen stellt sich die Frage, inwiefern gesellschaftliche Regelsysteme in Reaktion auf Migration geändert werden sollten.[8] Wie reagieren Unternehmen auf eine diverse Belegschaft, die nicht durchweg perfekt Deutsch spricht? Oder kontroverser: Sollten Grundschulen auf Diktate verzichten, soweit es diese überhaupt noch gibt, weil Kinder mit Migrationsgeschichte beim Schriftdeutsch häufig schlechter abschneiden? Das nordrhein-westfälische Integrationsgesetz verspricht «die Förderung der Mehrsprachigkeit», ohne zu sagen, was dies für die Verwaltungspraxis konkret heißt. Allein die Beispiele zeigen, wie viel Sprengstoff die Teilhabedebatte bietet.

Ein Beispiel ist der islamische Religionsunterricht. Anders als die christlichen Kirchen sind Moscheegemeinden dezentral organisiert. Es gibt Dachverbände, in denen strenggläubige Muslime jedoch überrepräsentiert sind, teilweise sogar mit Nähe zum Islamismus. Im Fall der Religionsbehörde DITIB kommt hinzu, dass sie vom türkischen Staat kontrolliert wird. Das war ein Vorteil, solange die türkische Religionspolitik laizistisch ausgerichtet war, mittlerweile sieht es anders aus. Die Bundesländer können im Falle des Islam also nicht einfach den christlichen Religionsunterricht der evangelischen und katholischen Kirchen kopieren. Stattdessen müssen sie mit den Moscheegemeinden neue Strukturen entwickeln und die bisherige Fokussierung auf die Dachverbände überwinden. Das gelingt seit Jahren kaum. Fortschritte gibt es auf einer anderen Ebene. Innenministerin Nancy Faeser (SPD) vereinbarte mit der DITIB einen Fahrplan, um die Entsendung der Imame aus der Türkei zu beenden.[9] Die Ausbildung in Deutschland zeigt, wie Integration als Teilhabe die Regelsysteme einwanderungsbedingt umbaut.

Zusammenhalt als Gestalten

Viele Diskussionen betreffen emotionale Reizthemen, bei denen der Übergang von der zweiten Phase der Teilhabe zur dritten Phase des gemeinsamen Gestaltens fließend ist: etwa den muslimischen Religionsunterricht oder Krippen und Weihnachtsbäume in staatlichen Schulen und Rathäusern. Fest steht, dass alle Eingewanderten spätestens mit der deutschen Staatsangehörigkeit eine gleichberechtigte Mitgliedschaft besitzen. Doch woran liegt es, dass viele Nichtdeutsche darauf verzichten, sich einbürgern zu lassen, obwohl sie die Voraussetzungen erfüllen würden?

Welche Rolle spielen rassistische Straftaten wie die Hassverbrechen von Solingen und Hanau? Wie erreicht man, dass mehr Eingewanderte sich politisch engagieren und bei Wahlen antreten? Wie schafft und pflegt die Bundesrepublik eine «gemeinsame Identität, Heimat und Erinnerungskultur», die das nordrhein-westfälische Gesetz verspricht, ohne zu sagen, was diese Trinität konkret bedeutet?

Ein Viertel der Bevölkerung besitzt eine Migrationsgeschichte. Bei den unter 35-Jährigen liegt der Anteil im bundesweiten Durchschnitt sogar bei einem Drittel; in vielen Großstädten fällt dieser noch höher aus.[10] Das Ergebnis ist für dasjenige, was bisher «Integrationspolitik» genannt wird, scheinbar paradox. Migration wird im Drei-Phasen-Modell schrittweise immer unwichtiger.[11] Staat und Gesellschaft müssen die migrationsspezifischen Herausforderungen nach der Einreise gedanklich und im politischen und gesellschaftlichen Alltag von der dritten Phase des Zusammenhalts durch gemeinsames Gestalten trennen. Eine erfolgreiche Migrationssteuerung macht sich also im Zeitablauf überflüssig – freilich nur für die bereits Eingewanderten und nicht für diejenigen, die erst noch kommen.

Ebendiese Trennung funktioniert häufig nicht. Auf der linken Seite wird kritisiert, dass der Staat sich für Abschiebungen einsetzt oder generell eine restriktive Asylpolitik verfolgt. Dadurch werden jedoch zwei Aspekte vermengt, die eigentlich zu trennen sind. Wir sahen in der ersten Hälfte des Buches, dass ein Einwanderungsland keine offenen Grenzen haben muss, sondern im Rahmen der Menschenrechte autonom darüber entscheidet, wer kommen soll und bleiben darf. Es ist legitim, sich für großzügige Bleiberechte oder gegen Abschiebungen einzusetzen. Doch selbst wenn der Staat dem nicht folgt und die Einreise streng handhabt, haben alle Menschen, die dauerhaft in Deutschland leben, eine gleichberechtigte Bürgerschaft.

Konservative machen denselben Fehler – nur umgekehrt. Sie betrachten viele Integrationsthemen durch die Migrationsbrille und erklären Probleme vorrangig mit dem Migrationshintergrund oder dem Islam. Ein gutes Beispiel sind die Gewalttaten in Berliner Freibädern sowie die Angriffe auf Polizei und Feuerwehr an Silvester, die vor allem Stadtviertel mit hohem Einwanderungsanteil betreffen. Nach den Silvesterunruhen zum Jahreswechsel 2022/23 fragte die Berliner CDU im Parlament nach den Vornamen der Tatverdächtigen deutscher Staatsangehörigkeit.[12] Dadurch wurde suggeriert, dass vor allem die Migrationserfahrung das Verhalten erkläre, nicht jedoch die beengte Lebenssituation oder gar Diskriminierungserfahrungen, die die Gegenseite als alternative Erklärungen hervorhob. Aus demselben Grund wird häufig darüber diskutiert, ob Polizei und Medien die Staatsangehörigkeit bzw. den Migrationshintergrund von Tatverdächtigen mitteilen sollen oder nicht.

Nun dürfte die Zunahme der Gewalt in Berliner Freibädern und an Silvester nur begrenzt migrationsspezifische Ursachen haben. Männliches Geschlecht, junges Alter, geringere Bildung und niedriges Einkommen gehen statistisch deutlich häufiger mit Kriminalität und Gewalt einher. Das trifft heutzutage eben viele Eingewanderte. Allerdings folgt daraus nicht, dass es problematisch war, als der Berliner Bürgermeister Kai Wegner (CDU) beim nächsten Jahreswechsel martialisch eine «Nacht der Repression» ankündigte. Eine gleiche Bürgerschaft beinhaltet keinen Persilschein für Rechtsbrüche oder Gewalttaten. Die Politik muss entscheiden, ob sie darauf mit Repression oder Prävention reagiert. Das unterscheidet Silvesterkrawalle nicht von Demos am 1. Mai, die in Berlin häufig in Gewaltexzessen mündeten. Bei anderen Problemen sind migrationsspezifische Prägungen familiärer und religiöser Art wichtig, etwa beim fehlenden Respekt gegenüber Lehrerinnen. Es ist inakzeptabel, wenn Schüler oder Väter aus muslimisch geprägten Ländern nur Männer als Autoritätspersonen anerkennen, nicht jedoch Lehrerinnen.

Solche Themen muss die politische Mitte offen ansprechen, ohne so zu tun, als könne man die «importierten» Probleme, die besonders häufig Eingewanderte betreffen, wieder loswerden. Nichtdeutsche Straftäter dürfen im Rahmen der Gesetze abgeschoben werden; bei sehr schweren Straftaten auch dann, wenn sie hier geboren wurden. Das akzeptiert der Europäische Gerichtshof für Menschenrechte ausdrücklich.[13] Es ist jedoch nicht zielführend, auf Schwierigkeiten wie die Clankriminalität oder den Antisemitismus, die nicht vorrangig Personen betreffen, die kürzlich einreisten, reflexartig vor allem Abschiebungen zu fordern oder den deutschen Pass aberkennen zu wollen. Letzteres ist im Extremfall sogar möglich, soweit Deutsche zusätzlich eine andere Staatsangehörigkeit besitzen.[14]

Allerdings handelt es sich dabei um die Ausnahme von der Regel, wonach die deutsche Staatsangehörigkeit eine «verlässliche Grundlage gleichberechtigter Zugehörigkeit» darstellt, wie es das Bundesverfassungsgericht einmal ausdrückte.[15] Das erlaubt einen Entzug, wenn Deutsche mit doppelter Staatsangehörigkeit sich von der Bundesrepublik abwenden, indem sie in eine fremde Armee eintreten oder im Ausland für Terrorgruppen kämpfen. Dagegen ist inländischem Fehlverhalten mit den Mitteln des Strafrechts zu begegnen. Die Einbürgerung macht eine Person offiziell zum gleichberechtigten Bürger eines Landes und ist daher eine ernste Sache, mit der Politik und Gesellschaft nicht leichtfertig umgehen dürfen – bei der Verleihung und beim Entzug.

Wohnung, Sprache und Arbeit sind nur der Anfang

Nach dem Zweiten Weltkrieg erlebte die spätere Bundesrepublik eine veritable «Integrationskrise». Mehr als zwölf Millionen Flüchtlinge und Vertriebene kamen aus den Ostgebieten des Deutschen Reiches und angrenzenden Ländern in das heutige Bundesgebiet. Sie alle brauchten eine Wohnung und suchten Arbeit, was sich anfangs wegen der Kriegszerstörungen als schwierig erwies. Die Besatzungsmächte handelten rigoros; so wurde ein älteres Ehepaar aus Pommern zwangsweise im Forsthaus meiner Großeltern im Nordschwarzwald einquartiert. Hinzu kamen knapp drei Millionen Menschen, die aus der DDR in den Westen flohen, darunter die Familie meiner Mutter.

Die Rahmenbedingungen erleichterten die Integration. Einen ausgebauten Sozialstaat gab es noch nicht, doch das Wirtschaftswunder sorgte alsbald für Jobs und Wohnraum für alle. Das erklärt, warum die kollektive Erinnerung die damaligen Konflikte und Animositäten weitgehend ausblendet. Die Betroffenen litten noch Jahrzehnte später unter den Traumata von Flucht und Vertreibung.[16] Die ältere Leserschaft erinnert sich an die aktive Brauchtumspflege mit bunten Trachten auf dem jährlichen «Sudetendeutschen-Tag» oder dem «Deutschlandtreffen der Schlesier». Die regionalen Unterschiede waren innerhalb Deutschlands damals ausgeprägter als heute, weshalb die Vertreibung aus Schlesien nach Hessen nicht mit einem modernen Umzug von Greifswald nach Freiburg vergleichbar war.

Flucht und Vertreibung nach dem Zweiten Weltkrieg zeigen als innerdeutsche Migrationserfahrung, dass Integration nicht erst mit der Gastarbeit und Asylmigration begann. Man darf den Vergleich nur nicht überstrapazieren, wie das im öffentlichen Diskurs teilweise passiert. Nach dem Zweiten Weltkrieg dominierte ein ethno-kulturelles Nationalstaatsverständnis, das sich exemplarisch daran zeigte, dass das Grundgesetz bis heute wie selbstverständlich von Menschen mit «deutscher Volkszugehörigkeit» spricht, die mit der Einreise automatisch die Staatsangehörigkeit bekommen.[17] Arbeit und Wohnung waren ein Problem, und die Dialekte markierten kulturelle Unterschiede. Insgesamt herrschte jedoch ein breiter Konsens, dass die deutsche Nation die Kriegsfolgen gemeinschaftlich schultern müsse.[18]

Aus der Nachkriegszeit folgt für die Gegenwart, dass ausreichend Wohnraum, Arbeitsplätze und sonstige Formen der Daseinsvorsorge für Neuankömmlinge nur der erste Schritt auf dem Weg zu einer gelungenen Integration sein können. Menschen wandern in eine bestehende Gesellschaft ein und müssen deren gleichberechtigte Mitglieder werden. Die Sozialwissenschaft unterscheidet aus diesem Grund zwischen der Systemintegration und der Sozialintegration. Die Systemintegration fragt nach der Teilhabe eines jeden Einzelnen an Bildung, Gesundheit, Arbeit etc. Dagegen meint die Sozialintegration das Zusammenleben der Gesellschaft als Ganzes.[19]

Die verschiedenen Ebenen beinhalten unterschiedliche Herausforderungen. Während der Niederschrift dieses Buches warnten die Kommunen in Deutschland vor einer Überlastung durch die Erstaufnahme von Asylbewerbern. Dabei geht es längst nicht mehr nur um Geld, denn vielerorts fehlt schlicht das Fachpersonal, um die Menschen aus der Ukraine, Afghanistan und anderen Ländern zu versorgen und ihnen Deutsch beizubringen. All dies sind typische Herausforderungen der ersten Phase der Integration als Ankommen, die im Asylsystem der Staat übernimmt, während bei der Wirtschaftsmigration die Einwandernden für sich selbst sorgen. Das wichtigste Instrument der ersten Phase sind Integrationskurse, für die der Bund mehr als eine Milliarde

Euro pro Jahr ausgibt. Sie richten sich vor allem an Flüchtlinge, stehen jedoch auch Arbeitskräften und EU-Bürgern offen.

Inhaltlich umfassen die Integrationskurse einen Deutschkurs von 600 Stunden und einen 100-stündigen Orientierungskurs. Dieser Orientierungskurs ist ein nachgelagerter Schulunterricht in Politik und Gesellschaftskunde. Er informiert die Neuangekommenen über praktische Fragen wie die Mülltrennung und über sensible Themen wie Geschlechterrollen.[20] Den Kern der Integrationskurse bildet der Spracherwerb, der zu Kenntnissen der Stufe B1 des Gemeinsamen Europäischen Referenzrahmens führen soll. Das meint eine fortgeschrittene Standardsprache, um sich über vertraute Themen und persönliche Interessengebiete zu verständigen. In der Praxis schafft das derzeit etwas mehr als die Hälfte derjenigen, die den Kurs nicht abbrechen.[21]

Trotz der Defizite beim Rest sind die Integrationskurse zweifellos eine gute Sache. Für das ernsthafte Engagement des Staates spricht das ausdifferenzierte Angebot. Müttern wird eine parallele Kinderbetreuung geboten, damit sie Deutsch lernen können. Alphabetisierungskurse richten sich an Erwachsene, die in ihrer Muttersprache nicht richtig lesen und schreiben können, was, wie das Asylkapitel zeigte, für eine Minderheit tatsächlich zutrifft. Mit den Kursen stellt der Staat zu Recht die Sprachkenntnisse ins Zentrum, weil diese viele andere Integrationsziele erreichen helfen. Wer Deutsch spricht, findet schneller einen Job, kann den Kindern bei den Hausaufgaben helfen, knüpft leichter Kontakte zu Mitmenschen anderer Herkunft und kann die deutschen Medien verfolgen. Als horizontales Instrument bereiten die Integrationskurse auf die Herausforderungen vor, die die zweite Stufe der Integration als Teilhabe bereithält.

Der berechtigte Fokus auf «harte» Faktoren wie Wohnung, Arbeit und Bildungsabschlüsse darf nicht verdecken, wie bedeutsam daneben «weiche» Faktoren sind. Dazu gehören die Werte des

Grundgesetzes und Alltagspraktiken wie Begrüßungsrituale. Doch auch auf einer persönlichen Ebene ist ein übergreifendes gesellschaftliches Miteinander wichtig. Typische Faktoren, mit denen die Sozialwissenschaften den Grad der Sozialintegration einer Person ausloten, sind persönliche Kontakte, Freundschaften und auch die Heirat über ethnische und sonstige Gruppengrenzen hinweg. Wissenschaftliche Studien messen regelmäßig, wie verbreitet und akzeptiert solche Beziehungen sind.

Jede Leserin bzw. jeder Leser kann für sich selbst beantworten, in welchem Umfang er oder sie am Arbeitsplatz, im Freundeskreis, in der Nachbarschaft oder in der Familie persönliche Kontakte zu Menschen mit und ohne Migrationshintergrund pflegt. Im bundesweiten Durchschnitt stieg die Quote gruppenübergreifender Kontakte in den letzten Jahren deutlich: im Westen außerhalb der Familie auf über 50 Prozent, im Osten bleibt sie niedriger.[22] Für das Einwanderungsland ist das eine gute Nachricht.

Eine Aufgabe für die gesamte Gesellschaft

Mit Blick auf die Migrationspolitik herrscht in der öffentlichen Debatte die pragmatische Leitlinie vor, wonach die Integration «gefördert und gefordert»[23] werden solle. Genauso steht es im Aufenthaltsgesetz. Die Formel des Förderns und Forderns betraf ursprünglich den Sozialstaat, wird heute jedoch vor allem für die Integration verwendet und ist umstritten.

Die Wahrnehmungen klaffen insoweit auseinander. In Teilen der Öffentlichkeit herrscht der Eindruck, dass Geflüchtete es leichter hätten als Alteingesessene, weil der Staat ihnen Unterkunft und Sozialleistungen bereitstellt. Das stimmt zwar nicht, weil Geflüchtete nach einem positiven Asylbescheid genau dieselben Rechte haben wie Deutsche. Sie bekommen also dasselbe und nicht mehr. Daher meint die Kritik eigentlich, dass Geflüchtete weniger bekommen sollten als Personen, die ihr ganzes Berufsleben in Deutschland absolvierten. Eine solche Position kann unterschiedliche Beweggründe haben: die Sorge vor ökonomischen Verteilungskonflikten oder kulturelle und rassistische Ressentiments.[24] Politische Appelle, man müsse von den Kommenden mehr «fordern», reagieren auf diese Motivationslagen.

Den Gegenpol bildet eine sozialkritische Forschung, die den Staat dafür kritisiert, das «Fordern» im Sinne eines Anpassungsdrucks überzubetonen. Die gleiche Teilhabe und das gesellschaftliche Miteinander litten darunter, dass Eingewanderte benachteiligt würden. Diese Sichtweise entspringt dem Aufstieg des antirassistischen und postkolonialen Paradigmas in den Geistes- und Sozialwissenschaften in den letzten 20 Jahren. Vor diesem Hintergrund identifiziert die Forschung bei den öffentlichen Diskursen über den Islam und die Asylmigration eine Abgrenzungslogik, die einseitig ein negatives Bild von kriminellen, kulturell fremden, arbeitsscheuen und radikalen Migranten zeichne.[25] Beiträge über Terrorismus, Ehrenmord, Zwangsheirat, das Kopftuch und jugendliche Gewalttäter sind typische Beispiele, an denen sich die kritische Forschung abarbeitet.

Die Vereinigten Staaten sind ein abschreckendes Beispiel, was passieren kann, wenn sich diese Gegensätze hochschaukeln. Auf der einen Seite verboten einige republikanisch regierte Bundesstaaten an öffentlichen Schulen und Universitäten den Unterricht der «Critical Race Theory» (kritische Rassen- bzw. Rassismustheorie), an der sich die progressive Forschung orientiert. Donald Trump beschuldigte die Migranten in völkischer Manier, «das Blut unseres Landes zu vergiften».[26] Auf der anderen Seite grassiert an den Eliteuniversitäten die pauschale These eines «weißen Privilegs» (*white privilege*), das alle Weißen pauschal als strukturell bevorzugt darstellt. Die privilegierten Bevölkerungsteile sollen ihre Mitschuld daran bekennen, dass Schwarze und andere Minderheiten zum Beispiel weniger Geld verdienen und in heruntergekommenen Wohngebieten leben. Das Adjektiv «woke» (aufgeweckt) meint dieses Schuldbewusstsein. Teile der Wissenschaft fordern verpflichtende Antirassismusworkshops oder ein radikales «defund the police», also die Finanzierung der Polizei einzustellen.[27] Solche Forderungen sind öffentlich sichtbar, auch wenn sie politisch kaum umgesetzt werden.

Wenn die politische Mitte einer sich an den Extrempositionen erregenden Debatte entkommen will, muss sie, erstens, pragmatisch das Fördern und Fordern zusammenführen und, zweitens, einseitige Erklärungsmuster selbstbewusst zurückweisen. Der praktische Ausgleich zwischen Fördern und Fordern geht noch vergleichsweise einfach. So kann zum Beispiel die Sicherheitspolitik den repressiven Einsatz von Polizei und Staatsanwaltschaft mit präventiven Maßnahmen der Sozialarbeit und Bildungspolitik verbinden. Selbstverständlich sind dabei Debatten fruchtlos, ob der rechtsradikale Terror (NSU und Reichsbürger) oder die islamistische Gewalt (Islamischer Staat und Hamas-Sympathisanten) die größere Gefahr darstellen.

Schwieriger gestaltet sich die Deutungshoheit im öffentlichen Diskurs. Hier muss die Mitte rassistische und völkische Positionen klar zurückweisen, ohne die realen Probleme zu ignorieren, die die radikale Rechte zu ideologischen Zwecken instrumentalisiert. Das setzt voraus, die linke Warnung vor Rassismus aufzugreifen, ohne alle Defizite damit zu erklären oder die Eigenverantwortung aller Bürgerinnen und Bürger unabhängig von der Herkunft kleinzureden. Das gilt gerade auch für die Asylmigration, die den öffentlichen Diskurs dominiert. In deren Schatten wird die bewundernswerte Leistungsbereitschaft der angeworbenen Fachkräfte und vieler anderer Eingewanderter viel zu wenig beachtet. Den riskanten Schritt in die Selbständigkeit etwa wagen

Personen mit Migrationshintergrund häufiger als Alteingesessene. BioNTech und der stereotype Gemüseladen nebenan stehen dabei für die Vielfalt migrantischer Gründer.[28]

Solch positive Erzählungen sind dringend notwendig. Sie dürfen nur nicht zur Beschönigung der Lage führen, wie es teilweise zur Hochzeit der Willkommenskultur im Herbst 2015 in Medien und Politik passiert ist, bevor der Diskurs umschlug.[29] Bis heute ist die Einwanderung ein emotionsbeladenes Triggerthema, das schnell zur diskursiven Spaltung führt.[30]

Unangebracht war zum Beispiel ein Generalverdacht, der nach den Anschlägen der Hamas auf Israel im Herbst 2023 von allen Menschen mit muslimischem Hintergrund pauschal eine aktive Distanzierung einforderte. Das ist ebenso abwegig wie die Annahme, alle Ostdeutschen seien potenziell Rassisten, weil die AfD dort vielerorts stärkste Partei ist. Ebenso falsch wäre jedoch Zurückhaltung in der Kritik an muslimischem Antisemitismus aus der Sorge, eine neue Migrationsdebatte anzustoßen. Behörden müssen vorbehaltslos gegen Verdachtsfälle und Straftaten vorgehen. Auch von Verbänden, die sich allgemein äußern, dürfen Staat und Gesellschaft eine Positionierung einfordern.

Die Kunst, Fehlentwicklungen anzusprechen, ohne Schwarz-Weiß-Bilder zu zeichnen, gilt auch für überkommene Geschlechterbilder und Homophobie. Nicht nur für Schwule und Lesben sind Studien alarmierend, wonach eine Mehrheit der ersten Einwanderungsgeneration aus muslimisch geprägten Ländern keine homosexuellen Familienmitglieder akzeptiert und ungefähr ein Viertel sogar schwule oder lesbische Nachbarn ablehnt; auch in der zweiten Generation bleiben die Ablehnungsquoten erschreckend hoch.[31] Das widerspricht dem Ziel einer Integration in das gesellschaftliche und kulturelle Leben, die das Aufenthaltsgesetz verspricht und einfordert.

Natürlich ist es bis zu einem gewissen Grad bigott, wenn Konservative sich in der islambezogenen Integrationsdebatte als Vorreiter der Frauen-, Lesben- oder Schwulenbewegung inszenieren.[32] Nicht minder heuchlerisch als ein solches «pink» bzw. «purple washing» ist jedoch eine kulturrelativistische und vermeintlich «woke» Rücksichtnahme von Progressiven, die Defizite in Einwanderungsmilieus kleinreden, weil diese von gesellschaftlichen und politischen Vorurteilen betroffen sind.

Sichtbare Minderheiten in der «superdiversen» Gesellschaft

Einzelne Themen dominieren die öffentliche Debatte. Das gilt vor allem für die Asylmigration und den Islam. Dabei ist das Einwanderungsgeschehen vielschichtiger. Fachkräfte haben statistisch ein höheres Bildungsniveau und Einkommen als Menschen, die über das Asylsystem einreisen. Das erleichtert viel. Aus der Türkei kommen Asylbewerber ebenso wie Fachkräfte, Erdoğan-Anhänger genauso wie Oppositionelle. Hinter der abstrakten Kategorie der «Einwanderungsgeschichte» verbirgt sich eine große Vielfalt an Herkunftsländern und Erfahrungen, die noch zunehmen wird, wenn die Fachkräfteanwerbung an Dynamik gewinnt und sich die Asylherkunftsstaaten weiter ausdifferenzieren.

Die Statistik der wichtigsten Herkunftsländer aller Personen mit einer persönlichen oder familiären Migrationsgeschichte, die derzeit in der Bundesrepublik leben, bringt Licht ins Dunkel. Neben dem Spitzenreiter Türkei (12 Prozent) und dem drittplatzierten Syrien (8 Prozent) sind unter den Top-6 auch Herkunftsländer, die öffentlich kaum präsent sind: Polen (9 Prozent), Russland (7 Prozent), Kasachstan (6 Prozent) und Rumänien (5 Prozent).[33] Viele Menschen kamen in den letzten fünfzehn Jahren aus dem EU-Ausland und vor drei Jahrzehnten als (Spät-)Aussiedler aus

Osteuropa und der ehemaligen Sowjetunion. Beinahe die Hälfte von ihnen hat auch dann eine europäische Einwanderungsgeschichte, wenn man die Türkei, Russland und Kasachstan nicht mitzählt. Dazu gehören die Nachfolgestaaten des ehemaligen Jugoslawiens mit zusammen 10 Prozent.

Mit der Diversifizierung der Herkunftsländer folgt die Bundesrepublik einem Trend, den die Forschung als «Superdiversität» bezeichnet.[34] Öffentliche Debatten, die die Einwanderung mit dem Islam, der Türkei oder Syrien gleichsetzen, blenden wichtige Facetten aus. Das hat konkrete Folgen, etwa für die Frage, ob die Verwaltung mehrsprachige Dokumente anbieten sollte, die bisher nur bei der Fachkräfteanwerbung und der Erstversorgung im Asylsystem üblich sind. Polnisch, Russisch, Ukrainisch und Rumänisch sind ebenso wichtig wie Arabisch, Farsi, Türkisch und auch Englisch und Französisch (das viele Menschen aus afrikanischen Ländern sprechen).

Zudem lehrt uns die Statistik, dass bestimmte Herkunftsgruppen in der öffentlichen Wahrnehmung «verschwinden», während andere «sichtbar» bleiben und dies zu spüren bekommen. Rassismus, Vorurteile und Diskriminierungen betreffen meistens Familien aus ganz bestimmten Ländern. So spricht über Italien und Griechenland heute kaum noch jemand, obwohl beide Herkunftsstaaten in meiner Jugend noch im Zentrum der Diskussion standen. Seit einigen Jahren gibt es in Berlin eine hippe Expat-Community aus westlichen Ländern, in der Englisch gesprochen wird. Beschwerden über diese «Parallelgesellschaft» gibt es kaum, obwohl sie teilweise in denselben Vierteln lebt wie viele Türkei- oder neuerdings Syrien- und Afghanistanstämmige (etwa in Berlin-Neukölln). Einheitliche Begriffe wie der Migrationshintergrund oder die Einwanderungsgeschichte verbergen ungleiche Lebenswelten und Erfahrungen.

Bei der Frage etwa, wen sich die deutsche Bevölkerung in ihrer

Nachbarschaft und ihrer Familie wünscht, schneiden Muslime deutlich schlechter ab als Zugewanderte aus der EU.[35] Entsprechend berichten Türkeistämmige und Muslime deutlich häufiger als andere Gruppen über Diskriminierungserfahrungen.[36] Viele jüngere Musliminnen und Muslime wurden in Deutschland geboren und haben als (Ur-)Enkel der Gastarbeitergeneration keine Einwanderungsgeschichte im Sinn der Statistik mehr.[37] Dennoch werden sie weiterhin als «anders» wahrgenommen. Genauso ist die Situation bei schwarzen Deutschen oder anderen *People of Colour*, deren (Groß-)Eltern bereits hier lebten.

In Kanada ist insofern von «sichtbaren Minderheiten» (*visible minorities*) die Rede. Das meint in erster Linie das Aussehen, den Kleidungsstil (nicht nur das Kopftuch) sowie Vor- und Nachnamen. Die Lebenssituation von sichtbaren Minderheiten der dritten und vierten Generation hat nur noch sehr bedingt etwas mit Migration zu tun, aber die gesellschaftlichen Herausforderungen können fortbestehen. Sie verschwimmen, anders als viele EU-Bürger und (Spät-)Aussiedler, in der zweiten oder dritten Generation nicht weitgehend mit der «Mehrheitsgesellschaft», sondern bleiben im öffentlichen Leben sichtbar.

Was heißt «Rassismus», und was hilft gegen ihn?

Die bereits erwähnten Anschläge von Hanau und Solingen sind Extremfälle eines Rassismus, der in Deutschland ebenso vorkommt wie in anderen westlichen Ländern. Viele Deutsche dürften sich intuitiv unwohl fühlen, wenn über Rassismus gesprochen wird. Das muss sich ändern, denn als Einwanderungsland muss sich auch die Bundesrepublik dieser Debatte stellen – allerdings mit Augenmaß. Rassismus muss benannt und bekämpft werden, zum Beispiel wenn radikale Rechte darüber fabulieren, deutsche

Landsleute im Wege der «Remigration» ausbürgern und abschieben zu wollen. Solch völkisches Denken ist rassistisch und verfassungsfeindlich.

Allerdings erschwert es das gesellschaftliche Miteinander, wenn in der öffentlichen Debatte bald alle Handlungen der deutschstämmigen und weißen Bevölkerung undifferenziert als rassistisch bezeichnet werden. Ein Gespräch kommt dann entweder gar nicht mehr zu Stande oder die Betroffenen sagen irgendwann: «Dann bin ich halt eine Rassistin.» Das wäre gefährlich, denn als Einwanderungsland muss Deutschland allen Formen des Rassismus wirkungsvoll entgegentreten.

Mein Vorschlag lautet daher, den Rassismusbegriff im öffentlichen Diskurs für schwere Vorwürfe zu reservieren und bei seinen strukturellen Erscheinungsformen des Rassismus besser von «Vorurteilen» oder «Diskriminierungen» zu sprechen. Wer will, kann kontextabhängig das Adjektiv «rassistisch» hinzufügen. Eine Lehrerin und ein Verwaltungsbeamter werden anders reagieren, wenn jemand mit ihnen über Vorurteile oder Diskriminierungen sprechen möchte, die ihr Handeln unbewusst beeinflussen oder auslösen, statt ihnen ein rassistisches Weltbild zu unterstellen. Eine differenzierte Sprachwahl erleichtert den Austausch über Ursachen des Rassismus und effektive Gegenmaßnahmen. Manchmal muss sich auch gar nichts ändern, denn nicht jeder Rassismusvorwurf ist berechtigt.

Eindeutig rassistisch im Sinn der von mir vorgeschlagenen abgestuften Wortwahl sind absichtliche Handlungen oder Äußerungen, die eine andere Person aufgrund ihrer Gruppenzugehörigkeit herabwürdigen: also etwa Beleidigungen oder Angriffe, die von einer rassistischen Motivation getragen sind. Ein krasses Beispiel aus der Gerichtspraxis sind Tierlaute gegenüber schwarzen Arbeitskollegen. Bei einem derartigen Rassismus geht es nicht nur um die Hautfarbe oder andere äußere Merkmale.

Die Forschung spricht von einem «kulturellen» Rassismus, wenn dieser eine Gruppe herabwürdigt, die eine bestimmte Lebensweise teilt. So behandelt der «Lagebericht Antirassismus» der ersten deutschen Anti-Rassismus-Beauftragten Reem Alabali-Radovan (SPD) den antimuslimischen, antiziganistischen und antiasiatischen Rassismus.[38] Breiter bekannt ist der Streit darüber, ob der Begriff der «Clankriminalität» rassistisch sei, weil dieser Vorurteile verstärke. Dagegen ist der «Rassismus gegen Weiße» in erster Linie eine rhetorische Figur des Rechtspopulismus. Natürlich können Weiße beleidigt oder benachteiligt werden, auch durch Menschen, die selbst rassistischen Anfeindungen ausgesetzt sind. Diese Verletzungen sind jedoch anders gelagert als der klassische Rassismus, der sich gegen jene richtet, die am Rande der Gesellschaft stehen. Das gilt erst recht für den sogenannten «Alltagsrassismus», etwa in Form der Frage nach der Herkunft, oder einen «positiven» Rassismus, der Asienstämmige als besonders fleißig und strebsam darstellt.[39]

Studien bestätigen, dass manche Menschen aufgrund ihrer Gruppenzugehörigkeit benachteiligt werden. Bewerberinnen mit türkischen oder arabischen Namen oder Kopftuch werden seltener zu Vorstellungsgesprächen eingeladen, auch wenn der Lebenslauf ansonsten gleich ist.[40] Nicht anders verläuft die Wohnungssuche: Syrerinnen und Türken bekommen auf dem umkämpften Berliner Wohnungsmarkt schwerer ein privates WG-Zimmer als Spanier oder US-Amerikanerinnen.[41] Schülerinnen und Schüler erhalten unter Umständen allein deshalb schlechtere Zensuren, weil das Lehrpersonal intuitiv ein geringeres Leistungspotenzial vermutet.[42] Dennoch plädiere ich im oben genannten Sinne dafür, in diesen Fällen statt von Rassismus von «Vorurteilen» oder «Diskriminierung» zu sprechen.

Diese Empfehlung gilt auch für den «strukturellen» Rassismus, der vermeintlich neutrale Gesetze, Abläufe oder Praktiken betrifft, die im Ergebnis ungleiche Ergebnisse bewirken. Ein klassisches Beispiel ist das mehrgliedrige Schulsystem, das die Gymnasialempfehlung an die Leistungen knüpft. Diese wiederum spiegeln häufig das Bildungsniveau der Eltern, weshalb Kinder mit familiärer Einwanderungsgeschichte deutlich seltener das Gymnasium besuchen und auch bei den PISA-Tests schlechter abschneiden. In der Bildungswissenschaft gilt daher die Empfehlung, die Kinder gezielt zu fördern, die betroffenen Schulen besser auszustatten und die Mehrgliedrigkeit später zu beginnen oder ganz abzuschaffen.[43] Doch die schlechten Lesekompetenzen und Mathematikkenntnisse haben noch einen anderen Grund. Beim PISA-Test 2022 sagten 63 Prozent der zugewanderten Schulkinder, zu Hause meist kein Deutsch zu sprechen.[44]

Die Debatte über strukturellen Rassismus vermeintlich neutraler Regelungen reicht noch weiter. So argumentieren einige Wissenschaftler, die staatliche Migrationskontrolle sei strukturell rassistisch. Sie hindere *People of Colour* aus den ehemaligen Kolonien daran, in den reichen Norden zu kommen.[45] Vor drei Jahren wurde die großherzige Aufnahme der Ukrainer als rassistische Bevorzugung gegenüber Syrern kritisiert, weil Letztere erst ein Asylverfahren durchlaufen müssen. Dabei konnte man eine Rechtfertigung darin sehen, dass die EU sich gegenüber der Ukraine in derselben Situation befindet wie die Türkei und Libanon gegenüber Syrien. Menschen fliehen vor Kriegen in die Nachbarländer, und es kann legitim sein, wenn die Politik in erster Linie dort wirksamen Schutz gewähren möchte. Darüber konstruktiv zu diskutieren, wird durch die pauschale Verwendung der Rassismus-Keule schwierig.

Hinzu kommt, dass kein Mensch nur schwarz oder weiß, muslimisch oder asienstämmig ist. Eine schwarze Professorin erlebt aufgrund ihrer Hautfarbe alltägliche Vorurteile, strukturelle Benachteiligungen oder sogar offene Anfeindungen, bleibt jedoch wegen ihres Berufs und Einkommens privilegiert – anders als ein weißer Kumpel, der mit dem Braunkohleausstieg seinen Job verlieren wird und aufgrund gesundheitlicher Probleme mit 60 Lebensjahren beruflich nicht mehr umsatteln kann. Diskriminiert wird der Kumpel zwar nicht, wenn man einmal davon absieht, dass manche Akademiker sich hochnäsig über die «einfachen Leute» äußern. Seine Lebenssituation konfrontiert ihn dennoch mit Herausforderungen struktureller Art. Außerdem gibt es Rassismus – ebenso wie Sexismus und Homophobie – auch innerhalb migrantischer Communitys, etwa bei Menschen aus Nordafrika gegenüber Personen aus Ländern südlich der Sahara.

Außer Kontrolle gerät die Debatte, wenn Opfergruppen beginnen, die jeweiligen Benachteiligungen gegeneinander aufzurechnen: Muslime sind schwulenfeindlich, also darf ich muslimfeindlich sein! Ein solches argumentatives «Auge um Auge, Zahn um Zahn» führt letztlich zum rhetorischen Bürgerkrieg. Am besten fangen wir bei uns selbst an: Welche Einstellungen und Verhaltensweisen könnten andere herabsetzen oder ausgrenzen, obwohl wir das gar nicht beabsichtigen? Wir müssen versuchen, uns in unsere Mitmenschen hineinzuversetzen und die Welt einmal mit deren Augen zu betrachten.

Vorbilder sind besser als Quoten

Die Sensibilität gegenüber Rassismus, Vorurteilen und Diskriminierung ist deutlich gestiegen. Ein *SPIEGEL*-Titel über «Asylanten. Ansturm der Armen»[46] oder eine *BILD*-Überschrift «Fast jede Minute ein neuer Asylant. Die Flut steigt – wann sinkt das Boot?»[47] wären heute undenkbar. Das Bewusstsein hat sich seit der «Black Lives Matter»-Bewegung, die aus den USA nach Europa schwappte, noch einmal geschärft.

Die Forschung spricht vom «Integrationsparadox»[48]. Die erste Generation der Gastarbeiter und späterer Einwanderungsgruppen ducken sich bis heute häufig weg. Viele sind dankbar für die Möglichkeiten, die ihnen die Bundesrepublik bietet und möchten nicht als unverschämt erscheinen. Spätestens die zweite oder dritte Generation ist jedoch – richtigerweise – selbstbewusst und fordert ihre gleiche Bürgerschaft aktiv ein. Das führt zu Debatten und auch Rangordnungskonflikten, denn die jungen Deutschen beanspruchen einflussreiche Positionen in Medien, Politik, Unternehmen, Wissenschaft und Sport.

Wenn nun die Debatte über gleiche Teilhabe vorrangig unter der Überschrift des Rassismus geführt wird, folgt daraus eine klare Verantwortungszuweisung. Der fehlende Erfolg liegt an alltäglichen, strukturellen sowie intentionalen Ausgrenzungen. Das stimmt teilweise, reicht als Erklärung jedoch bei Weitem nicht aus. Woran liegt es zum Beispiel, dass im öffentlichen Dienst deutlich weniger Menschen mit Einwanderungsgeschichte arbeiten als im Vergleich zum Anteil an der Gesamtbevölkerung? Zwar ist die Polizei bei der Akquise inzwischen erfolgreich, doch die Bildungseinrichtungen hinken hinterher. Die Vielfalt der Gründe hierfür zeigt, wie schwierig Benachteiligungen zu messen sind. Es liegt nicht nur am Rassismus, wenn Schulen weniger Lehrkräfte mit Migrationshintergrund haben.

So arbeiten im öffentlichen Dienst viele ältere Personen; ein Vergleich mit der gesamtdeutschen Migrationshintergrundquote hinkt folglich, weil diese bei jungen Menschen deutlich höher ausfällt als bei älteren. Bildungsvoraussetzungen wie das Abitur und ein anschließendes Studium, das Lehrkräfte haben müssen, erlangen Menschen mit Migrationshintergrund ebenfalls seltener. Zudem ist der Beamtenstatus grundsätzlich Deutschen vorbehalten, während viele Einwandernde zunächst keine Staatsbürgerschaft haben. Andere wiederum ziehen ein höheres Einkommen in der

Privatwirtschaft vor oder wollen selbständig sein. Der Pool, aus dem Schulen und Universitäten ihr Personal rekrutieren, ist also anders zusammengesetzt als die Gesamtbevölkerung. Diskriminierung ist ein Faktor unter mehreren; ihr relatives Gewicht kann nicht zuverlässig gemessen werden.[49]

Das heißt wohlgemerkt nicht, dass der «Migrantenanteil» im öffentlichen Dienst nicht erhöht werden sollte. Polizei und Schulen können ihre Aufgaben besser wahrnehmen, wenn ihr Personal verschiedene Sprachen spricht und soziokulturelle Besonderheiten einschätzen kann. In der Bildung geht es auch um Vorbilder. Doch was ist der richtige Weg? Wer Rassismus und Diskriminierung für die wichtigste Ursache hält, für den liegt die Antwort auf der Hand. Es braucht Quoten, die notfalls gewisse Abstriche bei der Qualität zulassen, weil strukturelle Nachteile die Gesellschaft durchziehen, die es auszugleichen gilt.

Gefordert werden Quoten im öffentlichen Dienst etwa von der Bundeskonferenz der Migrantenorganisationen.[50] Die Türkische Gemeinde in Deutschland hatte vor ein paar Jahren vorgeschlagen, öffentliche Aufträge privilegiert an Unternehmen zu vergeben, die mehr Eingewanderte einstellen.[51] Politisch hat dies – bisher jedenfalls – keine Durchsetzungschance, was ein Grund ist, warum die Ampelkoalition ihr Versprechen nicht einlöste, ein Bundespartizipationsgesetz einzuführen. Auf dieses Gesetzesvorhaben hatte sich nämlich die Forderung nach einer Migrationshintergrundquote bezogen. Nach Medienberichten hatte die Bundesregierung allenfalls eine abgespeckte Version mit behördeninternen Zielvorgaben geplant, bevor die vorgezogene Bundestagswahl das Projekt stoppte.

Die politische Entscheidung gegen eine harte Quote liegt neben politischen Gegenargumenten auch an praktischen Problemen. Eine Quote unter Rückgriff auf den Migrationshintergrund bzw. die Einwanderungsgeschichte würde die dritte Generation schwarzer oder türkeistämmiger Deutscher nicht erfassen. Diese besitzen häufig keinen Migrationshintergrund im Sinne der Definition mehr, wohl jedoch eine Österreicherin, die aus Salzburg nach München zieht.[52] Das wäre absurd. Eine verbindliche Quote müsste daher, wenn überhaupt, Gruppen mit Rassismus- oder Diskriminierungserfahrung bevorzugen. Das wirft jedoch die Frage auf, ob dazu auch Latinos gehören und ab wann eine Person als schwarz gilt. Befragungen stützen sich auf eine Selbstauskunft, was bei Gesetzen nicht geht, die mit handfesten Vorteilen einhergehen: etwa die bevorzugte Beförderung im Vergleich zu Kollegen, die keiner geschützten Gruppe angehören.

Darüber hinaus privilegiert eine Quote aufgrund der Einwanderungsgeschichte ein einzelnes Identitätsmerkmal. Die Tochter eines indischen Managerpaars würde dem Sohn einer alleinerziehenden und bildungsfernen Mutter vorgezogen, die keine ausländischen Vorfahren hat. Das ist keine vernünftige Vision einer Gleichstellungspolitik, die alle Merkmale ernst nimmt, an die anzuknüpfen die Charta der Grundrechte der Europäischen Union verbietet: «Geschlecht, Rasse, Hautfarbe, ethnische oder soziale Herkunft, genetische Merkmale, Sprache, Religion, Weltanschauung, Vermögen, Behinderung [etc.]».[53]

Kontraproduktiv können Quoten auch für das gesellschaftliche Selbstbild sein. Das «Dilemma der Differenz» erklärt, warum ein ethnisches Containerdenken, das eine jede Person in erster Linie nach der Abstammung beurteilt, den Wunsch nach Gleichstellung konterkarieren kann. Der Kampf gegen Vorurteile, Diskriminierung und Rassismus betont zwangsläufig diejenigen Eigenschaften, an die die Benachteiligung jeweils anknüpft. Das stärkt die Bedeutung von Hautfarbe, Religion und Herkunft in der Selbst- und Fremdwahrnehmung und fördert dadurch ein essentialisierendes Gruppendenken.[54] Schlimmstenfalls kann der Antirassismus also die Vorurteile verfestigen, die überwunden werden sollen:

«Wer Unterschiede betont, erntet zumindest im Hinterkopf Stereotype.»[55] Die Antwort lautet aber nicht, der Illusion einer Einwanderungsgesellschaft zu frönen, in der die Diskriminierungsmerkmale irrelevant wären. Auch das verfestigte Vorurteile. Stattdessen muss Deutschland als Einwanderungsland eine umsichtige Rassismusbekämpfung mit der Suche nach einem Selbstbild verbinden, das die vielfältige Gesellschaft eint.

Diese Suche nach kollektiven Bindegliedern ist umso wichtiger, als eine Kehrseite des Antirassismus meistens ignoriert wird. Wer immer nur betont, wie wichtig Hautfarbe, Religion und Herkunft der eingewanderten Deutschen sind, kann unbeabsichtigt einen «weißen Nationalismus» fördern, wenn die mehr oder weniger blonden Alteingesessenen plötzlich ihre Gruppenzugehörigkeit betonen.[56] Der Erfolg von Donald Trump in den USA beruht unter anderem auf dieser Logik. Deutschland kann das noch verhindern, wenn es die Lehren aus dem Dilemma der Differenz im Diskurs und in der praktischen Politik beherzigt.

Für die politische Mitte kann das Fazit nur lauten, dass der Verzicht auf Quoten den Staat und die Gesellschaft nicht von der Aufgabe befreit, konsequent gegen Rassismus, Diskriminierung und Vorurteile vorzugehen. Das Ziel lautet, in allen Lebensbereichen möglichst faire Rahmenbedingungen zu garantieren, ohne die Eigenverantwortung zu beseitigen, ob wir in Schule, Studium, Sport, Kultur und Beruf erfolgreich sind oder nicht. Gerade die erste Einwanderungsgeneration zeigt häufig eine bewundernswerte Leistungsbereitschaft und einen Wagemut, der vielen Deutschen ohne Migrationshintergrund fehlt.

Ich kenne die Kritik, dass das Plädoyer für Chancengleichheit wegen der tiefsitzenden strukturellen Benachteiligungen eine Illusion bleibt, mit der privilegierte Gruppen sich als tolerant präsentieren, einen echten Wandel jedoch verhindern.[57] Mich überzeugt diese Position weder analytisch noch normativ. Die Politik sollte sich bei der Suche nach geeigneten Instrumenten zur Herstellung von Chancengleichheit konsequent Schwarz-Weiß-Bildern verweigern, indem sie den auf der Linken vorherrschenden Fokus auf aktive Gleichstellung abhängig von den jeweiligen politischen Mehrheiten mit dem konservativen Akzent auf Eigenverantwortung verbindet.

Dabei hilft es, optimistisch auf das Erreichte zu blicken. «Wir schaffen das» ist gerade bei der Gleichstellung eine hilfreiche Leitschnur. Viel zu lange führten die Alteingesessenen ein Selbstgespräch «über» Migration, anstatt in der Einwanderungsgesellschaft miteinander zu sprechen. Daran hat sich inzwischen einiges geändert, denn in Medien, Politik und Alltag sind Menschen mit Einwanderungsgeschichte heute sichtbarer als früher. Bushido als Vertreter des Deutschrap, Pinar Atalay als Moderatorin von RTL aktuell, zahlreiche YouTube-Influencerinnen, Helene Fischer als russlandstämmige Schlagersängerin und Udo Di Fabio als ehemaliger Verfassungsrichter – künftig wird es noch mehr solcher Vorbilder geben, wenn Staat und Gesellschaft die Integration und den Zusammenhalt im Einwanderungsland gemeinschaftlich fördern und fordern.

7.
Einwanderungsrepublik Deutschland

«We, the people» (Wir, das Volk) lauten die ersten Worte der Verfassung der Vereinigten Staaten von 1787. Der selbstbewusste Verweis auf das Staatsvolk war mutig, weil die Einwohner der früheren Kolonien nach der Unabhängigkeit erst noch ein Gemeinschaftsgefühl entwickeln mussten und es damals weltweit noch keine einzige funktionierende Demokratie gab. Auch Bundespräsident Frank-Walter Steinmeier (SPD) plädierte anlässlich des 75. Verfassungsjubiläums in Deutschland für ein neues «Wir»[1]. Diese Formulierung bekräftigt den verbreiteten Wunsch nach «Zusammenhalt» und drückt aus, dass dieser aus der Gesellschaft heraus entstehen muss.

Für ein derartiges Streben nach Gemeinsinn steht der Begriff der Republik, der auf Lateinisch die öffentlichen Angelegenheiten bezeichnet (*res publica*). Die Republik erschöpft sich nicht in der Abkehr von der Monarchie, sondern bezeichnet eine demokratische Staatsorganisation, an der alle Bürgerinnen und Bürger aktiv teilhaben.[2] Im öffentlichen Diskurs der Gegenwart kommt die Republik kaum vor, obwohl der offizielle Staatsname der Bundesrepublik auf sie verweist. Der spätere Bundespräsident Theodor Heuss (FDP) hatte die Bezeichnung während der Verhandlungen im Parlamentarischen Rat erfolgreich gegen alternative Vorschläge wie «Bund deutscher Länder» oder «Bundesstaat» verteidigt: «Ich halte den Begriff ‹Republik› im Hinblick auf seine inhaltliche Erfülltheit für unerlässlich.»[3]

Dieses abschließende Kapitel fragt, wie die «inhaltliche Erfülltheit», die der erste Bundespräsident anstrebte, im Einwanderungsland gelingen kann. Vokabeln wie Integration oder Teilhabe liefern keine Antwort, denn sie setzen eine bestehende Struktur voraus, sagen jedoch nicht, wie diese aussehen soll. Fest steht angesichts von Migration, dass Abstammung und Religion als Bindeglieder ausscheiden. Stattdessen braucht die Einwanderungsrepublik ein kollektives Selbstbild, das der gesamten Bevölkerung ein Identifikationsangebot unterbreitet und diese in Vielfalt eint. Ein hierauf fußender Gemeinsinn dient der Einwanderungsrepublik als Fundament, um aufreibende Debatten über die künftigen Einreiseregeln, die Neujustierung des Asylsystems und die Gewährleistung des Zusammenhalts in wirtschaftlichen und politischen Krisenzeiten zu meistern.

Der «Doppelpass» beinhaltet einen Widerspruch

In einem Einwanderungsland sollte ein Grundkonsens bestehen, dass Einwanderer sich einbürgern lassen können. Mit der Staatsangehörigkeit werden «Ausländer» offiziell «Deutsche». Einen derartigen Einbürgerungsanspruch garantiert die Bundesrepublik seit 1993.[4] Diese wegweisende Veränderung beachtete damals kaum jemand, weil alle über den gleichzeitigen Asylkompromiss sprachen. Praktisch wirkte sie dennoch. Allein 1997 wurden 40 000 Türkeistämmige eingebürgert.[5] Heftigen Streit verursachte drei Jahre später die große Reform unter Bundeskanzler Gerhard Schröder (SPD). Zur Jahrtausendwende wurden die Wartefristen für eine Einbürgerung auf acht Jahre verkürzt und außerdem das Geburtsortsprinzip (*ius soli*) eingeführt, dessen lateinischer Name auf Deutsch «Bodenrecht» heißt. In Deutschland geborene Kinder ausländischer Eltern werden seither mit der Geburt automatisch Deutsche, wenn die Eltern seit früher acht und heute fünf Jahren rechtmäßig im Bundesgebiet leben.

Einbürgerung und Geburtsortsprinzip waren Meilensteine auf dem Weg zum Einwanderungsland, das zuvor nur das Abstammungsprinzip (*ius sanguinis*) gekannt hatte. Dieses besagt, dass Eltern den Pass an ihre Kinder vererben (daher die lateinische Bezeichnung als «Blutrecht»). Im Einwanderungsland ist das nicht ausreichend. Anstelle der Vorfahren sollte in erster Linie der Lebensmittelpunkt entscheiden, welche Staatsangehörigkeit jemand besitzt. In den demokratischen Parteien ist diese Forderung heutzutage konsentiert. Dennoch aufflammende Kontroversen betreffen die Bedingungen, nicht die Grundsatzfrage, ob es Einbürgerung und *ius soli* geben soll.

2024 verkürzte die Ampelkoalition die Wartefrist für eine Einbürgerung von acht auf fünf Jahre. Einen Einbürgerungsanspruch besitzen nach fünf Jahren allerdings nur Personen, die ordentlich Deutsch sprechen, vom eigenen Geld leben, keine schweren Straftaten begingen und einen Einbürgerungstest bestehen. Der Staat verlangt für den Passerwerb also eine gelungene Integration. Aus diesem Grund finde ich die Fünf-Jahres-Frist in Ordnung. Es liegt im Eigeninteresse der Einwanderungsrepublik, dass die «neuen Deutschen» offiziell dazugehören und an Wahlen teilnehmen können. Die nächste Bundesregierung sollte daher an der Fünf-Jahres-Frist festhalten, während man darüber streiten kann, ob die Behörden eine «Turbo-Einbürgerung»[6] bereits nach drei Jahren aussprechen dürfen sollen.

Viele Leserinnen und Leser dürften intuitiv vermuten, das Plädoyer für die Fünf-Jahres-Frist schließe die Unterstützung der doppelten Staatsangehörigkeit ein. Schließlich suggerieren viele Befürworter, der «Doppelpass» gehöre ebenso selbstverständlich zum Einwanderungsland wie Einbürgerung und Geburtsortsprinzip. Das überzeugt nicht. Mehrfache Staatsangehörigkeiten, die sich über Generationen hinweg vererben, sind nicht «modern», weshalb die Ampelkoalition es sich zu einfach machte, als sie das

Gesetz, das den Doppelpass im Jahr 2024 bedingungslos akzeptierte, als «Staatsangehörigkeitsrechtsmodernisierungsgesetz» bezeichnete – ein so grausig langes Wort, dass einen Sonderpunkt verdient, wer dieses im Integrationskurs fehlerlos schreiben und aussprechen kann!

Akzeptiert wurde die Mehrstaatigkeit in drei Schritten. Nach der Jahrtausendwende zuerst für EU-Länder und Ausnahmefälle. Seit 2014 dürfen auch Kinder, die mit der Geburt automatisch Deutsche werden (*ius soli*), dauerhaft zweite und dritte Staatsangehörigkeiten behalten. Die frühere Regelung, wonach sich Kinder mit der Volljährigkeit für einen Pass hatten entscheiden müssen, beseitigte die Große Koalition ohne lange Debatte. Formal betraf die Reform von 2024 daher nur noch Neuankömmlinge, die sich einbürgern lassen. Gerade für diese Gruppe überzeugen mehrfache Staatsangehörigkeiten am ehesten. Neu Eingereiste fühlen sich zuerst einmal zwei Ländern zugehörig, zumal häufig nicht feststeht, ob sie bleiben oder zurückkehren.

Spätestens bei Kindern und Enkeln beinhaltet der Doppelpass jedoch einen Widerspruch, soweit man diesen, wie Bundeskanzler Olaf Scholz (SPD), damit begründet, dass die Mehrstaatigkeit die «Heimatidentität»[7] der Eingewanderten schütze. Gewiss dürfen alle Deutschen ihre persönliche Identität frei wählen, mehrere Sprachen sprechen und Freunde auf der ganzen Welt haben. Allein bei der Staatsangehörigkeit geht es um etwas anderes: die Zuordnung zu einem Staatswesen. Darüber sollte im Einwanderungsland der Lebensmittelpunkt entscheiden, nicht die Vorfahren oder das Aussehen. Genau das macht der Doppelpass jedoch für das familiäre Herkunftsland. Es ist ein Widerspruch, einerseits die Abstammung für das Deutschlandbild für irrelevant zu erklären und gleichzeitig Kinder und (Ur-)Enkel mit Einwanderungsgeschichte in Form mehrfacher Staatsangehörigkeiten ethnisch und kulturell dauerhaft anderen Staaten zuzuordnen.

An sich überzeugt deshalb ein «Generationenschnitt». Bei der ersten Einwanderungsgeneration wird Mehrstaatigkeit akzeptiert, spätestens bei den Enkeln sodann jedoch ein Cut gemacht. Diese sind nur noch Deutsche. Für deutsche Auswanderer gilt dasselbe. Spätestens deren Enkel sollten keine Deutschen mehr sein. Einen solchen Generationenschnitt wollte die letzte Bundesregierung prüfen, verzichtete dann jedoch auf eine Realisierung auch aus Rechtsgründen. Rechtssicher umsetzen ließe sich das Vorhaben nur, wenn Deutschland mit den Herkunftsländern vertraglich vereinbarte, dass diese ihre Staatsangehörigkeit nicht dauerhaft vererben.[8] Das hätte vor 25 Jahren klappen können, als Deutschland als Gegenleistung noch hätte anbieten können, im Gegenzug zwei Pässe zu akzeptieren. Heute dürften solche Verhandlungen illusorisch sein, solange künftige Bundesregierungen nicht zur Rechtslage des Jahres 1999 zurückkehren und mehrfache Staatsangehörigkeiten generell verbieten.

Vielleicht hat die absehbar zunehmende Anzahl von Personen mit Doppelpass am Ende dennoch etwas Gutes. Wenn Linke und Progressive diesen für den Inbegriff von Modernität halten, müssen sie umgekehrt anerkennen, dass zum deutschen Selbstbild – ebenso wie für die Herkunftsländer – eine «Heimatidentität» gehört, mit der Bundeskanzler Scholz mehrfache Staatsangehörigkeiten rechtfertigte. In der Republik lebt die Bevölkerung nicht nur zusammen in einem Staatsgebiet wie die Untertanen einer Königin, sondern fühlt sich dem Gemeinwesen zugehörig. Deutschland braucht ein Selbstverständnis, das Eingewanderte und Alteingesessene gleichermaßen mitnimmt. Ein solches erneuertes Selbstbild unterstützt zugleich, dass die Einbürgerung mehr ist als ein schnöder Verwaltungsakt. Im Idealfall geht sie mit einer inneren Hinwendung zum Gemeinwesen einher, die Einbürgerungsfeiern symbolisch zum Ausdruck bringen.

Was heißt «deutsch» heutzutage?

Studien erkunden regelmäßig, worauf es aus Sicht der Bevölkerung ankommen soll, damit Eingewanderte den deutschen Pass bekommen, «dazugehören» oder als «deutsch» wahrgenommen werden. Die Prozentzahlen liefern ein eindeutiges Bild: Nur noch eine Minderheit von 20 bis 30 Prozent verweist auf ethnische oder religiöse Zugehörigkeitskriterien wie Vorfahren, Geburt im Inland oder das Christentum. Die überwältigende Mehrheit unterstützt dagegen Merkmale, die Eingewanderte beeinflussen können: Deutschkenntnisse, einen Job, keine Straftaten und eine unbestimmte Bereitschaft, «sich an den Lebensstil der Deutschen anzupassen». Seit der Wiedervereinigung erlebten diese Kriterien einen rasanten Aufstieg, besonders ausgeprägt bei jüngeren Menschen. Dagegen hatte im Jahr 1996 eine deutliche Mehrheit noch Geburt und Abstammung genannt.[9]

Nach Meinung der Bevölkerung müssen Einwanderer sich die Zugehörigkeit also «verdienen». Wer sich anstrengt, bekommt gleiche Rechte. Für das Einwanderungsland Deutschland ist das prinzipiell eine gute Nachricht: Es gibt kein tiefsitzendes Blut-und-Boden-Denken mehr. Allerdings profitieren von diesem gewandelten Deutschlandbild nicht alle Einwanderungsgruppen gleichermaßen. In meiner Schulzeit waren Italien und Griechenland als Herkunftsländer präsent. Freunde des deutschen Schlagers erinnern sich an «Männer mit braunen Augen und schwarzem Haar», die zu «griechischem Wein» eine Musik hörten, die «fremd und südlich» war. Dieses wohl bekannteste Lied über die Gastarbeit ist von Mitgefühl getragen und berichtet, dass die Arbeitskräfte anfangs nicht dazugehörten: «In dieser Stadt werd' ich immer nur ein Fremder sein, und allein.»[10]

Heute spricht in Deutschland kaum noch jemand über die Einwanderung aus Italien und Griechenland. Auch wissenschaftliche Studien gibt es nur noch vereinzelt – ganz anders als über die Türkei, obwohl der öffentliche Diskurs in den 1970er und 1980er Jahren alle Anwerbestaaten noch weitgehend gleichbehandelt hatte. Man sprach pauschal von «Gastarbeitern», «Südländern» oder, in einer progressiven Wendung, von «ausländischen Mitbürgern». Religion spielte damals kaum eine Rolle, was sich seither grundlegend änderte.[11] Auch Polenstämmige kommen zunehmend im Mainstream an. Vor einigen Jahren waren noch «Polenwitze» verbreitet. Jugendliche verbargen ihre polnischen Wurzeln aus Sorge vor einer gesellschaftlichen Ausgrenzung. Anschaulich zeigt das ein Videoclip von Alli Neumann über «Undercover-Polen» in Nordfriesland.[12] Während die großen Communitys der Italien-, Griechenland- und Polenstämmigen sich in der öffentlichen Wahrnehmung verflüchtigen, bleiben Türkeistämmige in der Migrationsdebatte omnipräsent. Dabei geht es seit der Jahrtausendwende häufig um den Islam.

Auch in den Vereinigten Staaten wurden Einwanderungsgruppen immer wieder in das kollektive Selbstbild aufgenommen. Zu Beginn des 20. Jahrhunderts hatte die protestantische Mehrheit der Einwanderer aus Nordwesteuropa noch die Einreise von Juden, Katholiken und Südeuropäern rigoros begrenzt und Asiaten und Schwarze ganz ausgeschlossen. Es war eine kleine Sensation, als John F. Kennedy vor 65 Jahren der erste katholische US-Präsident wurde; beim irischstämmigen Joe Biden interessierte das niemanden mehr. Eine ähnliche Entwicklung könnten Latinos und Asiaten in den nächsten Jahren nehmen.[13]

Eine derartige Veränderung nimmt zuvor ausgegrenzte Gruppen in den Mainstream auf, beinhaltet jedoch kein beliebiges Ergebnis. Die Bevölkerung vereint sich weiterhin hinter einem kollektiven Selbstbild; außerdem werden nicht alle Herkunftsländer gleichermaßen erfasst. Das Beispiel der USA verdeutlicht, dass der Wandel von leidenschaftlichen Debatten begleitet sein kann. Das Bekenntnis zum Einwanderungsland ist auch insofern keine Schönwetterformel. Allein die Person von Donald Trump zeigt, wie schmerzhaft solche Debatten ausfallen können.

Für den Wandel des Selbstbilds steht in den USA traditionell die Idee des «Schmelztiegels» (*melting pot*), wonach die Eingewanderten in einem Ganzen aufgehen. Bis heute prägt alle US-Münzen das Motto «e pluribus unum» – aus vielen eines. Früher lief dies auf eine einseitige Assimilation hinaus, also die Anpassung an die dominante Mehrheitskultur.[14] Eingewanderte sollten zum weißen Mainstream aufschließen – mit einem Haus in der Vorstadt, Auto und glücklichen Hausfrauen. Zahlreiche Hollywood-Filme aus der Nachkriegszeit verewigten dieses Ideal. Eine solche Assimilation ist aber nicht zwingend. Die Idee des Schmelztiegels lebt modifiziert fort. Studien zeigen, dass die zweite und dritte Einwanderungsgeneration nicht nur bei Arbeit, Bildung und Wohnung ordentlich abschneiden. Ein verändertes Selbstbild kann Impulse aufnehmen, wenn etwa Traditionen und Verhaltensweisen von Irland- und Italienstämmigen plötzlich als «typisch amerikanisch» wahrgenommen werden.[15]

In den USA fällt eine solche Inkorporation leichter als in Deutschland. So gehört es jenseits des Atlantiks, wo ich dieses Buch während eines Forschungsaufenthalts schrieb, zum Small Talk, die familiären Einwanderungsgeschichten auszutauschen: «Sie sind Deutscher? Wie schön! Meine Großmutter kam auch dorther. Irgendwo aus ...» An die Stadt erinnert sich kaum jemand, aber darauf kommt es gar nicht an. Die USA verstehen sich als «Nation von Eingewanderten» (*nation of immigrants*),[16] weil die allermeisten sich vage an die familiäre Herkunft erinnern. In Deutschland ist das anders, was sich allein daran zeigt, dass die Frage nach der Herkunft kontextabhängig ausgrenzend wirken kann. Selbst bei Jugendlichen liegt der Anteil mit Migrationshin-

Wie es nicht geht, zeigt eine Episode aus dem Jahr 2017. Unter der Überschrift «Wir sind nicht Burka» verlangte der damalige Innenminister Thomas de Maizière (CDU) eine Leitkultur jenseits des Rechts: «Wir geben uns zur Begrüßung die Hand.»[20] Beide Forderungen sind für sich genommen legitim; der Europäische Gerichtshof für Menschenrechte akzeptierte ein französisches Burkaverbot.[21] Allerdings hinterließ der Fokus auf Burkaträgerinnen und Handschlagverweigerer den Eindruck, das deutsche Selbstbild bestehe vor allem aus einer Abgrenzung vom Islam. Gereizt reagierte die Integrationsbeauftragte Aydan Özoğuz (SPD): Eine deutsche Kultur jenseits der Sprache sei «schlicht nicht identifizierbar».[22] Die demokratische Mitte schaffte kein konstruktives Gespräch und hinterließ damit eine Leerstelle.

Das muss sich ändern. Politik und Gesellschaft müssen über kollektive Gemeinsamkeiten konstruktiv streiten lernen. Für diese Suchbewegung steht die Karriere von Begriffen wie «Heimat», «Zusammenhalt» und «Wir-Gefühl», die allesamt eine Zielvorgabe benennen, deren Inhalt aber allenfalls vage beschreiben. Diese Unentschiedenheit reagiert auf die Schwierigkeit, das Gemeinsame jenseits fundamentaler Wertentscheidungen wie Demokratie oder Meinungsfreiheit auf den Punkt zu bringen. Das Grundgesetz dient als Fundament, reicht jedoch nicht aus. Ansonsten gäbe es kaum Unterschiede zwischen dem kollektiven Selbstbild der Deutschen, Spanier, Kanadier und Niederländer, deren Verfassungen allesamt Demokratie und Grundrechte garantieren. Beim Deutschlandbild geht es immer auch um Alltagspraktiken und Selbstverständnisse, die sich von Region zu Region und Mensch zu Mensch unterscheiden.

Vor diesem Hintergrund ist das Hauptproblem der konservativen Leitkulturdebatte nicht das demonstrative Bekenntnis zu Heimat, Traditionen und Bräuchen, sondern die unterschwellige Annahme, dass es eine verbindliche, unverrückbare und uniforme

Leitkultur gebe. Dabei verändert sich gerade die Alltagskultur ständig, und viel kann der Staat nicht vorgeben. Das wollen die Befürworter einer Leitkultur meistens auch gar nicht, allein der Begriff transportiert diese Annahme. Man muss nur einmal statt über Leitkultur von einem «Leitbild» oder «Heimat» sprechen. Beide Begriffe laden dazu ein, Geschichten zu erzählen. Um Gemeinsamkeiten geht es weiterhin, aber diese präsentieren sich als offen und veränderbar.

Das wiederum gefällt einigen Linken nicht, die Diskussionen über «Heimat» und «Deutschland» ablehnen. So vermutete die spätere Bundesbeauftragte für Antidiskriminierung, Ferda Ataman, hinter dem Heimatbegriff eine völkische Blut-und-Boden-Mentalität, als Innenminister Horst Seehofer (CSU) diesen im Jahr 2018 forcierte.[23] Das übersah, dass eine freiheitliche Gesellschaft sehr wohl auf einen Gemeinsinn angewiesen ist, der ethno-kulturelle Volkskonzepte überwindet, ohne kollektive Gemeinsamkeiten für irrelevant oder inexistent zu erklären. Ein derartiges republikanisches «Wir-Gefühl» tritt einem rechten und islamistischen Autoritarismus ebenso entgegen wie linkem und identitätspolitischem Containerdenken, das Fehlentwicklungen vorrangig mit den diversen Ausprägungen des Rassismus erklärt.

Ebendiese unverbindlichen und veränderbaren Gemeinsamkeiten dürfte die Bevölkerung gemeint haben, als 80 Prozent in der bereits erwähnten Umfrage antworteten, Einwanderer sollten «sich an den Lebensstil der Deutschen anpassen», wenn sie Deutsche werden wollten. Die abstrakte Formel vom Lebensstil ist ausweislich der Antworten auf die anderen Fragen kein Platzhalter für Religion und Abstammung, sondern dürfte vor allem eine Alltagskultur meinen, die das gesellschaftliche Miteinander prägt – und die in Hamburg anders aussehen mag als im Erzgebirge, dem Rheinland oder Oberbayern.

Eine derartige Alltagskultur überschreitet den verfassungspatriotischen Verweis auf das Grundgesetz und verlangt mehr als die Notwendigkeit einer politischen Kultur in Form der Bereitschaft, an demokratischen Prozessen mitzuwirken und Mehrheitsentscheidungen anzuerkennen. Diese politische Kultur ist für eine Einwanderungsrepublik unerlässlich. Allerdings bliebe der Zusammenhalt brüchig, wenn man die politische Kultur für ausreichend hielte, weil alles andere eine Frage des Privatlebens sei, wo jeder nach seiner Fasson glücklich werden könne.[24] Die Einwanderungsrepublik muss die unverbindlichen und veränderbaren Bindeglieder der Alltagskultur wertschätzen lernen.

Das gelingt besser, wenn Staat und Gesellschaft drei Bereiche typisierend abstufen, die sich danach unterscheiden, wie viel Gemeinsamkeit die Gesellschaft anstrebt und mit welcher Verbindlichkeit sie diese vorgibt. Den äußeren Kreis bildet die Privatsphäre, wo jeder nach seiner Fasson glücklich sein soll. Hier muss eine freiheitliche Gesellschaft am meisten Unterschiede aushalten, soweit die Bevölkerung mit und ohne Einwanderungsgeschichte unterschiedliche Präferenzen besitzt. Ihre privaten Vorlieben dürfen alle frei ausleben. In der Privatsphäre herrscht abhängig von persönlichen Vorlieben eine multikulturelle Beliebigkeit, die die Grundrechte absichern.

Den Gegenpol bildet die staatliche Sphäre. Hier schreiben die Gesetze ein bestimmtes Verhalten vor. Das schließt Debatten nicht aus, denn Gesetze können geändert werden. Das gilt exemplarisch für die Frage, ob Muslima im öffentlichen Dienst ein Kopftuch tragen dürfen. In Frankreich ist das strikt verboten und selbst private Unternehmen dürfen ihren Angestellten dort neutrale Kleidung vorschreiben. Dagegen besitzen die deutschen Bundesländer unterschiedliche Regeln. Nicht einmal die beiden Senate des Bundesverfassungsgerichts sind sich einig. Das erste Kopftuchurteil übertrug den Landesparlamenten die Entscheidung, ob Lehrerinnen ein Kopftuch tragen dürfen, während ein späteres Urteil des anderen Senats ein Verbot nur für zulässig erachtete, wenn der Schulfrieden konkret bedroht ist.[25]

Das Beispiel zeigt, dass selbst das Grundgesetz bei aktuellen Streitthemen nicht immer eine eindeutige Lösung vorgibt. Die Verfassung benennt eine Tabuzone, ersetzt innerhalb derselben jedoch keine Debatten. Das Streben nach Zusammenhalt verlangt in diesen Fällen die Bereitschaft zur inhaltlichen Auseinandersetzung, anstatt so zu tun, als plädierten die Grundrechte immer für den Vorrang privater Interessen.[26] Das stimmt für die Privatsphäre, nicht jedoch für die staatliche Sphäre, wo die Gesetze ein bestimmtes Verhalten einfordern.

Das Drei-Kreise-Modell belässt es nicht beim Gegensatz von multikultureller Privatsphäre und leitkultureller Staatssphäre. Zentral für den Zusammenhalt ist eine mittlere Zivilsphäre, die das Zusammenleben prägt, ohne dass konkrete Verhaltensweisen verpflichtend vorgegeben werden.[27] Über den Inhalt dieser mittleren Zivilsphäre darf und soll die Einwanderungsrepublik diskutieren, denn es gibt keine eindeutigen Antworten, was dazugehört und was nicht. Gemeinsam ist den Inhalten, dass sie jeweils auf ihre Art «typisch deutsch» sind und insofern das Miteinander prägen. Dazu gehören Sekundärtugenden wie Leistungsbereitschaft und Pünktlichkeit ebenso wie die Alltagskultur mit dem Händeschütteln, Vereinen und Ehrenamt sowie Kleidungsgewohnheiten in Büro und Freizeit. Typisch deutsch sind alte und neue Bräuche wie Weihnachtsmärkte, Oktoberfest, Karneval, Berliner Clubs, Ballermannhits, Beethoven, etc.

Diese Liste ist bewusst lang und vielfältig, um zu verdeutlichen, dass die Zivilsphäre geografisch und persönlich variabel bleibt. Staat und Gesellschaft dürfen in all diesen Fragen inhaltlich Position beziehen, solange sie kein bestimmtes Verhalten vorschreiben, weshalb der Begriff der Leitkultur nicht passt. Die Suche nach einem zukunftsgewandten Gemeinsinn wird erfolgreich sein, wenn Staat und Gesellschaft der Versuchung widerstehen, über die Alltagskultur vorrangig entlang religiös konnotierter Themen zu diskutieren. Bürgerliche und Konservative müssen den Balanceakt hinbekommen, gegen die Burka und für das Händeschütteln einzutreten, ohne der großen Minderheit der deutschen Muslime, die die kritisierten Verhaltensweisen nicht praktizieren, unterschwellig zu signalisieren, dass sie keine vollwertigen Bürger der Einwanderungsrepublik sind.

Zuwanderung und Zusammenhalt sind nicht dasselbe

Es ist kein Zufall, dass sich in den Vereinigten Staaten ein entspanntes Selbstverständnis als «Nation von Eingewanderten» (*nation of immigrants*) zu einem Zeitpunkt herausbildete, als die Zugangszahlen nach dem Zweiten Weltkrieg einen historischen Tiefstand erreicht hatten. Es gab nur noch wenig Einwanderung, und die Politik versprach, dass dies so bleiben werde. In diesem Umfeld erlebten die Bindestrich-Identitäten als «Italo-Americans» oder «Irish-Americans» einen rasanten Aufstieg; Vielfalt wurde als Bestandteil des nationalen Selbstbilds gewertschätzt.[28] Dagegen hatte die US-Politik während der früheren Masseneinwanderung auf Assimilation gesetzt. So verboten mehrere Bundesstaaten im Umfeld des Ersten Weltkriegs deutschsprachigen Schulunterricht, um die Muttersprache einer großen Zuwanderungsgruppe auszumerzen.[29] Schnell verhärteten sich auch im US-Diskurs die Fronten wieder, als seit den 1970er Jahren die irreguläre Migration aus Lateinamerika anstieg. Seither kommt die Identitätsdebatte nicht zur Ruhe.

Für Deutschland zeigt die US-Erfahrung, dass die Entwicklung des Gebietszugangs und des Zusammenhalts zusammenhängen. Es ist müßig, darüber zu spekulieren, ob die Bundesrepublik heute unverkrampft dem kanadischen Motto «United in Diversity» (In Vielfalt geeint) folgen würde, wenn in den letzten zehn Jahren nicht mehrere Millionen Menschen aus EU-Staaten und über das Asylsystem eingereist wären. Es hätte ja sein können, dass die früheren Kontroversen über das Sarrazin-Buch *Deutschland schafft sich ab* und die Rolle des Islam sich als schmerzhafte Zwischenschritte für ein erneuertes Deutschlandbild erweisen. Debatten gäbe es weiterhin, weil auch eine vielfältige Republik leidenschaftlich über das kollektive Selbstbild streiten kann. Allerdings fielen diese konzilianter aus, wenn nicht jedes Jahr hunderttausende Menschen neu einreisten.

Auch künftig müssen Staat und Gesellschaft gedanklich zwischen Gebietszugang und Zusammenhalt unterscheiden. Einwanderungsländer haben, wie wir bereits sahen, keine offenen Grenzen. Der Staat darf verschiedene Zugangswege abstufen und die Einwanderung verweigern, wenn jemand die Kriterien nicht erfüllt. Die legitime Zugangskontrolle ändert jedoch nichts daran, dass alle Deutschen mit und ohne Migrationshintergrund eine gleichberechtigte Bürgerschaft besitzen. Ein Selbstverständnis als Einwanderungsrepublik gedeiht, wenn die Bevölkerung spürt, dass die Neuzuwanderung in geordneten Bahnen verläuft. Andernfalls droht, wie das Kapitel über Moral und Eigeninteresse zeigte, der Rückzug in ein eng verstandenes Gemeinschaftsgefühl, das sich von «den anderen» abgrenzt.

Für die deutsche Gegenwart folgt hieraus die Aufgabe, dem gefühlten Kontrollverlust im Asylsystem wirkungsvoll entgegenzutreten. Die Bundesrepublik kann, anders als die USA nach dem Zweiten Weltkrieg, das optimistische Selbstbild einer in Vielfalt geeinten Einwanderungsgesellschaft nicht im Angesicht niedriger Zugangszahlen entwickeln. Deutschland braucht ausländische Fachkräfte, um den Sturz von der demografischen Klippe abzuwenden und den Sozialstaat vor dem Bankrott zu bewahren. Außerdem ist Europa von armen und politisch instabilen Ländern umgeben, von woher auch künftig Menschen über das Asylsystem einreisen werden.

Angesichts dieser Rahmenbedingungen darf die Migrationspolitik speziell im Asylbereich auf kein «Weiter so» setzen. Bei einer Fortsetzung des Status quo droht Staat und Gesellschaft dasselbe Schicksal wie dem Kaninchen in der Redensart, das in eine Schockstarre verfällt, als es einer Schlange begegnet. Eine solche instinktive Schockstarre kann dem Kaninchen das Leben retten, wenn die Schlange das Tier nicht als Fressopfer erkennt und weiterzieht. Ebenso möglich ist allerdings der entgegengesetzte Effekt, wenn das Kaninchen durch die eigene Handlungsunfähigkeit sein Schicksal aus der Hand gibt.

Vergleichbares droht derzeit in der Asylpolitik, wenn die demokratische Mitte darauf vertraut, die Zugangszahlen durch kleinere Reformschritte dauerhaft unter Kontrolle halten zu können. Die Wahrscheinlichkeit ist groß, dass aufgrund von Krisen und Armut früher oder später erneut mehr Asylbewerber nach Europa zu kommen versuchen, als die westlichen Gesellschaften aufzunehmen bereit sind. Angesichts dieser Ungewissheit wird die politische Mitte die Deutungshoheit nur zurückgewinnen, wenn sie auch vor einer fundamentalen Neuausrichtung nicht zurückschreckt, die Moral und Eigeninteresse anders justiert. Als Jurist weiß ich zu Genüge, wie schwer derartige Vorhaben in Gesetzgebung und Verwaltungspraxis umzusetzen sind. Gerade deshalb braucht die gestaltende Migrationspolitik aber eine Vision davon, wie eine Trendumkehr gelingen kann.

Ein fester Bestandteil einer Neuausrichtung sind «Kontrollsignale»: sichtbare Maßnahmen, mittels derer der Staat einer skeptischen Öffentlichkeit seine Handlungsfähigkeit verdeutlicht. Auf diesem Weg kann die Politik den Alarmismus radikaler Akteure entkräften, die das Gefühl eines Kontrollverlusts beständig anheizen. Klassische Kontrollsignale sind Grenzkontrollen, Bezahlkarten, Migrationsabkommen oder sichere Drittstaatsmodelle. All diese Maßnahmen wirken durchaus, helfen nachhaltig jedoch nur, wenn sich die Situation tatsächlich verändert.

Um dies zu erreichen, darf die Politik nicht auf die kommunikative Strategie der Kontrollsignale hereinfallen. Vielmehr sind in ihrem Windschatten eine ganze Palette nationaler, europäischer und internationaler Maßnahmen anzugehen, die erst im Zusammenspiel den erhofften Steuerungserfolg erbringen. Bei der Suche nach einer nachhaltigen Asylpolitik sind Flexibilität und ständige Anpassung unerlässlich. Anstelle einer einmaligen Lösung benötigt speziell die Asylpolitik eine Toolbox, um situationsabhängig die jeweils geeigneten Instrumente miteinander zu kombinieren. Auf diesem Weg kann die Einwanderungsrepublik die Ruhe im Asylsystem jedenfalls kurzfristig herstellen, die für einen zukunftsgewandten Gemeinsinn unerlässlich ist.

Gleichzeitig sollte die demokratische Mitte durch langfristige Reformen die latente Unsicherheit in den Griff bekommen, indem sie auch vor scheinbar radikalen Neuerungen nicht zurückschreckt, die Asylmigration und Fachkräfteanwerbung intelligent miteinander kombinieren und dabei die Grundidee der Genfer Flüchtlingskonvention unter den Bedingungen der Globalisierung neu vermessen. Wenn dies nicht gelingt, gewinnen auf Dauer nur die Rechte und Populisten. Diese nutzen die allfälligen Defizite, um anstelle einer nachhaltigen Asylpolitik eine Abwärtsspirale fortwährender Restriktionen in Gang zu setzen. Vom Asylrecht bleibt dann früher oder später nichts übrig und es gedeihen Ressentiments gegen Eingewanderte und «sichtbare Minderheiten».

Leitplanken für einen migrationspolitischen Paradigmenwechsel

Dieses Buch endet mit acht Grundsätzen, die als Leitplanken der Neuausrichtung inhaltliche Orientierung geben, welche langfristigen Ziele eine ausgleichende Migrationspolitik verfolgen sollte. Die Zielsetzung lautet, die Einwanderung am wohlverstandenen Eigeninteresse auszurichten, die Grundidee des Flüchtlingsschutzes in die Zukunft zu retten und den republikanischen Zusammenhalt erfolgreich zu gestalten. Daher überschreiten die Grundprinzipien bewusst die Pfadabhängigkeiten des geltenden Rechts. Gesetze und Gerichtsurteile darf auch die demokratische Mitte überprüfen. Dies ist wohlgemerkt kein Plädoyer für ein beliebiges «Alles ist möglich» (*anything goes*). Sinn und Zweck der Leitplanken besteht darin, der Neuausrichtung als Kompass zu dienen, damit Deutschland und die anderen EU-Staaten sich als Einwanderungsländer für die Zukunft fit machen.

1. Einwanderung ist mehr als Asyl

In der öffentlichen Debatte über Migration ist die Asylpolitik so präsent, dass alles andere als Nebensache erscheint. Auch dieses Buch widmet der Asylpolitik mehr Raum als der Fachkräfteeinwanderung, obwohl diese ebenso wichtig ist. Es gibt im Globalen Süden hochmotivierte junge Menschen, die eine Chance verdienen, sich in Deutschland als Arbeitskräfte ein neues Leben aufzubauen. Dabei geht es längst nicht mehr darum, mittels der Erwerbsmigration unterschwellig weiße Menschen zu bevorzugen. Das weiterentwickelte deutsche Fachkräfteeinwanderungsgesetz, das im Sommer 2024 in Kraft trat, richtet sich aus gutem Grund an Arbeitskräfte aus der ganzen Welt.

Ein stärkerer Fokus auf Fachkräfte hilft der Bevölkerung, eine positive Einstellung zum Einwanderungsland zu entwickeln. Die Fachkräfteanwerbung kennt viel weniger Dilemmata als die Asylmigration. Der Sozialstaat und der Wirtschaftsstandort brauchen sie. Ein entspannteres Verhältnis zur Einwanderung unterstützt auch die Suche nach einem kollektiven Selbstbild, das alte und neue Deutsche in Vielfalt vereint. Eine kluge Migrationspolitik nutzt außerdem Arbeitsvisa, damit die Herkunfts- und Transitländer bei der Migrationskontrolle kooperieren. Das ist jedoch nur ein Nebeneffekt. Wirtschaftsmigration ist im Einwanderungsland zuvorderst ein Selbstzweck.

2. EU-Asylreform vollenden

Europa ist für Deutschland in jeder Hinsicht zentral. Wir haben gesehen, dass die jüngste Asylreform die Strukturprobleme mildert, nicht jedoch beseitigt. Die Verantwortlichen in Brüssel und Berlin müssen diese Änderungen konsequent zu Ende denken. Die Grenzverfahren an den EU-Außengrenzen sollten nicht nur eine Minderheit erfassen. Es ist eine Bankrotterklärung, wenn die EU-Staaten es nicht schaffen, die eigenen Asylgesetze so zu reformieren, dass sie die selbstgesetzten Steuerungsziele in Theorie und Praxis erreichen. Transitzentren sind dafür ein adäquates Mittel. Die fehlende Bewegungsfreiheit ist eine Härte, die eine ausgleichende Asylpolitik für einen begrenzten Zeitraum einfordern darf. Schließlich werden Asylbewerber nur deshalb nicht an den EU-Außengrenzen zurückgewiesen, um prüfen zu können, ob sie einen Schutzbedarf haben oder nicht.

Das heißt nicht, dass Grenzverfahren ein Allheilmittel wären. Die Politik braucht eine Toolbox mit nationalen, europäischen und internationalen Instrumenten, um flexibel auf die sich ständig ändernden Rahmenbedingungen reagieren zu können. Nur dann wird es gelingen, möglichst viele Personen ohne Schutzbedarf aus den Transitzentren abzuschieben oder von einer freiwilligen Rückkehr zu überzeugen. Dazu können auch sichere Drittstaatsmodelle und Rückkehrzentren außerhalb der EU beitragen. Eine solche Lösung wird speziell die deutsche Gesellschaft und Politik leichter akzeptieren, wenn sie sich ehrlich macht. Mittels Visumvorschriften und der internationalen Zusammenarbeit realisieren alle Bundesregierungen seit Jahrzehnten «harte» Maßnahmen fernab der deutschen Grenzen. Die wünschenswerte Balance zwischen Humanität und Ordnung gelingt besser, wenn Restriktionen in Europa rechtsstaatlich kontrolliert stattfinden und nicht Türsteher die Einreise erschweren.

3. Verfahrensdickicht entschlacken

In meiner Jugend stand die Bundesrepublik für Effizienz und Organisationstalent. Nicht nur bei der Migration stimmt das längst nicht mehr. Überlange und bürokratische Verwaltungsverfahren schrecken Fachkräfte ab und unterminieren den Vollzug der Ausreisepflicht. Personal und Digitalisierung sind notwendig, reichen jedoch bei Weitem nicht aus. Das Migrationsrecht verstrickt sich in einem Netz an hochkomplizierten Regelungen, bei der selbst Fachleute den Überblick verlieren können. Wir brauchen einen Neustart, anstatt einer Vielzahl kleiner Änderungen hier und dort, die die bestehenden Regeln immer komplizierter machen. Das Beispiel der Ukraine zeigt den Vorzug generalisierter Entscheidungen, die unter anderen Umständen auch zu Lasten von Einreisewilligen ausfallen können.

Ein Neuanfang gelingt nur, wenn die Gesetzgebung in Brüssel und Berlin nicht länger pfadabhängig das bestehende System fortschreibt. Außerdem müssen die Gerichte einzelne Urteile überdenken, die in den letzten Jahren aus den Menschenrechten eine detaillierte Einzelfallprüfung ableiteten. Stattdessen benötigen wir generalisierte Asylentscheidungen für schnelle und faire Verfahren an den Außengrenzen und andernorts. Zukunftsfähigkeit gewinnen Deutschland und Europa nicht durch ein pfadabhängiges «Weiter so», sondern durch ein reformatorisches «Zurück zu den Ursprüngen», das die Grundidee der Genfer Flüchtlingskonvention unter den Bedingungen der Globalisierung neu vermisst. Nur wenn die deutsche und europäische Politik das praxisuntaugliche Verfahrensdickicht zu hinterfragen bereit ist, das Gesetzgebung und Gerichte in den vergangenen 30 Jahren errichteten, kann sie «offenen Grenzen» und dem «Asylstopp» gleichermaßen entgegentreten.

4. «Ursünde» des Schengen-Raums beheben

Ein Konstruktionsfehler durchzieht das EU-Asylsystem. Abgeschaffte Binnengrenzkontrollen passen einfach nicht zu einem innereuropäischen Dublin-System, das mehrfache Asylanträge erlaubt und auf reaktive Überstellungsverfahren setzt, die in der Praxis selten funktionieren. Viele Asylantragsteller erreichen früher oder später das Zielland ihrer Wahl und bleiben dort dauerhaft, obwohl eine solche Sekundärmigration eigentlich illegal ist. Gesetzesänderungen und Verwaltungsreformen sind letztlich zum Scheitern verurteilt, solange diese «Ursünde»[30] nicht korrigiert wird. Die jüngst beschlossene Reform wagt diesen Schritt nicht. Das Ziel kann daher nur lauten, im Schengen-Raum nur noch eine Asylantragsoption zuzulassen, die perspektivisch von der EU-Asylagentur geprüft wird.

Sobald innerhalb Europas nur noch einmal Asyl beantragt werden kann, könnte die Politik in einem zweiten Schritt allen, die einen positiven Asylbescheid erhalten, das Recht geben, sich in jedem Land eine Arbeit zu suchen. Das wäre kein unreguliertes «Free Choice» wie in der aktuellen Praxis, sondern eine konditional bedingte Freizügigkeit für diejenigen, die wirtschaftlich auf eigenen Beinen stehen. Sozialleistungen gäbe es weiterhin nur in dem EU-Staat, der für den einen Asylantrag zuständig ist. Eine solche Umkehr setzt voraus, dass genügend Staaten bereit sind, Schutzberechtigte aufzunehmen, anstatt einen «Asylstopp» zu fordern. Bei einer Gesamtbevölkerung von über 400 Millionen sollte dies politisch machbar sein, wenn nur die Politik dem gefühlten Kontrollverlust entgegentritt. Falls die künftige Bundesregierung sich dafür entscheidet, die Dublin-Regeln vorübergehend außer Kraft zu setzen, um Asylbewerber an den deutschen Landgrenzen zurückzuweisen, könnte dies die Initialzündung für eine grundlegende EU-Reform darstellen. Eine solche ist für den langfristigen Erfolg unerlässlich, weil nationale Alleingänge schon aus geografischen Gründen nicht nachhaltig wirken.

5. Grenzen richtig denken

Viele Diskussionen haben eine Schlagseite. Sie konzentrieren sich auf Menschen, die sich bereits in Deutschland oder Europa aufhalten. Für die Entwicklung eines Gemeinsinns ist dieser Fokus richtig, denn zum gesellschaftlichen Zusammenhalt tragen alle Bürgerinnen und Bürger mit und ohne Einwanderungsgeschichte gleichermaßen bei. Bei der Einreisesteuerung ist die Situation jedoch eine andere. Die Fachkräfteanwerbung und das Asylrecht betreffen auch diejenigen, die gerne in Deutschland leben würden, dies jedoch nicht dürfen und es auch nicht irregulär versuchen. Ob eine Migrationspolitik ethisch überzeugt, richtet sich nicht nur nach denjenigen, die Deutschland erreichen.

Die internationale Zusammenarbeit kann dies ändern. Ein gutes Beispiel ist die humanitäre Hilfe für Erstaufnahmeländer wie die Türkei oder Ägypten, wenn europäische Gelder die Lage von Flüchtlingen vor Ort verbessern. Einen Schritt weiter gehen Migrationsabkommen, von denen einige bereits existieren, jedoch wenig Substanz haben. Der an sich richtige Gedanke wurde bisher nicht im größeren Stil umgesetzt, legale Zugangswege anzubieten, wenn die Herkunftsländer bei der Abschiebung abgelehnter

Asylbewerber kooperieren oder mittels anderer Instrumente die Migrationskontrolle verbessern helfen. Migrationsabkommen könnten sichere Drittstaaten überzeugen helfen, ausgelagerte Asylverfahren für diejenigen zu übernehmen, die irregulär nach Europa einreisen. Mittels eines regionalen Ansatzes könnte es sogar gelingen, die Seenotrettung im Mittelmeer zu stärken und damit die Todeszahlen zu senken, wenn die Geretteten an sichere Orte in Nordafrika gebracht werden dürften. Das UNHCR fordert derartige regionale Modellprojekte schon länger.

6. Asylsystem für alle öffnen

Einwanderungsländer lassen nicht jeden einreisen, der das will. Auch die Bundesrepublik steuert die Einreise bereits seit Jahrzehnten. Bisher konzentriert sich die Politik auf vorgelagerte Hindernisse wie Visumvorschriften und die Kooperation mit Nachbarländern, die als Türsteher die Einreise erschweren. Die derzeit dominanten Vorschläge für einen Neuanfang konzentrieren sich darauf, besonders schutzbedürftige Flüchtlinge aufgrund großzügiger Resettlementkontingente sowie anderer humanitärer Aufnahmeprogramme legal mit dem Flugzeug einreisen zu lassen. Alle sonstigen Personen sollen an der EU-Außengrenze weiterhin einen Asylantrag stellen können.[31] Diese Beibehaltung des Asylrechts verlangt freilich, die Verfahren deutlich strenger zu handhaben: mittels Transitzentren, dem Verbot mehrfacher Asylanträge und der Überstellung in sichere Drittstaaten oder Rückkehrzentren außerhalb der EU. Moralisch überzeugt ein solcher Ansatz, wenn legale Zugangswege nicht nur ein humanitäres Feigenblatt für Restriktionen sind.

Was in der Theorie einfach klingt, droht in der Praxis zu scheitern, wenn die Politik es nicht schafft, mittels entschlackter Asylverfahren und der internationalen Zusammenarbeit die Zugangszahlen nachhaltig zu senken. Dann würden weiterhin viele

Personen ohne Schutzbedarf über das Asylsystem faktisch einwandern und im Gegenzug legale Zugangswege nicht im hinreichenden Maße bereitgestellt. Ein konsequenter Systemwechsel verlangt daher, die Grundrechte strenger zu handhaben – notfalls im Wege einer Klarstellung in den EU-Verträgen und der Europäischen Menschenrechtskonvention. Es gäbe eine tägliche Höchstgrenze für Asylanträge an den EU-Außengrenzen, die vorrangig für Personen bereitstünden, die vorab elektronisch einen Termin vereinbarten. Daneben könnten sich Einreisewillige im Heimatland oder entlang der Migrationsrouten um eine legale Einreise nach Europa als Flüchtling, Familienangehörige oder Arbeitskraft bewerben. Alle anderen dürften die Grenze nicht überqueren. Sie würden nach einem extrem kurzen Verfahren mit strengen Prüfungsstandards zurückgewiesen, außer wenn eindeutig und unmittelbar Verfolgung droht.

7. Drei Integrationsphasen mit eigenen Herausforderungen

Ein Defizit aller Migrationsdebatten ist die pauschale Verwendung von Begriffen wie Migration und Einwanderung. Bei der Fachkräfteanwerbung stellen sich andere Fragen als im Asylsystem. Neueingereiste begegnen anderen Herausforderungen als in Deutschland geborene Kinder und (Ur-)Enkel von Eingewanderten. Aus diesem Grund muss das Einwanderungsland drei Phasen unterscheiden lernen. Staat und Gesellschaft können die erste Phase des Ankommens durch Sprachkurse und andere Hilfen unterstützen. Im Kern bleibt die Anpassung an das neue Lebensumfeld jedoch eine Obliegenheit jedes Einzelnen. Nicht nur Fachkräfte zeigen nach der Einreise eine bewundernswerte Flexibilität. Die zweite Phase zielt auf eine gleichberechtigte Teilhabe der gesamten Bevölkerung mit und ohne Migrationsgeschichte unter anderem in den Bereichen Bildung, Wirtschaft, Gesundheit, Kultur und Wohnungsmarkt. In der dritten Phase des gemeinschaftlichen Gestaltens geht es langfristig um die Entwicklung einer Zukunftsvision für das Gemeinwesen.

Besonders heikel sind die zweite und dritte Phase der Teilhabe und des gemeinsamen Gestaltens. Insoweit konkurrieren unterschiedliche Meinungen, wie die Integration zum Erfolg geführt werden soll: indem vor allem der Staat diese unterstützt («fördern») oder Einwanderer sich anstrengen müssen («fordern»). Seit ein paar Jahren wird diese Debatte vermehrt unter der Überschrift des «Rassismus» geführt. Für eine ausgleichende Migrationspolitik besteht die Kunst darin, einerseits Vorurteilen, Diskriminierungen und Rassismen entgegenzutreten, ohne andererseits die Selbstverantwortung jedes Einzelnen für den persönlichen Erfolg kleinzureden. Das gilt umso mehr, als Diskriminierungen vorrangig «sichtbare Minderheiten» betreffen. Während Italien-, Polen- und Russlandstämmige im Mainstream ankommen, werden Einwanderer aus Syrien, der Türkei oder Nigeria weiterhin als «fremd» wahrgenommen.

8. Gemeinsinn in der Einwanderungsrepublik

Bei der Abfolge der drei Phasen werden migrationsspezifische Gesichtspunkte schrittweise immer unwichtiger. Staat und Gesellschaft müssen die spezifischen Herausforderungen nach der Einreise vom dauerhaften Zusammenhalt durch gemeinsames Gestalten trennen lernen. Eine erfolgreiche Migrationssteuerung macht sich also im Zeitablauf überflüssig – freilich nur für die bereits Eingewanderten und nicht für Menschen, die neu einreisen. Damit dies gelingt, sind die bestehenden Strukturen in Reaktion auf Einwanderung anzupassen. Unternehmen, Krankenhäuser, Pflegeheime und Schulen müssen zum Beispiel darauf reagieren, dass einige Deutsch nicht als Muttersprache lernten. Dieser Wandel fällt leichter, wenn in Medien, Kultur, Sport und in Schule und

Unternehmen sichtbare Vorbilder alle Deutschen daran erinnern, dass auch Personen mit Einwanderungsgeschichte eine gleichberechtigte Zugehörigkeit besitzen.

Forderungen nach Integration und Zusammenhalt setzen eine bestehende Struktur voraus, ohne zu sagen, was diese auszeichnet. Als Einwanderungsland braucht die Bundesrepublik eine Debatte über das kollektive Selbstbild. Diese sollte strikt zwischen Neuzuwanderung und Zusammenhalt unterscheiden. Restriktionen beim Gebietszugang dürfen nicht die gleiche Bürgerschaft aller Deutschen untergraben. Das fällt leichter, wenn die juristische Vollmitgliedschaft in Form der Einbürgerung von einem Identifikationsangebot unterfüttert wird, das einen republikanischen Gemeinsinn einfordert, anstatt auf Abstammung oder Religion zu setzen. Dieser Gemeinsinn erschöpft sich nicht in der Gegenüberstellung von leitkultureller Staatssphäre, in der Gesetze ein bestimmtes Verhalten vorschreiben, und multikultureller Privatsphäre, wo jeder nach seiner Fasson glücklich werden kann. Beherzt müssen Staat und Gesellschaft die mittlere Zivilsphäre der Alltagskultur im Bewusstsein stärken, dass deren Tugenden und Eigenschaften sich regional unterscheiden und beständig ändern. Das Bekenntnis zum Einwanderungsland ist kein Schönwetterbegriff, sondern fordert lebhafte Debatten über die Gestaltung der Einreiseregeln und des Deutschlandbilds.

Anmerkungen

1. Deutschland braucht ein neues Selbstverständnis

1 *Frank-Walter Steinmeier*, Wir (Suhrkamp, 2024).
2 *Frank-Walter Steinmeier*, Rede beim Festakt der Türkischen Gemeinde in Deutschland zum 60. Jahrestag des deutsch-türkischen Anwerbeabkommens, Berlin am 5.10.2021.
3 Vgl. Destatis, Mikrozensus – Bevölkerung nach Migrationshintergrund, Ergebnisse 2023, EVAS-Nr. 1211–05, wobei die Statistik diejenigen nicht mehr umfasst, deren Eltern mit deutschem Pass geboren wurden.
4 Vgl. Destatis, Ausländische Bevölkerung, Fachserie 1 Reihe 2–2019, April 2020.
5 Siehe *Herfried Münkler*, Mitte und Maß (Rowohlt, 2010).

2. «Einwanderungsland» ist kein Schönwetterbegriff

1 OECD, International Migration Outlook, 48. Ausgabe, November 2024, S. 51 f.
2 *Max Frisch*, Vorwort, in: Alexander J. Seiler, Siamo italiani – die Italiener (EVZ-Verl, 1965), S. 7.
3 Zur Statistik siehe *Annette Treibel-Illian*, Migration in modernen Gesellschaften, 5. Aufl. (Juventa, 2011), S. 56.
4 Siehe *Karen Schönwalder*, Einwanderung und ethnische Pluralität (Klartext, 2001).
5 So der zweite Spiegelstrich vom Ergebnis der Verhandlungen zur Neuordnung des Asylrechts, FAZ v. 8.12.1992, S. 2.
6 So die Antwort der Bundesregierung, Zahlen in der Bundesrepublik Deutschland lebender Flüchtlinge zum Stand 30.6.2024, BT-Drs. 20/13040 v. 18.9.2024, S. 46, die eingebürgerte Personen nicht mitzählt, umgekehrt aber jene, deren Asylantrag in den 1990er Jahren abgelehnt wurde, obwohl diesen Personen heutzutage ein Flüchtlingsstatus oder subsidiärer Schutz zustünde.
7 Anschaulich *Aristide R. Zolberg*, A Nation by Design (Harvard UP, 2006), Kap. 5–8.
8 Siehe Government of Canada's Immigration Levels Plan for 2025–2027.
9 Vgl. Transcript: Interview with Donald Trump, Economist.com v. 11.5.2017.
10 *Angela Merkel*, Rede auf dem 28. CDU-Parteitag am 14.12.2015, https://archiv.cdu.de/karlsruhe2015/reden-und-berichte.
11 Zuletzt *Volker M. Heins/Frank Wolff*, Hinter Mauern (Suhrkamp, 2023),

Kap. 2 f.; das Argument geht zurück auf *Etienne Balibar*, Nous, citoyens d'Europe (La Découverte, 2001).

12 Siehe *Frank Tretmann*, Aufbruch des Gewissens (S. Fischer, 2023).

13 Leicht zugänglich die ständig aktualisierte UNHCR-Statistik unter https://data.unhcr.org/en/situations/europe-sea-arrivals, wenn man unter «select location» ein Land auswählt.

14 CDU/CSU und FDP, Koalitionsvereinbarung 1982 für die 9. Wahlperiode des Deutschen Bundestages, in: Neue Bonner Depesche Nr. 10/1982, S. 6.

15 Leicht zugänglich https://de.wikipedia.org/wiki/Ausl%C3%A4nderprogramm_der_ARD.

16 Anschaulich *Maria Alexopoulou*, Deutschland und die Migration (Reclam, 2020), S. 123–161.

17 Siehe: Schon komisch, Der Spiegel Nr. 43/1983 v. 24.10.1983, S. 22.

18 Vgl. *Heinz Kühn*, Stand und Weiterentwicklung der Integration der ausländischen Arbeitnehmer und ihrer Familien, September 1979.

19 Siehe: Sieg der Lindenstraße, Der Spiegel Nr. 6/1999 v. 8.2.1999, S. 38.

20 Exemplarisch *Maximilian Krah*, Politik von rechts. Ein Manifest (Antaios, 2023), Kap. 2.

21 SPD, Bündnis 90/Die Grünen und FDP, Koalitionsvertrag 2021–2025 v. 24.11.2021, S. 110.

22 Für die Verfassungstheorie *Robert R. Cover*, Foreword: *Nomos* and Narrative, Harvard Law Review 97 (1983), 4 (11–19).

3. Wirtschaft: Rettung vor der «demografischen Klippe»

1 *Harry S. Jr. Dent*, The Demographic Cliff (Penguin, 2014).

2 Siehe Statistisches Bundesamt, 15. Koordinierte Bevölkerungsvorausberechnung. Annahmen und Ergebnisse, 2021.

3 Vgl. Bericht der Unabhängigen Kommission «Zuwanderung», 4.7.2001, S. 23–122 & 123–177.

4 Siehe: Rüttgers verteidigt verbalen Ausrutscher, Spiegel Online am 9.3. 2000.

5 Siehe: Germany on the Mend, Economist v. 17.11.2004, http://www.economist.com/node/3352024.

6 Vgl. Schilys Äußerungen werden tief gehängt, taz v. 17.11.1998, S. 4.

7 OECD, Zuwanderung ausländischer Arbeitskräfte: Deutschland, Februar 2013, S. 15.

8 Vgl. BAMF, Monitoring zur Bildungs- und Erwerbsmigration, Jahresbericht 2023, S. 16.

9 Im Überblick SVR, Systemrelevant, Jahresgutachten 2022, S. 58–73.

10 Siehe BAMF, Freizügigkeitsmonitoring, Jahresbericht 2023, S. 7 & 11.

11 Vgl. SVR, Unter Einwanderungsländern, Jahresgutachten 2015, S. 44–51.

12 BAMF (Fn. 8), S. 12–14.

13 Studien zeigen, dass qualifizierte Zuwanderung jdfls. langfristig den Handel ausweiten kann; siehe *Don Wagner/Keith Head/John Ries*, Immigration and the Trade of Provinces, Scottish Journal of Political Economy 49 (2002), 507–525.

14 Siehe die Übersicht des gewerkschaftsnahen Wirtschafts- und Sozialwissenschaftlichen Instituts (WSI) unter https://www.wsi.de/de/tarifverguetungen-15296.htm.

15 § 18 Absatz 1 AufenthG.

16 Flüchtlingsstrom ist Chance, FAZ v. 16.9.2015, S. 16.

17 Bundesarbeitsministerin im Interview, Deutsche Handwerkszeitung v. 20.11.2015 im Anschluss an frühere Äußerungen.

18 Siehe *Herbert Brücker* u. a., Integration in Arbeitsmarkt und Bildungssystem macht weitere Fortschritte, IAB-Kurzbericht 4/2020, S. 4.

19 Zuletzt BAMF, Potenziale von Asylantragstellenden. Analyse der «SoKo»-Sozialstrukturdaten, Bericht für Januar – Oktober 2023.

20 Vgl. Bundesärztekammer, Ärztestatistik zum 31. Dezember 2023, S. 41; und Bundesärztekammer, Ausländische Ärztinnen/Ärzte: Stand 31. Dezember 2015, S. 1.

21 Siehe *Katy Long/Sarah Rosengaertner*, Protection through Mobility (Migration Policy Initiative, October 2016).

22 Hierzu *Andreas Ette*, Migration and Refugee Policies in Germany (Barbara Budrich, 2017), Kap. 7.

23 Der noch zu erwähnende «Visahebel» betrifft nur Kurzaufenthalte für touristische Zwecke, nicht jedoch Arbeitsvisa für Fachkräfte.

24 Näher *Victoria Rietig/Marie Walter-Franke*, Conditionality in Migration Cooperation, DGAP Report No 6, Juli 2023.

25 Siehe *Herbert Brücker* u. a., Erwerbsmigration über die Westbalkanregelung, IAB-Kurzbericht 16/2020.

26 Siehe *Christina Anger/Julia Betz/Axel Plünnecke*, MINT-Frühjahrsreport 2024, S. 24–34.

27 Näher *Herbert Brücker* u. a., Entwicklung der Arbeitsmarktintegration seit Ankunft in Deutschland, IAB-Kurzbericht 13/2023.

28 Siehe ebd.; und *Ruud Koopmans*, Die Asyl-Lotterie (C.H.Beck, 2023), Kap. 3.

29 Siehe Antwort der Bundesregierung, Beschäftigung nach Nationalität – Juni 2023, BT-Drs. 20/10325 v. 14.2.2024, S. 100, wobei ich vereinfacht von «Bürgergeldempfängern» spreche, um komplizierte Sozialrechtsbegriffe zu umgehen.

30 Näher *Yuliya Kosyakova* u. a., Arbeitsmarktintegration ukrainischer Geflüchteter, IAB-Kurzbericht 14/2023.

31 Vgl. BMAS, Job-Turbo zur Arbeitsmarktintegration, Pressemitteilung v. 18.10.2023.

32 Außerdem sind viele Geduldete nicht über das Asylsystem eingereist und verloren ihr Aufenthaltsrecht aus anderen Gründen.

33 Siehe die leider defizitäre Statistik gemäß Antwort der Bundesregierung, Abschiebungen und Ausreisen im Jahr 2023, BT-Drs. 20/11471 v. 15.5.2024, S. 36 f.
34 Siehe § 25 b AufenthG.
35 Siehe die Antwort der Bundesregierung, Zahlen in der Bundesrepublik Deutschland lebender Flüchtlinge zum Stand 31.12.2023, BT-Drs. 20/11101 v. 18.4.2024, S. 10 ff.; und die Antworten der Vorjahre; das Chancen-Aufenthaltsrecht wird bewusst ausgeklammert, weil dieses eine einmalige und vorübergehende Regelung ist, um eine Legalisierung auf anderer Grundlage vorzubereiten.
36 Siehe die Antwort der Bundesregierung (Fn. 33); und die Antworten der Vorjahre.
37 Zusammenfassend *Daniel Thym*, Stellungnahme für die öffentliche Anhörung über den Entwurf eines Chancen-Aufenthaltsrechtsgesetzes, BT-Ausschuss-Drs. 20(4)143A v. 28.11.2022, S. 5–8.
38 Anschaulich *Paul Collier*, Exodus. Warum wir Einwanderung neu regeln müssen (Siedler, 2014), Kap. 2.
39 Über die internen Aufstellungen im Vorfeld eines Bund-Länder-Gipfels siehe: Migration kostet dieses Jahr fast 50 Milliarden Euro, Welt am Sonntag v. 5.11.2023, S. 1.
40 Siehe SVR, Normalfall Diversität?, Jahresgutachten 2021, S. 102.
41 Siehe *Naika Foroutan*, Migrantisches Gold, taz.die tageszeitung v. 16.12.2022, S. 12.
42 Klassisch *Gary P. Freeman*, Migration and the Political Economy of the Welfare State, Annals of the American Academy of Political Science 485 (1986), 51–63.
43 Näher *Heaven Crawley* und *Jessica Hagen-Zanker*, Deciding Where to Go, International Migration 57 (2019), 20–35; und *Joris Schapendonk*, Turbulent Trajectories, Societies 2 (2012), 27–41.
44 Exemplarisch infratest dimap, ARD-DeutschlandTREND, Oktober 2023.
45 Einzelheiten sind umstritten, siehe *Hein de Haas/Stephen Castles/Mark J. Miller*, The Age of Migration, 6. Aufl. (Palgrave, 2020), Kap. 6.
46 Zur wissenschaftlichen Annahme eines «Wohlfahrtsstaatschauvinismus» siehe *Herbert Kitschelt*, The Radical Right in Western Europe (University of Michigan Press, 1995).
47 Siehe *Alberto F. Alesina/Elie Murard/Hillel Rapoport*, Immigration and Preferences for Redistribution in Europe, NBER Working Paper No. 25562 (2019).

4. Asyl: Wir sind (nicht) die Guten

1 Vgl. Antwort der Bundesregierung, Fortentwicklung des Ausländerrechts, BT-Drs. 10/2071 v. 3.10.1984, Anhang 2.
2 So die Elfte Verordnung zur Änderung der Verordnung zur Durchfüh-

rung des Ausländergesetzes v. 1.7.1980 (BGBl. 1980 I 782) mit Wirkung zum 1.10.1980.

3 Siehe Artikel 1 Visum-Verordnung (EU) 2018/1806.

4 Erstmals eingeführt durch § 18 Absatz 5 Ausländergesetz i. d. F. d. Artikel 6 Nr. 1 Gesetz zur Bekämpfung der illegalen Beschäftigung v. 15.12. 1981 (BGBl. 1981 I 1390).

5 Zur Vorgeschichte *David Scott FitzGerald*, Refuge beyond Reach (OUP, 2019), S. 59–63.

6 Siehe das «Missing Migrants Project» der Internationalen Organisation für Migration (IOM) unter https://missingmigrants.iom.int.

7 Siehe UNHCR, Italy Sea Arrivals Dashboard, December 2024.

8 Für Sanktionen für Transportgesellschaften das Bundesverwaltungsgericht (BVerwG), Urt. v. 20.1.2003, 1 C 5.02.

9 EGMR, Beschl. v. 5.5.2020, Nr. 3599/18, *M. N. u. a. gegen Belgien*, Rn. 123 f. (eigene Übersetzung).

10 Siehe das «Data Portal» der UN Population Division, https://population.un.org/wpp.

11 Siehe Ichikowitz Family Foundation, African Youth Survey 2024, S. 70 f.

12 Etwa *Stephen Smith*, Nach Europa! Das junge Afrika auf dem Weg zum alten Kontinent (Edition.fotoTAPETA, 2018).

13 Prägend *Renaud Camus*, Le Grand Remplacement (Chez l'auteur, 2011).

14 Siehe den Eurostat-Datensatz «migr_asyappctza» unter https://ec.europa.eu/eurostat/web/migration-asylum.

15 Ausführlicher SVR, Migration aus Afrika nach Europa, Jahresgutachten 2020, S. 14–43.

16 Siehe IOM, World Migration Report 2023, Kap. 2.

17 Im Überblick *Hein de Haas* und andere, The Age of Migration, 6. Auflage (Palgrave, 2020), Kap. 3.

18 Die Zahl geht davon aus, dass die Hälfte der Kinder und die Mehrzahl der unbegleiteten Minderjährigen männlich waren.

19 Siehe BAMF, Aktuelle Zahlen Asyl: Dezember 2023, S. 8.

20 Näher *Markus Wagner/Jimy Perumadan/Paul Baumgartner*, Secondary Movements, CEASEVAL Research on the CEAS No. 34, 2019.

21 SVR, Klimawandel und Migration, Jahresgutachten 2023, S. 55–65.

22 Ebd., S. 66 ff.

23 Ebd., S. 84–89, und *Jane McAdam*, Climate Change, Forced Migration, and International Law (OUP, 2012)

24 Zu Möglichkeiten siehe SVR (Fn. 21), S. 115–121.

25 Ein Grund für die enge Auslegung sind fehlende Urteile, weil seit zwanzig Jahren der Flüchtlingsstatus dieselben Rechte gibt; es ist daher z. B. unklar, ob auch das Grundgesetz – ebenso wie die GFK – vor nicht-staatlicher Verfolgung schützt.

26 Siehe EuGH, *Bundesamt für Fremdenwesen und Asyl und andere*, C-608/22 & C-609/22, EU:C:2024:828.

27 Siehe EuGH, *X und andere*, C-199/12–C-201/12, EU:C:2013:720; und EuGH, *Y & Z*, C-71/11 & C-99/11, EU:C:2012:518.
28 BAMF, Asylgeschäftsstatistik 1–12/2024, für die «bereinigte» Schutzquote ohne formelle Erledigungen.
29 EGMR, Urt. v. 13.12.2016 [GK], Nr. 41738/10, *Paposhvili gegen Belgien*, Rn. 178.
30 Verwaltungsgerichtshof Baden-Württemberg, Urt. v. 29.7.2019, A 4 S 749/19, was – bestreitbar – unterstellt, dass die EuGH-Rechtsprechung zu innereuropäischen Rückführungen von Asylbewerbern oder Schutzberechtigten auf Abschiebungen von Personen in Drittstaaten übertragen werden kann, die keinen anderweitigen Schutzbedarf besitzen; näher *Daniel Thym*, European Migration Law (OUP, 2023), S. 351–353.
31 So das OVG Greifswald, Beschl. v. 20.11.2023, 4 LB 466/20 OVG.
32 So § 73 Absatz 1 Satz 1 Nummer 5 Asylgesetz im Einklang mit Artikel 11 Absatz 1 Buchstabe e Qualifikationsverordnung (EU) 2024/1347 und Artikel 1C Nummer 5 GFK.
33 So EuGH, *Secretary of State for the Home Department*, C-255/19, EU:C:2021:36, Rn. 36.
34 Für Einzelheiten *Daniel Thym*, Abschiebungen nach Syrien? Ein pragmatischer Mittelweg, Verfassungsblog am 11.12.2024.
35 Siehe Bundesagentur für Arbeit, Migrationsmonitor – Deutschland, November 2024, Tabellen 2.1 und 3.1.
36 Artikel 3 Absatz 1 der Asylverfahrensverordnung (EU) 2024/1348.
37 Ausführlicher *Daniel Thym*, Die Abschaffung des Grundrechts auf Asyl ist kein Tabu, FAZ Einspruch v. 20.7.2023.
38 Commission Communication on countering hybrid threats from the weaponisation of migration, COM(2024) 570 v. 11.12.2024.
39 EuGH, *Kommission gegen Ungarn*, C-821/19, EU:C:2021:930, Rn. 136.
40 Ausführlicher *Daniel Thym*, Der Rechtsbruch-Mythos und wie man ihn widerlegt, Verfassungsblog am 2.5.2018.
41 BVerfG, Beschl. v. 6.7.2010, 2 BvR 2661/06, Rn. 53.
42 Ab 2026 gibt es Klagen nur noch wegen drohender Grundrechtsverletzungen.
43 EuGH, *Tudmur*, C-185/24 & C-189/24, EU:C:2024:1036.
44 Dieser Zuständigkeitsübergang gilt unabhängig davon, ob das BAMF einen freiwilligen Selbsteintritt erklärt oder nicht, was nach Artikel 17 Dublin-III-Verordnung (EU) Nr. 604/2013 jederzeit möglich ist.
45 Näher *Daniel Thym*, Zwei Seiten einer Medaille, Verfassungsblog am 2.11.2020.
46 Ausführlich *Daniel Thym*, Rechtsgutachten über die Anforderungen und Rechtsfolgen des Artikels 72 EU-Arbeitsweisevertrag, 25.11.2022, https://ssrn.com/abstract=4647561.
47 Näher *Daniel Thym*, Nun also doch? Zurückweisungen von Asylbewerbern aufgrund einer «Notlage», Verfassungsblog am 4.9.2024.

48 Siehe *Eiko R. Thielemann*, Why Asylum Policy Harmonisation Undermines Refugee Burden-Sharing, European Journal of Migration and Law 6 (2004), 47, 48–54.
49 Das ist etwas strenger als für EU-Bürger; zu Optionen siehe SVR, Chancen in der Krise, Jahresgutachten 2017, S. 41–45.
50 Vgl. §§ 47–51 Asylgesetz.
51 Siehe Besprechung des Bundeskanzlers mit den Bundesländern: TOP 6 Flüchtlingspolitik – Humanität und Ordnung, Beschl. v. 6.11.2023.
52 Siehe *Thomas C. Schelling/Martin J. Bailey/Gary Fromm*, The Live You Save May be Your Own, in: Samuel B. Choice (Hrsg.), Problems in Public Expenditure Analysis (Brookings Institution, 1968), S. 127–162.
53 So das vertrauliche «Non-Paper»: Eckpunkte einer Neuausrichtung des Gemeinsamen Europäischen Asylsystems v. 14.11.2019, von dem nicht ganz klar war, inwiefern die SPD dieses mittrug.
54 Siehe BAMF, Aktuelle Zahlen Asyl: Dezember 2024, S. 28.
55 Für die einzelnen Schritte siehe *Daniel Thym*, Stellungnahme für die öffentliche Anhörung über den Entwurf eines Chancen-Aufenthaltsrechtsgesetzes, BT-Ausschuss-Drs. 20(4)143A v. 28.11.2022, S. 12–14.
56 *Kay Hailbronner*, Asyl in Europa – wenn, wie, wann, wo?, Frankfurter Allgemeine Zeitung v. 12.10.2015, S. 6.
57 Vgl. *Thym* (Fn. 30), S. 84; die genannten Zahlen umfassen alle Urteile bis Ende 2023.
58 Juristisch ginge es um einen Verzicht auf den Amtsermittlungsgrundsatz und, weitergehend, unwiderlegliche Vermutungen für bestimmte Konstellationen (z. B. supersichere Herkunfts- und Drittstaaten) oder gesetzliche Vorgaben, wie bestimmte Sachverhalte typisierend zu beurteilen sind, was die Gerichte nur abstrakt und nicht in jedem Einzelfall überprüfen könnten.
59 Allgemein UNHCR Handbook on Procedures and Criteria for Determining Refugee Status (1979, reissued 2019), Rn. 44.
60 Siehe *Natascha Zaun*, EU Asylum Policies (Palgrave, 2017).
61 Vgl. § 62 Aufenthaltsgesetz i. d. F. des Zuwanderungsgesetzes v. 30.7.2004 (BGBl. 2004 I 1950); und §§ 62–62d Aufenthaltsgesetz i. d. F. des Rückführungsverbesserungsgesetzes v. 21.2.2024 (BGBl. 2024 I 54).
62 Artikel 18 der EU-Grundrechtecharta (GRCh) gilt «nach Maßgabe der Verträge», auf deren Grundlage im Einklang mit Artikel 52 Absatz 1 GRCh und der Genfer Flüchtlingskonvention die sichere Drittstaatsklausel in der Asylverfahrensverordnung niedergelegt ist.
63 Das sind die EU-Mitglieder, Norwegen, die Schweiz, Island und Liechtenstein.
64 Vgl. CDU, In Freiheit leben. Grundsatzprogramm, Mai 2024, S. 23.
65 Siehe UK Supreme Court, Urt. v. 15.11.2023, *R (on the application of AAA and others) v Secretary of State for the Home Department* [2023] UKSC 42.

66 Näher *Daniel Thym*, Gutachterliche Stellungnahme zur Reform des europäischen Asylsystems, Januar 2017, http://ssrn.com/abstract=3163014.
67 Siehe Artikel 59 Absatz 5 Buchstabe b Asylverfahrensverordnung (EU) 2024/1348.
68 Näher *Daniel Thym*, Gutachten über Anforderungen an sichere Drittstaaten im Asylrecht, April 2024, https://papers.ssrn.com/abstract=4864043, S. 25–40.
69 Siehe den Überblick bei *Carl Levy*, Refugees, Europe, Camps/State of Exception, Refugee Survey Quarterly 29 (2010), 92–119.
70 Vgl. Europäischer Rat, Schlussfolgerungen, EUCO 9/18 v. 28.6.2018, Nr. 3–5.
71 Häufig zitiert *Ruud Koopmans*, Die Asyl-Lotterie (C.H.Beck, 2023), Kap. 7; und *Gerald Knaus*, Welche Grenzen brauchen wir? (Piper, 2023), S. 241–264.
72 Siehe *Anouk Pronk*, Australia, in: In Search of Control. Clingendael Report, February 2024, S. 80–83, 109–116.
73 Zusammenfassend die Mitteilungen der Kommission, Zweiter Fortschrittsbericht, COM(2016) 960 v. 14.12.2016, S. 3 f.; und Fünfter Fortschrittsbericht, COM(2017) 471 v. 6.9.2017, S. 3 f.
74 Siehe *Karl-Heinz Meier-Braun*, Schwarzbuch Migration (C.H.Beck, 2018), Kap. 1, 3.
75 Näher Oxfam International, From Development to Deterrence?, Briefing Paper, September 2023.
76 Siehe das Memorandum of Understanding on a strategic and global partnership between the European Union and Tunisia, Press Release IP/23/3887 v. 16.7.2023.
77 Siehe EGMR, Urt. v. 23.2.2012 [GK], Nr. 27765/09, *Hirsi Jamaa u. a. gegen Italien.*
78 Siehe EGMR, Urt. v. 13.2.2020 [GK], Nr. 8675/15 & Nr. 8697/15, *N. D. & N. T. gegen Spanien*, insb. Rn. 155, 163, 218; juristisch ist vieles ungeklärt, außerdem können sich weitergehende Pflichten aus EU-Recht ergeben, für das der EGMR nicht zuständig ist.
79 *Stephen D. Krasner*, Sovereignty. Organized Hypocrisy (Princeton UP, 1999).
80 *Itamar Mann*, Maritime Legal Black Holes, European Journal of International Law 29 (2018), 347–372.

5. Moral und Eigeninteresse: Wie beides zusammenpasst

1 So bei ‹Schuler! Fragen, was ist› – auf einem Forum, das einige als rechtspopulistisch einstufen: Spahn über die demokratische Mitte, NiUS.com am 13.11.2023.
2 So *Robin Alexander*, Die Getriebenen (Siedler, 2017), S. 21–25.
3 Heft Nr. 45/2015 v. 31.10.2015.

4 *Sabine Hess/Bernd Kasparek/Stefanie Kron/Mathias Rodatz/Maria Schwertl/Simon Sontowski* (Hrsg.), Der lange Sommer der Migration (Assoziation A., 2016).
5 Leicht zugänglich: https://de.wikipedia.org/wiki/Kognitive_Dissonanz.
6 Siehe infratest dimap, ARD-DeutschlandTREND, September 2024.
7 So kurz zuvor Mercator Forum Migration und Demokratie (MIDEM), 75 Jahre Grundgesetz, MIDEM-2024_2, S. 39.
8 Stellvertretend *E. Tendayi Achiume*, Racial Borders, Georgetown Law Journal 110 (2022), 445–508; und *Luke de Noronha/Gracie Mae Bradley*, Against Borders. The Case for Abolition (Verso, 2022).
9 Interview mit Bundeskanzlerin Angela Merkel, Rheinische Post online am 11.9.2015.
10 Visegrád countries immediately push back on new migration pact, EUobserver v. 25.9.2020 (eigene Übersetzung).
11 Siehe: How Progressive Denmark Became the Face of the Anti-Migration Left, The Washington Post v. 6.4.2023.
12 Vgl. https://www.festung-oesterreich.at; und AfD, Europawahlprogramm 2024, Juli/August 2023, S. 11.
13 Siehe *Hein de Haas*, Migration and Development, International Migration Review 44 (2010), 227–264.
14 Siehe Artikel 78 Absatz 1 und Artikel 79 Absatz 1 Vertrag über die Arbeitsweise der Europäischen Union (AEUV).
15 Siehe: Pour Nicolas Sarkozy, «l'immigration choisie est un rempart contre le racisme», Le Monde v. 27.4.2006.
16 Vgl. Gauck-Rede zur Flüchtlingskrise, Deutschlandfunk am 28.9.2015.
17 CDU, CSU und SPD, Ein neuer Aufbruch für Europa, Koalitionsvertrag v. 7.2.2018, S. 103.
18 Siehe *Daniel Thym*, Obergrenze im Asylrecht: Humanität und Härte, Frankfurter Allgemeine Zeitung am 2.11.2023, S. 6.
19 Siehe etwa *Nida-Rümelin*, Über Grenzen denken (Körber, 2017); und die Beiträge zu *Sarah Fine/Lea Ypi* (Hrsg.), Migration in Political Theory (OUP, 2016).
20 So BVerfG, Urt. v. 30.6.2009, 2 BvE 2/08 u. a., Rn. 223.
21 *Pauline Endres de Oliveira*, Legaler Zugang zu internationalem Schutz, KJ 2016, 167 (171–175); breiter bekannt wurde der Begriff, sprachlich leicht modifiziert, durch *Judith Kohlenberger*, Das Fluchtparadox (Kremayr & Scheriau, 2022); 40 Jahre zuvor bereits *Wolfgang Zeidler*, Geleitwort, Zeitschrift für Ausländerrecht 1981, S. 4.
22 Näher *Gerard Daniel Cohen*, In War's Wake (OUP, 2011).
23 Näher *Sara E. Davies*, Redundant or Essential? How Politics Shaped the Outcome of the 1967 Protocol, International Journal of Refugee Law 19 (2007), 703 (715–726).
24 Stellvertretend *Nehemiah Robinson*, Convention Relating to the Status of Refugees (World Jewish Congress, 1953), S. 163.

25 UN General Assembly, Declaration on Territorial Asylum, Res. 2312(XXII) v. 14.12.1967 (eigene Übersetzung).
26 Näher *Patrice G. Poutrus*, Umkämpftes Asyl (Ch. Links, 2019), S. 41 ff.
27 Leicht zugänglich https://de.wikipedia.org/wiki/Ein_Schiff_f%C3%BCr_Vietnam.
28 Vgl. *James C. Hathaway*, A Reconsideration of the Underlying Premise of Refugee Law, Harvard International Law Journal 31 (1990), 129–184.
29 Stellvertretend *Matthew J. Gibney*, The Ethics and the Politics of Asylum (CUP, 2004); und *Nevzat Soguk*, States and Strangers (Minnesota UP, 1999).
30 *Francis Fukuyama*, Das Ende der Geschichte. Wo stehen wir? (Kindler, 1992).
31 Zum Wandel *Samuel Moyn*, The Last Utopia. Human Rights in History (Harvard UP, 2010).
32 Ausführlicher *Ruben Zaiotti*, Culture of Border Controls (University of Chicago Press, 2011), Kap. 4–6.
33 Siehe *Simone Paoli*, Schengen and the Position of the Mediterranean States, in: Philippe De Bruycker/Fabian Lutz/Jorrit Rijpma/Daniel Thym (Hrsg.), The Law of Schengen (Edward Elgar, 2025), im Erscheinen.
34 Erstmals EGMR, Urt. v. 20.3.1991, Nr. 15576/89, *Cruz-Varas gegen Schweden.*
35 BVerfG, Urt. v. 14.5.1996, 2 BvR 1938/93 & 2 BvR 2315/93, Rn. 162.
36 Gut informiert *Alexander* (Fn. 2), S. 139–143.
37 *James F. Hollifield*, Immigrants, Markets and States (Harvard UP, 1992), S. 27–30.
38 Sinngemäß CDU, CSU und SPD, Ein neuer Aufbruch für Europa, Koalitionsvertrag v. 7.2.2018, S. 103.
39 Schäuble warnt vor Eskalation in der Flüchtlingskrise, Zeit Online v. 12.11.2015.
40 Leicht zugänglich https://en.wikipedia.org/wiki/Immigrant_invasion.
41 Siehe: Diese Positionen vertritt Geert Wilders, Der Spiegel am 24.11.2023.
42 Siehe *Marc Howard*, The Politics of Citizenship in Europe (CUP, 2009), Kap. 3; und *Alan E. Kessler/Gary P. Freeman*, Public Opinion in the EU on Immigration from Outside the Community, Journal of Common Market Studies 43 (2005), 825–850.
43 *Armin Nassehi*, Die vertane Chance, Die Welt vom 2.7.2018, S. 2.
44 Exemplarisch *Moshe Semyonov* u. a., Population Size, Perceived Threat, and Exclusion, Social Science Research 33 (2004), 681–701.
45 Siehe «Dann gehe ich eben woanders hin», Der Spiegel am 30.9.2024.
46 Näher *Zygmunt Bauman*, Die Angst vor den anderen (Suhrkamp, 2016).
47 Im Überblick *Eva Green/Christian Staerklé*, Migration and Multiculturalism, in: Leonie Huddy/David O. Sears/Jack S. Levy (Hrsg.), The Oxford Handbook of Political Psychology, 2. Auflage (OUP, 2013), S. 852–889.

48 Zusammenfassend *Walter G. Stephan/Oscar Ybarra/Kimberly Rios*, Intergroup Threat Theory, in: Todd D. Nelson (Hrsg.), Handbook of Prejudice, Stereotyping, and Discrimination, 2. Auflage (Psychology Press, 2016), S. 255–278.
49 Allgemein *Karen Stenner*, The Authoritarian Dynamic (CUP, 2005).
50 Vgl. Bundestag-Plenarprotokoll 19/32 v. 16.5.2018, S. 2972D.
51 *Chris F. Wright*, How Do States Implement Liberal Immigration Policies?, Governance 27 (2014), 397–421.
52 Siehe *Daniel Thym*, Das Konzept «sichere Herkunftsstaaten», Bundeszentrale für politische Bildung: Kurzdossiers v. 30.8.2016.
53 Ausführlicher *Stephan Detjen/Maximilian Steinbeis*, Die Zauberlehrlinge (Klett-Cotta, 2019).
54 *Olaf Scholz*, Es kommen zu viele, Der Spiegel Nr. 43/2023 v. 21.10.2023, S. 17–21.
55 Näher *Michael Clemens/Hannah Postel*, Deterring Emigration with Foreign Aid, IZA Policy Paper, December 2017.
56 Siehe: Donald Trump's Mexico wall: Who is going to pay for it?, BBC.com v. 6.2.2017 (eigene Übersetzung).
57 Hierzu *Wendy Brown*, Mauern (Suhrkamp, 2018).
58 Exemplarisch die Mitteilung der Kommission, Ein neues Migrations- und Asylpaket, COM(2020) 609 v. 23.9.2020, S. 21–31.
59 Vgl. UNHCR, Note on the ‹Externalization› of International Protection, 28.5.2021, Nr. 3 f.
60 Siehe Antwort der Bundesregierung auf eine Kleine Anfrage: Zahlen in der Bundesrepublik Deutschland lebender Flüchtlinge zum Stand 30.6.2024, BT-Drs. 20/13040 v. 28.9.2024 für Aufenthaltserlaubnissee nach §§ 22 und 23 AufenthG für den Stichtag Ende Oktober; und die Antworten zu den Vorjahren.
61 *Gerald Knaus*, Welche Grenzen brauchen wir? (Piper, 2023), S. 95 ff.
62 Zuvor hatte dies seit 2023, unabhängig von Höchstgrenzen, bereits für alle Menschen aus Venezuela, Nicaragua, Kuba und Haiti gegolten.
63 Siehe https://movilidadsegura.org.
64 Überzeugend *Alexander Betts/Paul Collier*, Gestrandet (Siedler, 2017)
65 Siehe IOM Libya, Voluntary Humanitarian Return Programme. Key Figures 2015–2023, Januar 2024.
66 *Fritz W. Scharpf*, Joint-Decision Trap, Public Administration 66 (1988), 239–268.
67 Die Leitentscheidung ist EGMR, Urt. v. 13.2.2020 [GK], Nr. 8675/15 & Nr. 8697/15, *N. D. & N. T. gegen Spanien*, insb. Rn. 209–217, 228.

6. Von der «Integration» zum «Zusammenhalt»

1 Vgl. Beauftragte der Bundesregierung für Antirassismus, Rassismus in Deutschland. Lagebericht, Januar 2023, S. 9 und 26.

2 Pointiert *Ferda Ataman*, Hört auf zu fragen (Fischer, 2019).

3 Stellvertretend die Debatte des Rats für Migration, https://rat-fuer-migration.de/rfm-debatte-2022-anstelle-des-migrationshintergrundes-eingewanderte-erfassen; und *Sabine Hess*, Von der Integrationskritik zur Kritik des migrationswissenschaftlichen Kulturalismus, in: Sandra Kostner (Hrsg.), Migration und Integration (LIT Verlag, 2016), S. 211–236.

4 Exemplarisch *Naika Foroutan*, Das postmigrantische Paradigma, in: Lobna Jamal/Mirza Odabaşı (Hrsg.), Einwanderungsdeutschland. 1945 bis 2023 (BpB, 2023), S. 344–359.

5 Vgl. Destatis, Pressemitteilung Nr. 080 v. 2.3.2023; die Reform betrifft zum einen eine – überzeugende – Konkretisierung der Definition und zum anderen die neue Begrifflichkeit.

6 § 1 Absatz 1 Teilhabe- und Integrationsgesetz NRW i. d. F. v. 25.11.2021 (GV NRW 1213 a).

7 § 43 Absatz 1 AufenthG.

8 Dies fordert traditionell der Sachverständigenrat, etwa: SVR, Steuern, was zu steuern ist, Jahresgutachten 2018, S. 80 f.

9 Vgl. BMI, Beendigung der Imam-Entsendung aus der Türkei, Pressemitteilung v. 14.12.2023.

10 Siehe Destatis, Mikrozensus – Bevölkerung nach Einwanderungsgeschichte, Ergebnisse 2023, EVAS-Nr. 1211–05 einschl. Personen mit einem eingewanderten Elternteil.

11 Für die Wissenschaft *Janine Dahinden*, A Plea for the ‹De-migranticization› of Research on Migration and Integration, Ethnic and Racial Studies 39 (2016), 2207–2225.

12 Siehe: Wegner verteidigt Vorgehen der Partei in Vornamen-Debatte, dpa-Meldung v. 10.2.2023.

13 Das maßgebliche Grundsatzurteil lautet EGMR, Urt. v. 18.10.2006 [GK], Nr. 46410/99, *Üner gegen die Niederlande*.

14 Siehe *Daniel Thym*, Stellungnahme für die öffentliche Anhörung über den Entwurf eines Dritten Gesetzes zur Änderung des Staatsangehörigkeitsgesetzes, Ausschuss-Drs. 19(4)315 D v. 24.6.2019.

15 BVerfG, Urt. v. 24.5.2006, 2 BvR 669/04, Rn. 49.

16 Anschaulich *Jan Plamper*, Das neue Wir (Fischer, 2019), Kap. 2.

17 Vgl. Artikel 116 Absatz 1 GG.

18 Zur damaligen Diskussion *Michael Bommes*, Migration Research in Germany, in: Dietrich Thränhardt/Michael Bommes (Hrsg.), National Paradigms of Migration Research (Vandenhoeck & Ruprecht, 2010), S. 127 (128–133).

19 Näher *Friedrich Heckmann*, Integration von Migranten (Springer, 2015).
20 Zum Gegenstand SVR, Bewegte Zeiten, Jahresgutachten 2019, S. 179–185.
21 Vgl. BAMF, Bericht zur Integrationskursgeschäftsstatistik für das erste Halbjahr 2024, S. 21.
22 Siehe SVR, Normalfall Diversität?, Jahresgutachten 2021, S. 128.
23 § 43 Absatz 1 AufenthG.
24 Zur doppelten Erklärung *Jan Mewes/Steffen Mau*, Unraveling Working-Class Welfare Chauvinism, in: Stefan Svallfors (Hrsg.), Contested Welfare States (Stanford UP, 2012), S. 119–157.
25 Exemplarisch die Sammlung pointierter Medienbeiträge von *Naika Foroutan*, Es wäre einmal deutsch (Ch. Links, 2023).
26 Original *poisoning the blood of our country*, am 13.12.2023.
27 Pointiert *Yascha Mounk*, The Identity Trap (Penguin, 2023).
28 Näher *Rolf Sternberg*, Schwerpunktthema, in: Global Entrepreneurship Monitor. Länderbericht Deutschland 2022/23, August 2023, S. 66–81.
29 Zur Medienberichterstattung der Bericht der Fachkommission der Bundesregierung zu den Rahmenbedingungen der Integrationsfähigkeit, Januar 2021, S. 56–60.
30 Siehe *Steffen Mau/Thomas Lux/Linus Westheuser*, Triggerpunkte. Konsens und Konflikt in der Gegenwartsgesellschaft (Suhrkamp, 2023), Kap. 4.
31 Siehe *Amrei Maddox/Katrin Pfündel*, Zugehörigkeit und Zusammenleben, BAMF-Forschungsbericht 47, 2023, S. 54.
32 Hierzu *Sara R. Farris*, In the Name of Women's Rights (Duke UP, 2017).
33 Vgl. Destatis (Fn. 10), EVAS-Nr. 1211–05.
34 Grundlegend *Steven Vertovec*, Superdiversity. Migration and Social Complexity (Routledge, 2022).
35 Hierzu *Maddox/Pfündel* (Fn. 31), S. 53.
36 Siehe *Anja Stichs/Katrin Pfündel*, Diskriminierungserfahrungen von Menschen aus muslimisch geprägten Herkunftsländern, BAMF-Forschungsbericht 48, November 2023.
37 Diese erfasst nicht, wessen Eltern in Deutschland geboren wurden.
38 Vgl. den Lagebericht Rassismus in Deutschland, Januar 2023.
39 Ausführlicher *Alice Hasters*, Was weiße Menschen nicht über Rassismus hören wollen, aber wissen sollten (Hanser, 2021).
40 Siehe *Doris Weichselbaumer*, Discrimination against Female Migrants Wearing Headscarves, IZA Discussion Paper No. 10 217, September 2016; und SVR, Diskriminierung am Ausbildungsmarkt, März 2014.
41 Siehe *Tim Sawert*, Understanding the Mechanisms of Ethnic Discrimination, Journal of Ethnic and Migration Studies 46 (2020), 3937–3954.
42 Hierzu *Meike Bonefeld/Oliver Dickhäuser*, (Biased) Grading of Students' Performance, Frontiers in Psychology 9 (2018), Art. 481.
43 Siehe Bericht der Fachkommission (Fn. 29), S. 101 f.
44 Siehe OECD, PISA 2022 Results: Factsheets – Germany, December 2023.

45 So etwa *E. Tendayi Achiume,* Racial Borders, Georgetown Law Journal 110 (2022), S. 445–508.
46 Der Spiegel Nr. 37/1991 v. 9.9.1991.
47 Bild Zeitung v. 2.4.1992.
48 *Irene ten Teije/Marcel Coenders/Maykel Verkuyten,* The Paradox of Integration, Social Psychology 44 (2013), 278–288; in Deutschland popularisiert von *Aladin El-Mafaalani,* Das Integrationsparadox (Kiepenheuer & Witsch, 2018).
49 Näher SVR (Fn. 22), S. 68–80.
50 Siehe Bundeskonferenz der Migrantenorganisationen (BKMO), Anti-Rassismus Agenda 2025, 1. Fassung, 31.8.2020; und die Überlegungen bei *Johannes Eichenhofer/Farhad Dilmaghani,* Mehr Integration und Teilhabe (Friedrich-Ebert-Stiftung, 2017).
51 Siehe Türkische Gemeinde in Deutschland, Entwurf eines Gesetzes zur Förderung der Eingliederung und Teilhabe von Menschen mit Migrationshintergrund, Mai 2013.
52 Als statistische Kategorie erfasst die «Einwanderungsgeschichte» alle mit zwei Eltern, die im Ausland geboren wurden, während der «Migrationshintergrund» auf die Staatsangehörigkeit abstellte und ein Elternteil ausreichen ließ, das keinen deutschen Pass hatte.
53 So die leicht gekürzte Auflistung in Artikel 21 Absatz 1 Charta der Grundrechte.
54 Siehe *Levent Tezcan,* Alles Rassismus? Ressentiment in der Einwanderungsgesellschaft (Konstanz UP, 2024).
55 *Susanne Baer,* Das Kategorienproblem und die Herausbildung eines postkategorialen Antidiskriminierungsrechts, in: Anna Katharina Mangold/Mehrdad Payandeh (Hrsg.), Handbuch Antidiskriminierungsrecht (Mohr Siebeck, 2022), § 5 Rn. 58.
56 Streitbar *Eric Kaufmann,* Whiteshift (Harry N. Abrams, 2019).
57 So für die USA *Neil Gotanda,* A Critique of ‹Our Constitution Is Color Blind›, Stanford Law Review 44 (1991), 1–68.

7. Einwanderungsrepublik Deutschland

1 *Frank Walter Steinmeier,* Wir (Suhrkamp, 2024).
2 Siehe *Philipp Hölzing,* Republikanismus. Geschichte und Theorie (Franz Steiner, 2014).
3 Zitat nach *Klaus-Berto von Doemming/Rudolf Füßlein/Werner Matz,* Überschrift des Grundgesetzes, Jahrbuch des Öffentlichen Rechts der Gegenwart – Neue Folge 1 (1951), 1 (17).
4 Vgl. §§ 85 f. Ausländergesetz i. d. F. d. G. v. 30.6.1993 (BGBl. 1993 I 1062).
5 Siehe den 5. Bericht der Beauftragten der Bundesregierung für Ausländerfragen, BT-Drs. 14/2674 v. 9.2.2000, S. 10–12 & Tabellen 13 a-15c.
6 SVR, Unter Einwanderungsländern, Jahresgutachten 2015, S. 131.

7 Vgl. *Olaf Scholz*, [Erste] Regierungserklärung, BT-Plenarprot. 20/8 v. 15.12.2021, S. 345C.

8 Ausführlicher *Daniel Thym*, Fallstricke des «Doppelpasses», Juristenzeitung 2023, S. 539–548.

9 Siehe SVR, Normalfall Diversität?, Jahresgutachten 2021, S. 111–114; und *Naika Foroutan* u. a., Deutschland postmigrantisch II (HU Berlin, 2015), S. 50–52.

10 Leicht zugänglich https://de.wikipedia.org/wiki/Griechischer_Wein.

11 Anschaulich *Jörg Hüttermann*, Zur Soziogenese einer kulturalisierten Einwanderungsgesellschaft, in: Özkan Ezli/Dorothee Kimmich/Annette Werberger (Hrsg.), Wider den Kulturenzwang (transcript, 2009), S. 95 (102–115).

12 Online unter https://www.youtube.com/watch?v=ZPtT5arKFwU.

13 Näher *Nancy Foner*, One Quarter of the Nation (Princeton UP, 2022), Kap. 2; und *Richard Alba*, The Great Demographic Illusion (Princeton UP, 2020).

14 Prägend *Milton M. Gordon*, Assimilation in American Life (OUP, 1964).

15 Prominent *Richard Alba/Victor Nee*, Remaking the American Mainstream (Harvard UP, 2003); für Deutschland *Friedrich Heckmann*, Einwanderung mit Zukunft (Campus, 2024).

16 Zum Begriff *Donna R. Gabaccia*, Nations of Immigrants, The Pluralist 5 (2010), 5–31.

17 Vgl. die «Grundsätze» unter https://www.ditib.de/default1.php?id=5&sid=9.

18 CDU, In Freiheit leben, Grundsatzprogramm, Mai 2024, S. 31.

19 Anhand konkreter Beispiele *Ahmad Mansour*, Klartext zur Integration (S. Fischer, 2018).

20 *Thomas de Maizière*, Leitkultur für Deutschland – Was ist das eigentlich?, BamS v. 30.4.2017.

21 Siehe EGMR, Urt. v. 1.7.2014 [GK], Nr. 43835/11, *S. A. S. gegen Frankreich.*

22 Vgl. *Aydan Özoğuz*, Gesellschaftsvertrag statt Leitkultur, Tagesspiegel Causa v. 14.5.2017.

23 Vgl. *Ferda Ataman*, Deutschland, Heimat der Weltoffenheit, Ermutigen. Amadeu Antonio Stiftung Nr. 20, Mai 2018, S. 1.

24 So exemplarisch *Jürgen Habermas*, Vorpolitische Grundlagen des demokratischen Rechtsstaates? (2004), in: Zwischen Naturalismus und Religion (Suhrkamp, 2005), S. 106–118.

25 Vgl. BVerfG, Urt. v. 24.9.2003, 2 BvR 1436/02; und BVerfG, Beschl. v. 27.1. 2015, 1 BvR 471/10 & 1 BvR 1181/10.

26 Näher *Daniel Thym*, Verfassungspatriotismus in der Einwanderungsgesellschaft, Archiv des Öffentlichen Rechts 145 (2020), S. 40–74.

27 Bewusst spreche ich nicht von «Zivilgesellschaft», die konzeptuell mit den neuen sozialen Bewegungen verbunden ist; sinngemäß *Jeffrey C. Alexander*, The Civil Sphere (OUP, 2006), Kap. 15 f.

28 Siehe *Donna R. Gabaccia,* Immigration and American Diversity (Blackwell, 2002), Kap. 7; hinzu kam der Aufstieg von Gleichheit und Diversität infolge der Bürgerrechtsbewegung.

29 Siehe *Heinz Kloss,* Das Nationalitätenrecht der Vereinigten Staaten von Amerika (Braumüller, 1963).

30 *Jean-François Durieux,* The Vanishing Refugee, in: Hélène Lambert/Jane McAdam/Maryellen Fullerton (Hrsg.), The Global Reach of European Refugee Law (CUP, 2013), S. 225, 242.

31 Prominent *Ruud Koopmans,* Die Asyl-Lotterie (C.H.Beck, 2023), Kap. 7; und *Gerald Knaus,* Welche Grenzen brauchen wir? (Piper, 2023), Kap. 5 f.

Register

Edition Mercator bei C.H.Beck

Frauke Rostalski

Die vulnerable Gesellschaft

Die neue Verletzlichkeit als Herausforderung der Freiheit
4. Auflage. 2025. 189 Seiten. Klappenbroschur
Beck Paperback, Bd. 4608

Samira Akbarian

Recht brechen

Eine Theorie des zivilen Ungehorsams
2. Auflage. 2024. 172 Seiten. Klappenbroschur
Beck Paperback, Bd. 4610

Janosch Delcker

Der Gedanken-Code

Wie künstliche Intelligenz unser Denken entschlüsselt
und wir trotzdem die Kontrolle behalten
2024. 206 Seiten. Klappenbroschur
Beck Paperback, Bd. 4611

Peter Strohschneider

Wahrheiten und Mehrheiten

Kritik des autoritären Szientismus
2024. 222 Seiten. Klappenbroschur
Beck Paperback, Bd. 4609

Verlag C.H.Beck München